I0765256

prometeo
libros

LA CO-CONSTRUCCIÓN DE POLÍTICAS PÚBLICAS EN EL
CAMPO DE LA ECONOMÍA SOCIAL

Mirta Vuotto
(compiladora)

La co-construcción de políticas públicas en el campo de la economía social

prometeo
libros

Índice

Presentación

La creciente aspiración social a la vigencia de un modelo político deliberativo de participación ciudadana y las iniciativas orientadas a promover la democratización complementan la forma clásica de la democracia representativa y expresan en distinto grado la potencialidad de un Estado que se interesa por compartir sus acciones con la sociedad civil, afirmando su disposición para construir una "democracia cooperativa". En esta dirección, algunos Estados van más allá de una implicación unilateral y aceptan co-construir políticas públicas que dan paso a la participación de diversos actores y lo involucran en un proceso en que confluyen dimensiones institucionales y macropolíticas.

La valorización de esas iniciativas en distintos espacios nacionales y los procesos de co-construcción de políticas en torno de la economía social son el objeto de este libro. En él se ilustra el enfoque analítico promovido por la *Red Continental de coproducción de conocimientos, investigación y formación (ReCo)*, así como el interés por el estudio comparativo de las políticas sociales y la extensión del diálogo y colaboración entre académicos, trabajadores en terreno, actores de movimientos sociales y representantes gubernamentales de Québec-Canadá y América latina.

El marco conceptual que intenta desarrollar la red, desde su creación en 1999, explora el impacto de las prácticas innovadoras promovidas por la sociedad civil e indaga su contribución en la formulación de nuevas políticas. La referencia a "comunidades de práctica" o "diálogo sobre políticas" capta conceptualmente la naturaleza de procesos que convergen en la creación del campo de investigaciones comparativas, fortaleciendo el diálogo y ampliando el conocimiento a través de programas de formación e intercambio de experiencias y prácticas.

El compromiso de la ReCo con la producción de investigaciones innovadoras y la difusión del conocimiento alcanzado refuerzan el involucramiento de diversas partes interesadas: centros de investigación de Canadá, la Argentina, México, Brasil y Colombia, quienes colaboran en las actividades de investigación y comparten la filosofía y los objetivos de la red. A ellos se agrega el aporte de diversos asociados como el "Chantier de l'économie sociale" —red de redes que representa a diferentes actores de la economía social en Québec—, los Ministerios de Empleo y Solidaridad Social, Desarrollo Económico, Innovación y Exportación, y de Relaciones Internacionales del gobierno de Québec, involucrados en procesos dinámicos e interactivos que permiten avanzar en el diálogo sobre políticas y prácticas.

Para ilustrar ese compromiso, esta obra reúne un conjunto de textos entre los que se encuentran las presentaciones realizadas en el Coloquio y el Programa de Formación "La co-construcción de políticas sociales" que se llevó a cabo en la Facultad de Ciencias Económicas de la Universidad de Buenos Aires entre los días 11 y 15 de diciembre de 2006. La actividad fue organizada por el Centro de Estudios de Sociología del Trabajo de dicha Facultad en conjunto con el Instituto de Política Económica Karl Polanyi de la Universidad de Concordia en Montreal, el Instituto Nacional de Investigación Científica de Canadá y la Universidad de Montreal, y patrocinada por el Consejo de Investigaciones en Ciencias Humanas de Canadá (CRSH) y el Centro de investigaciones para el desarrollo internacional (CRDI).

La reflexión de Frédéric Lesemann y Marguerite Mendell introduce la temática de la co-construcción de políticas sociales para dar cuenta de la naturaleza y alcance de la metodología comparativa adoptada por la ReCo, y del proceso de alianzas entre los actores involucrados en la creación de un contexto institucional multiparticipativo y multisectorial comprometido con un marco de gobernanza distributiva.

Basándose en esta perspectiva, Marie Bouchard destaca la vinculación entre el proceso de innovación y la economía social en Québec mientras que Marguerite Mendell y Nancy Neamtan consideran los principales hitos históricos en la dinámica de las políticas públicas relativas a esta economía, así como algunos de los principales desafíos.

Sobre estas referencias, Frédéric Lesemann y Pierre-Joseph Ulysse ilustran una política de lucha contra la pobreza a través del caso de Trois-Rivières, François Lamarche refiere a la dinámica de concertación y de confrontación involucrada en los procesos de coproducción en los que interviene el actor sindical y Martine D'Amours analiza los alcances de la reforma de la ley quebequense sobre las normas del trabajo, focalizando el caso de los trabajadores atípicos.

En el escenario latinoamericano se sitúa un conjunto de experiencias y procesos relativos a la co-construcción de políticas en países como la Argentina, Brasil y México. En primer término Susana Hintze reflexiona sobre la naturaleza y alcance de la política social argentina desde comienzos de la década de 1990 y Mirta Vuotto precisa el ámbito de la política relativa a la promoción del empleo orientada al cooperativismo de trabajo. Ubicándose en el contexto provincial para abordar distintas modalidades de intervención estatal en el campo del empleo en Córdoba, Nora Britos y Rubén Caro refieren a las políticas desarrolladas desde el Ministerio de Producción y Trabajo mientras que Marina Assandri focaliza una política del Estado Municipal.

Por su parte, Silvia Fernandez Soto ilustra la vinculación entre el Estado y las organizaciones de la sociedad civil en las intervenciones en torno de la pobreza en un partido de la provincia de Buenos Aires y Fernando Acosta y Miguel Fiad de la Central de los Trabajadores Argentinos de la Provincia de Jujuy analizan el sentido de la disputa de lo público en el campo de las poíticas sociales.

La problemática del cooperativismo industrial autogestionario en Brasil y su vinculación con las políticas gubernamentales es considerada por Leda Gitahy y Alessandra Azevedo. También en Brasil, Antônio Cruz analiza una experiencia de política social dirigida a grupos de trabajadores en situación de riesgo social y María Ozanira Silva examina el alcance de un programa social en el marco de la lucha contra la pobreza.

Por último, en México, Gabriela Gabriela Sánchez Gutiérrez examina el alcance de una experiencia de co-producción de políticas a través de un programa de participación implementado en Chiapas, y Beatriz Schmukler focaliza la naturaleza e implicancias del proceso de construcción de una política de democratización familiar.

El conjunto de trabajos ilustra las motivaciones e intereses que sostienen los actores involucrados en los procesos de co-construcción de las políticas sociales, especialmente las relativas a la economía social. Confluyen en dichos procesos factores de orden político, económico, social y cultural que integran y entrecruzan diversos tipos de racionalidad, la de los Estados, la de la economía social y en distinto grado la de las sociedades civiles. Aunque los procesos no constituyen en sí respuestas unívocas y definitivas frente a la pobreza, el desempleo y la exclusión social, el apreciar sus implicaciones en distintos contextos nacionales, así como los recursos de que disponen los actores, permite abrir nuevas vías para la reflexión y estimular la pedagogía de la comparación como fuente potencial de aprendizaje mutuo.

Mirta Vuotto
Universidad de Buenos Aires
Facultad de Ciencias Económicas

Introducción
Reflexiones sobre la comparación y la metodología comparativa

Frédéric Lesemann
Institut national de la recherche scientifique (INRS) Canadá

La perspectiva desde la que se aborda la dimensión de la comparación, y concretamente la metodología comparativa, consiste en considerar a aquélla como un proceso de objetivación y enriquecimiento del proceso de co-construcción de políticas, de los conocimientos relativos a las políticas sociales relativas a la lucha contra la pobreza, la inserción en el empleo y también a la economía social. La comparación consiste en acercar dos o varios temas de análisis que pertenecen a distintos ambientes, tanto culturales como sociales y políticos, y presentar las diferencias y las similitudes con el fin de aumentar el conocimiento de cada uno de ellos (Bouchard, 2000: 37).

No se trata de promover un enfoque comparativo según un modelo referencial en el cual uno de los objetos de análisis manejaría la operación, es decir, serviría de punto de inicio y de referencia para la comparación. Se trata más bien de favorecer un modelo integral en el cual todas las unidades de análisis tienen el mismo peso, teniendo en cuenta la dinámica colectiva que estructura cada uno de los objetos de análisis. El análisis busca revelar y documentar las interacciones, las articulaciones, los procesos y las bases funcionales y estructurales. El objeto de análisis, que en este caso es un conjunto de políticas, programas y prácticas sociales, se considera como un sistema en perpetuo movimiento cuyos componentes se definen por una red de interacciones (Bouchard, 2000: 42-46).

Por lo tanto la comparación, concebida como una interacción que se realiza dentro de una relación dialógica, enriquece las perspectivas ya que obliga a los miembros del diálogo a clarificar las razones y valores subyacentes considerados "evidentes" mientras que cada uno de los participantes está obligado a explicar al otro las razones de su acción.

Existe entonces un valor heurístico (en el sentido de un planteamiento que ayuda a comprender) en la comparación, basado en el respeto mutuo y sin juicio de valor. En el sentido mencionado anteriormente, preferimos un planteamiento integral de comparación en el cual todos los objetos de la comparación están a priori en una posición de igualdad, en lugar de un modelo referencial, es decir, una norma que mide la realidad exterior. En esta óptica, rechazamos la relación tradicional de peritaje.

La comparación es un planteamiento basado en el respeto mutuo. En otras palabras, la interacción entre socios iguales, en la cual se basa esta concepción del planteamiento comparativo, es a la vez un proceso estructurado y un proceso interpersonal. Un proceso estructurado ya que cada uno de los participantes se presenta al otro dotado con una posición: un profesor, un alto funcionario, un militante sindical, un militante de ONG, un hombre o una mujer, con lo que las diferentes posiciones implican en sus diferentes sociedades, etc. Pero la interacción pone también en relación procesos interpersonales basados en la confianza, en la voluntad de incluir, en abrirse al otro, independientemente de todo juicio de valor, en enfrentar el desafío de descubrir juntos posibles realidades, susceptibles de comprender los elementos de nuestra propia realidad gracias al descubrimiento de la realidad del otro. Esto es en efecto lo que debemos explicar dentro de un marco de diálogo equilibrado en el que uno comienza a comprender y comprenderse, a aclarar lo no dicho, los a priori implícitos, los compromisos y los razonamientos que se aceptaron hasta ahora sin cuestionamiento.

Cada uno de los actores del proceso de comparación debe conocer suficientemente —para estar en condiciones de explicar al otro— las bases históricas, ideológicas y políticas, así como lo que está en juego a niveles sociales, culturales y económicos de tal o cual medida política o de tal o cual práctica social, su funcionamiento, sus impactos, sus ventajas, sus inconvenientes. La comparación desempeña un papel esencial poniendo al día los códigos colectivos inconscientes y bien asimilados y aceptados; invita a un desarraigo provisional, lo cual es una condición elemental para el conocimiento y para la acción de cambio basada en el conocimiento.

Para llevar a cabo la reforma de la visión científica se requiere de procesos que forman parte del método científico del cual el análisis comparativo es una de sus formas. La diferencia, que pone en evidencia la comparación, aumenta el interés científico y político, tanto como el práctico. En este sentido, Gérard Bouchard (2000) expresa de esta manera el interés en un planteamiento comparativo al destacar que "la comparación forma parte de los métodos de objetivación porque es un medio de crear una distancia entre el sujeto y su cultura, porque permite romper la cadena de producción del conocimiento allí dónde nacen los paradigmas, más arriba de la teoría y los conceptos". Para el autor, resulta útil separar la expresión del conocimiento de su arraigo sociocultural, no para desafiarla, retirando toda sustancia y todo significado a los enunciados científicos, sino para "renegociar su arraigo y someterla también al proceso crítico de construcción del objeto. El acto comparativo representa hasta cierto punto el exilio, la emigración o la trasgresión que requiere esta operación. Enriquece la visión científica en el sentido que, no sólo mejora la visión de lo social a partir de una matriz cultural particular, sino que también mejora la matriz misma, proporcionando así los medios para modificarla".

Estamos entonces alejados de un planteamiento comparativo a menudo promovido por los organismos internacionales como la Organización para la Cooperación y el Desarrollo Económico (OCDE) y el Banco Mundial (BM) que utilizan y presentan conjuntos de datos estadísticos abstractos e información descriptiva privada de significado y que, por esta misma razón, hacen parecer posibles las comparaciones estadísticas aislándolas de su contexto general y de los sistemas culturales que las producen. Estas estadísticas son quizá pertinentes para medir el resultado de tal o cual política o acción, o en una perspectiva de evaluación y financiación internacional, como se lo puede apreciar con la problemática de la lucha contra la pobreza, la inserción en el empleo, la economía social o el microcrédito y sus estrategias, como soluciones al desempleo y a la pobreza constituyen las ideas y visiones de la mayoría de los gobiernos, según lo establecido por aquellas organizaciones. Al respecto, debido a que se proveen de una literatura tecnocrática internacional, y de comités de expertos (*think tanks*) que la producen, no es sorprendente que exista una relativa convergencia y en consecuencia un primer tipo de comparación posible basado en un alto nivel de abstracción. Es lo que se puede denominar comparaciones sobre pantalla de ordenador.

Para nosotros, al contrario, no se trata de comparar para evaluar o transferir una política o una forma de hacer, sino más bien de comparar para aclarar una problemática, situándola en su medio ambiente. Así, si se procede a una comparación que incluye a los protagonistas de la sociedad civil, como socios activos –y a menudo iniciadores de la co-construcción de la realidad, que complejiza enormemente el proceso de la comparación y lo vuelve mucho más difícil, aunque mucho más interesante y pertinente–, el proceso se acerca mucho más a las verdaderas realidades nacionales o regionales.

Por lo tanto, el planteamiento comparativo produce un proceso de examen crítico de las prácticas. Crítico porque se plantea por protagonistas exteriores quienes, precisamente por ser exteriores no conocen a priori nada de la situación estudiada y plantean cuestiones elementales que obligan a los protagonistas de las prácticas bajo estudio a explicarse y descubrir hasta qué punto se toman por dadas una serie de preconcepciones que todo el mundo comparte en su contexto. Por ejemplo para Quebec, la idea de que vivimos en una sociedad socialdemócrata, que se preocupa activamente por los pobres, que es sensible a las desigualdades sociales, etc. Las cuestiones exteriores obligan a los protagonistas del interior a preguntarse por qué creen lo que creen, hacen lo que hacen, y por qué lo que hacen se hace de tal o cual manera. Es el proceso de tomar distancia, el efecto de espejo agrandando, o si se prefiere, esto es una metodología de la reflexividad. En síntesis, podemos decir que la metodología comparativa permite:

- Establecer una distancia crítica en relación con una acción realizada en un territorio dado (país, región), romper con la afirmación "eso es evidente" de las representaciones sociales que resultan de una lógica de acción dada, "objetivar sus propias preconcepciones y esquemas teóricos enfrentándolos a otras posibles configuraciones" (Schultheis, 1989: 220).
- Generar numerosas dudas y preguntas, colocar miradas cruzadas en dinámicas idénticas que se desarrollan en contextos diferentes y, a partir de esto, interrogar los dinamismos o estancamientos perceptibles en tal o cual práctica, e identificar los posibles factores de explicación.

- Ofrecer una contribución mayor al progreso de nuestra comprensión al entender los potenciales de un territorio de acción dado y de la vida colectiva, el peso de tal o cual estructura en la evolución de dinámicas económicas y sociales, identificar configuraciones de protagonistas, únicas a tal o cual práctica, mecanismos de coordinación específicos.
- Estimular las ideas y las estrategias de acción. La comparación es una "pedagogía", una fuente potencial de aprendizaje a partir de una comprensión extensa y compleja de los factores de éxito o fracaso de la acción; permite acceder a los esquemas de inteligibilidad de la acción y proveer, gracias al análisis de los factores de éxito y fracaso de la acción, una reflexión que puede aplicarse a otras realidades a partir de factores comparables.
- Poner en evidencia dinámicas insospechadas a las cuales no se les ha prestado atención en un estudio de caso que no es comparativo, superar los niveles de explicación habituales y analizar de manera más general, en sus contextos respectivos, las estrategias nacionales de lucha contra la pobreza o las prácticas de economía social.

Esta perspectiva permite cuestionar un conjunto de herramientas e indicadores, como:

- las fuentes y métodos de financiación de las políticas y programas –impuesto general, o impuestos específicos, préstamos nacionales o internacionales, etcétera–;
- los objetivos y valores promovidos por las políticas y programas, el contexto cultural en el cual se desarrollan;
- la dinámica administrativa de los programas: las relaciones entre los niveles de gobierno y las razones de esta distribución de responsabilidades;
- las responsabilidades y las dinámicas propias de los protagonistas de la sociedad civil en el marco de estas iniciativas, las fuentes de financiación de la acción de las organizaciones no gubernamentales;
- las características de las prácticas: su organización, sus relaciones con los otros protagonistas del contexto;
- los estudios de los académicos y los conocimientos formalizados, el contenido intelectual de estas prácticas, la colaboración con universidades y escuelas para discutir y estimular las prácticas;

- la elaboración de instrumentos de acción, su posible utilización, su pertinencia, las condiciones de posibilidad de su utilización en otros contextos, etcétera.

De manera práctica y en el marco de la formación que se desarrolla a partir de este proyecto, se intenta favorecer a procesos basados en una dinámica de debate entre los participantes, a partir de sus experiencias nacionales; ligar a la formación la realización de pasantías para algunos de los participantes latinoamericanos en Canadá/Quebec, y para los canadienses en un país latinoamericano, de modo de ayudar a construir concretamente esta relación de comparación crítica entre socios de un proceso internacional de formación integrada y favorecer el desarrollo de "comunidades de práctica" entre los participantes de la formación. En particular entre los que ya efectuaron su pasantía en los años anteriores, y los que la realizarán en los próximos años; la comunicación entre todos podrá desarrollarse gracias a Internet y el sitio Web del proyecto http://reco.concordia.ca.

Finalmente se trata de instaurar durante la formación una dinámica comparativa basada en el postulado de que les pertenece a los latinoamericanos, en este caso, y por el momento a los argentinos que hicieron sus pasantías en Quebec, y no a los norteamericanos, explicar a sus compatriotas lo que aprendieron y retuvieron de las prácticas y políticas en Quebec. Conocimiento este que puede resultar de interés para argentinos y latinoamericanos.

Del mismo modo pertenece a los pasantes quebecense que estuvieron en la Argentina, comentar a sus compatriotas del Norte por qué las prácticas y políticas argentinas que descubrieron durante su pasantía son interesantes y pertinentes para las prácticas y las políticas de Quebec. Es a partir de estas posturas epistemológicas que pueden elaborarse verdaderos intercambios constructivos, gracias a la metodología comparativa aquí definida.

Referencias

Bouchard, G. (2000) *Genèse des nations et culture du Nouveau Monde*, Montréal, Boréal
Schultheis, F. (1989) "Comme par raison – comparaison n'est pas toujours raison", *Droit et Société*, 11/12, 217-246.

La co-producción de políticas sociales en Quebec: el caso de la economía social

Marguerite Mendell
Concordia University, Montreal, Canadá

Introducción

El proceso de evolución de la economía social en Quebec puede considerarse desde la perspectiva de los elementos que la condujeron al lugar que ocupa actualmente en esa sociedad, como de los desafíos que hoy enfrenta. Este proceso ha sido y continúa siendo vital para el desarrollo de la economía social y proporciona importantes experiencias que se podrían aplicar a otras regiones. La experiencia de Quebec demuestra la importancia y la variabilidad de los contextos institucionales donde se desarrolla la economía social. En este entorno, las alianzas entre los movimientos sociales, el sector sindical, las cooperativas, el sector comunitario y, de una manera más significativa, la construcción de un contexto institucional multiparticipativo y multisectorial comprometido con un marco de "gobernanza distributiva", han sido críticos para el desarrollo de la economía social.

Los actores de la economía social están involucrados en la innovación institucional en diferentes sectores, uno de los cuales ha sido resultante de la creación de una red de redes –el Sitio de Construcción de la Economía Social (Chantier de l'économie sociale)– así como de la promoción de herramientas como financiamiento, formación, servicios a las empresas y material de investigación. La arquitectura de la actual economía social en Quebec proviene del compromiso de una diversidad de actores que logran encastrar la economía en diversos contextos sociales, diseñando enfoques de desarrollo sostenible para satisfacer las necesidades y deseos de las comunidades y creando los instrumentos apropiados para lograrlo.

Una mirada sobre el pasado nos lleva a preguntarnos las razones de este interés en la sociedad civil, en las asociaciones y en la comunidad, desde la perspectiva de renovación del compromiso cívico y del planteo de propuestas de democratización del Estado de Bienestar, capaces de proporcionar a la comunidad, a las asociaciones y empresas colectivas un papel integral en la transformación del Estado o en la construcción de un Estado de post bienestar. Al respecto se debe mencionar la abundante literatura e interés sobre el tema del "empoderamiento". Sin embargo el empoderamiento, en su auténtico sentido, debe producir una transferencia sustancial de recursos. Si la economía social, tal como existe en Quebec y en otros lugares es empoderadora, necesita nuevos espacios políticos en los que puedan ser negociados nuevos e híbridos arreglos socioeconómicos. Requiere "múltiples espacios públicos" —numerosos centros decisorios, subsistemas multiespaciales de regulación—, es decir, requiere innovación institucional. En estos espacios, los actores de la economía social pueden influir en la distribución de recursos por medio de estrategias negociadas para el desarrollo socioeconómico. El desafío es coordinar estos múltiples actores en la estructura de un marco institucional híbrido meso y macro. Esto implica esencialmente alejarse de lo localizado, espacializado o concentrado en un sector, para dirigirse hacia una "economía política de ciudadanía" que considera los papeles productivos de ciudadanos democráticos en la creación de riquezas privadas y públicas, aprovechando su capacidad para construir estrategias de desarrollo alternativas en colaboración con actores de los sectores privado y público. Este proceso incorpora innovaciones iniciadas por el sector comunitario en la provisión de servicios sociales, creación de empleos, desarrollo de nuevos sectores e instrumentos para el desarrollo como financiamiento, formación, documentación e información, entre otros. En los Estados Unidos, comúnmente esto se refiere a un movimiento renovador cívico y a estrategias comunitarias integradas. En Canadá estamos adaptando estas estrategias comunitarias integradas en proyectos piloto en diferentes puntos del país. La economía social en Quebec es ejemplo de un experimento institucional que ha reemplazado una forma de gobierno jerárquica por procesos deliberativos, allí donde el sector privado, el sector público y el sector comunitario popular participan en negociaciones para crear estrategias socioeconómicas de desarrollo. Sus raíces se encuentran en la cultura popular y en movimientos de oposición.

Actualmente sus actores negocian nuevos arreglos sociales dentro de una pluralidad de instituciones que confluyen y coinciden. Esto es resultado de una combinación de aprendizaje, flexibilidad y adaptación cultural, ya que los actores acostumbrados a los enfrentamientos y relaciones adversas, establecen asociaciones colaborativas para alcanzar metas comunes. La experiencia nos demuestra que la incorporación de grupos, movimientos y asociaciones dentro de espacios institucionales en que los actores deben convivir y trabajar en grupo, permite la transformación hacia modelos democráticos de gobierno. La institucionalización de estas prácticas y procesos facilita su integración en la agenda pública. El gobierno invita a los actores no institucionales y participa de la innovación institucional iniciando procesos de co-regulación, especialmente allí donde las iniciativas socioeconómicas provenientes de la ciudadanía han tenido éxito, cuando las estrategias adoptadas por el gobierno fracasaron. Este es el caso en Quebec donde existe una presencia muy fuerte de movimientos sociales y una red de actores que pueden negociar con el gobierno por medio de una sola voz.

1. La historia de la economía social en Quebec

La economía social en Quebec tiene una larga historia, sin embargo su prominencia actual comenzó en 1996 cuando el gobierno invitó a los grupos comunitarios y movimientos sociales a participar en la Cumbre sobre la Economía y el Futuro Social de Quebec. El *Chantier de la economía social*, fue uno de los dos sitios de construcción –o grupo de trabajo–, al que se solicitó proponer estrategias para enfrentar la crisis fiscal y de desempleo que enfrentaba el gobierno en esa época. La Cumbre sobre la economía no era una experiencia nueva en Quebec. La "concertación", término comúnmente usado para definir negociaciones y conversaciones tripartitas entre los mayores actores en Quebec –las empresas, el gobierno y el movimiento sindical– es consustancial a su cultura política. El Estado –gobierno de Quebec– permaneció involucrado en la formulación de estrategias de desarrollo económico desde la "Revolución Tranquila" de los años sesenta. En Quebec casi el 40% de los trabajadores se encuentra sindicalizado, de allí que se sitúe en una posición importante para negociar, no solamente en el sector público. La participación del sector privado, como tercer socio fuerte de este arreglo social interesado en desarrollar y guiar la economía, ha caracterizado a la provincia de Quebec y la ha distinguido del resto del país.

Desde los años ochenta, en que se establecieron las prioridades de la economía quebecense y se desarrollaron estrategias innovadoras para alcanzar los resultados deseados, el concepto que mejor caracteriza la denominada *Quebec Inc.* es el de "Estado socio" (*Partnership State*), ya que describe la relación entre el gobierno de Quebec, el sector sindical y el sector privado. Éste fue particularmente el caso del Fondo de solidaridad para los trabajadores (Fonds de solidarité FTQ) creado en 1983 por la Federación de Trabajadores de Quebec (FTQ), cuyo inicio conformó una instancia muy importante en la historia contemporánea de Quebec, que también nos ayuda a comprender el desarrollo de la economía social en esa provincia. Se trata de un fondo de pensión compuesto por las contribuciones voluntarias de miembros y no-miembros de la FTQ. A través de su creación se proporcionan recursos al sector sindical para participar en el desarrollo económico de Quebec e invertir directamente en empresas y sectores donde la creación de empleos y la seguridad de éstos se encuentra consolidada. Para proteger a sus miembros, el Fondo también se comprometió a canalizar un gran porcentaje de sus recursos en inversiones seguras, con razonables tasas de interés. Su establecimiento en 1983 requirió de la legislación provincial y federal, creándose generosos incentivos fiscales para atraer a los miembros adherentes.

Mientras algunos ponen el acento en los significativos resultados financieros, desde nuestro punto de vista la importancia se encuentra en la capacidad que le confiere al movimiento sindical para participar directamente en el desarrollo económico, y para destacar el papel vital que tuvo el gobierno en esta empresa. La Confederación de Sindicatos Nacionales (CSN) también estableció en 1995 *Fondaction,* un fondo solidario diseñado para llevar a cabo objetivos socioeconómicos y con las mismas ventajas fiscales que el fondo de solidaridad de la FTQ. Actualmente, el gobierno de Quebec participa en una variedad de instrumentos financieros destinados al creciente sector del "financiamiento solidario" (solidarity-based finance) cuyo objetivo es el desarrollo regional y local y las organizaciones de la economía social. El gobierno de Quebec en su último presupuesto asignó $10 millones de dólares canadienses a la recién creada FIDUCIA, un fondo de inversión "cuasi-capital o inversión paciente" de $54 millones. Se trata del primer instrumento de inversión para la economía social creado por el Chantier de la economía social en asociación con la FTQ, la CSN, el gobierno provincial y el gobierno federal. El capital inicial de la FIDUCIA fue aportado por el gobierno federal en su compromiso de capitalizar la economía social en todo el país. El reconocimiento del papel del sector sindical como socio en el desarrollo económico desde inicios de la década del ochenta, se aplica actualmente a la economía social ya que cada vez más se reconoce su capacidad para impulsar este desarrollo en Quebec.

Es necesario destacar una historia más extensa que ayuda a comprender las lecciones y desafíos en Quebec. La denominada "cuarta generación de economía social" por los investigadores quebecenses refiere a la aparición de los movimientos sociales en los años sesenta y a las movilizaciones para alcanzar una democracia más participativa. Las numerosas iniciativas de la sociedad civil –comités de ciudadanos, bancos de comida, centros comunitarios y asociaciones de cooperativas–, se multiplicaron en la década del setenta para incluir grupos de recursos técnicos para cooperativas habitacionales, centros de salud para las mujeres, medios de comunicación comunitarios, campos de verano para las familias y cooperativas de trabajadores, entre otros. Las clínicas médicas comunitarias constituyeron el modelo para los Centros locales de servicios comunitarios (CLSC) auspiciados por el gobierno y establecidos en toda la provincia en 1974. Estos centros ofrecen a la población de los distintos territorios que asisten servicios de salud y servicios sociales de naturaleza preventiva o curativa, de readaptación o de reinserción.

Las guarderías sin fines lucrativos configuraron la base del acceso universal a las guarderías y a los centros infantiles (CPEs) que actualmente existen en todo Quebec. Las innovaciones sociales impulsadas por el sector comunitario han influido también las innovaciones institucionales. Así, los Centros de desarrollo económico comunitario (CDECs), fueron experiencias piloto de lo que hoy se puede denominar "una economía negociada", una demostración de los beneficios de la colaboración multisectorial y multiparticipativa a nivel local. De una manera similar al impacto que produjo el activismo comunitario en los cambios institucionales de los años setenta, los CDECs también representan la institucionalización de las iniciativas impulsadas por el sector comunitario. La participación de los tres niveles de gobierno –provincial, federal y municipal– demuestra el reconocimiento al valor de la "proximidad", así como la constatación de que las estrategias apropiadas para la revitalización de la economía, la reducción de la pobreza y la cohesión social son diseñadas mejor por los que viven y trabajan en la comunidad. Las políticas apropiadas se dan a partir de estas experiencias y la participación también señala reconocer la necesidad de nuevos intermediarios –ambientes institucionales híbridos y multisectoriales. En la terminología actual, los CDECs son marcos políticos horizontales que permiten la integración de diferentes ámbitos –mercado de trabajo, servicios empresariales y desarrollo de negocios, integración social por medio de iniciativas económicas y desarrollo y revitalización local–. Los CDECs fueron los viveros del diseño e implementación de las políticas integrales, al reconocerse los límites de los programas homogéneos y no diferenciados diseñados en los gabinetes ministeriales, quienes reconocieron la necesidad de crear un diálogo multiparticipativo y multisectorial. Al plantear una relación diferente entre el Estado y la sociedad civil, también constituyeron sitios importantes para luchar contra la ideología dominante tendiente a disminuir el papel del Estado. Esta lección resulta muy importante debido a que las estrategias de descentralización, tan comunes en muchas partes del mundo, deben incluir un cambio en la dirección de la cultura política capaz de reconocer el conocimiento indispensable que los actores locales pueden aportar a la mesa de discusión política y la consiguiente necesidad de flexibilidad en el diseño e implementación de programas.

En Quebec, la capacidad innovadora y pragmática de la sociedad civil para abordar problemas significativos por medio de estrategias y procesos concretos ha tenido un impacto importante en la cultura política y en la innovación institucional. La historia de los últimos cuarenta años indica que el gobierno ha llegado a aceptar que el diálogo con la sociedad civil es esencial para lidiar con un ambiente socioeconómico complejo y en proceso de transformación.

La participación del gobierno de Quebec en el financiamiento de ciertas iniciativas de la economía social, en el desarrollo de programas que capacitan y sitúan a la economía social, el apoyo a la infraestructura que coordina la economía social en Quebec y la creación de un marco legal muy requerido reflejan el reconocimiento del papel de la sociedad civil y la necesidad de reexaminar la intervención del Estado en el desarrollo social y económico. Los integrantes de la "concertación" en Quebec en 1996 incluyeron por primera vez a los actores del sector comunitario, como clara indicación del reconocimiento de la capacidad de los movimientos sociales para implementar iniciativas económicas que satisfacen objetivos tanto económicos como sociales. Diez años más tarde, el actual modelo de economía social implica un diálogo continuo entre el gobierno y los actores de la economía social, a través del diálogo sobre políticas. No se trata de una nueva práctica, ya que a nivel de gobierno federal se han abierto oportunidades y espacios para entablar dicho diálogo y en estos momentos el gobierno municipal de Montreal está preparando nuevas políticas para la economía social a partir de un diálogo con los actores que la representan.

El proceso de diseño de políticas se está transformando y no consiste en los habituales enfoques de "arriba hacia abajo", o de "abajo hacia arriba", sino que requiere la formulación horizontal de políticas que abarcan todos los niveles de gobierno y también crean espacios para la participación de actores no institucionales. La arquitectura que sitúa la economía social en Quebec ha requerido el creciente compromiso del gobierno en la coproducción de políticas públicas con los actores involucrados, proceso no siempre fácil, aunque hoy constituye un proceso encastrado en su cultura política.

Actualmente la economía social en Quebec alcanza más de siete mil empresas colectivas, tanto cooperativas como organizaciones no lucrativas de diferentes sectores. No solamente remite al estatus legal de la empresa colectiva, a las cooperativas o a las organizaciones no lucrativas. Se trata de una visión, un modelo de desarrollo económico alternativo que desafía el paradigma dominante por medio de la práctica y la creación de herramientas de desarrollo —recursos financieros, formación, documentación y estrategias laborales—, como elementos básicos para una economía basada en el ciudadano. Para que la economía social estableciera sus raíces tuvo que promover simultáneamente empresas colectivas y desarrollar nuevos instrumentos que le permitieron surgir, consolidarse y crecer. Existen numerosas barreras institucionales, incluyendo leyes y normas de contabilidad que no reconocen las particularidades de las empresas colectivas. A ello se agrega la ausencia de métodos de evaluación y medida apropiados, con capacidad para reflejar en forma adecuada los valores y el valor agregado de las empresas colectivas. En cuanto a los desafíos, se incluyen estrategias de comercialización para desarrollar mercados para los bienes y servicios que esta economía produce. La frecuente asociación de la imagen de la economía social con actividades al margen de la economía, o exclusivamente con servicios sociales sin valor de mercado, representa también un desafío; aunque esta situación ya empieza a cambiar dada su creciente visibilidad, que es bien palpable en Quebec.

El importante trabajo sobre contabilidad social e indicadores sociales está respondiendo a la necesidad de contar con métodos de evaluación y medidas de contabilidad apropiadas, así como con políticas de gestión. La integración de la economía social en los movimientos sociales para el consumo responsable, las marcas de comercio justo, las ferias de economía social, son algunas de las estrategias que existen para crear mercados para los bienes y servicios que produce esta economía. El reconocimiento académico también se expresa a través de la formación que ofrecen escuelas y universidades orientada a las nuevas ocupaciones y profesiones que surgen en los diversos sectores de la economía social.

El haber enfatizado deliberadamente el papel de las alianzas, asociaciones e innovaciones políticas ha sido esencial para la experiencia de Quebec y constituye un proceso particular para la provincia y su contexto sociopolítico y cultural. Sin embargo se trata de una importante lección que se debe compartir debido a que los procesos antes descriptos invitan al gobierno a considerar en el largo plazo su compromiso con la economía social como una inversión, lo que requiere un nuevo marco de referencia. De manera subyacente se manifiesta el reconocimiento del impacto positivo de la economía social en las finanzas del Estado, tanto en su contribución al crecimiento económico, como en los beneficios sociales asociados con alianzas productivas en el marco de las innovaciones que produce. Más que el simple giro de una política pasiva a una política de gobierno activa y de programas que no han tenido los resultados esperados, la economía social ha demostrado su capacidad de crear riqueza mientras mantiene su compromiso de igualdad, justicia social y desarrollo sostenible. Es por eso que el gobierno ha empezado a entender que debe "invertir" en ella.

El proceso de co-construcción

En Quebec, el término co-construcción tiene un significado sustantivo ya que se aplica a la evolución de la economía social en sí y al lugar que ésta ocupará en el futuro de la sociedad quebecense. La creación de alianzas y de redes y el continuo diálogo entre sus actores captan la compleja dinámica de esta evolución. Liderazgo y fuerza política son factores críticos en este proceso aunque detrás del liderazgo existen vínculos horizontales y verticales y redes de movimientos sociales, organizaciones de desarrollo local, sectores de economía social, y en los últimos seis años, investigadores en toda la provincia, que trabajan para formalizar alianzas con los practicantes. Sectores, movimientos y organizaciones están vinculados verticalmente a través del territorio y horizontalmente en polos regionales, y por medio del *Chantier de l'économie sociale* a nivel nacional. Esta extensa e integrada estructura no solamente ha incrementado la visibilidad de la economía social y su legitimidad como un sitio donde crear políticas de manera más significativa, sino que ha instituido numerosos "espacios híbridos" participativos a través de la provincia. Esto ha sido el resultado del largo trabajo entablando relaciones y derribando barreras tradicionales entre los movimientos y las organizaciones acostumbrados a trabajar en "silos".

Las relaciones entre los investigadores y practicantes también debieron ser "construidas" y su desarrollo implicó diálogo y tiempo. No fueron suficientes los objetivos comunes para borrar las diferencias culturales enraizadas entre estas dos comunidades, aun cuando existían viejas relaciones amistosas y de confianza entre numerosos participantes. Hoy, podemos afirmar que esta alianza ha aumentado la capacidad de producir estrategias de intervención en numerosas áreas de la economía social, desde temas microsectoriales hasta discusiones políticas transversales. Los núcleos de investigación sobre la economía social proporcionan una importante documentación para su análisis, tanto conceptual como empírico. Investigadores y practicantes colaboran en temas pertinentes y de importancia y en la formulación de herramientas de desarrollo. El diálogo que esto ha generado es inestimable para el desarrollo del corpus de conocimientos sobre la economía social. La amplia circulación de documentos y la organización de numerosos eventos públicos han sido críticos para generar un diálogo dinámico sobre políticas. Hoy en día la relación entre investigadores y practicantes es sólida ya que juntos han creado un ambiente innovador para el aprendizaje colectivo que es tanto interdisciplinario como participativo.

Por último, aunque el término "investigación acción" no es nuevo, la construcción de un contexto institucional que demuestra el valor de integrar la investigación y el aprendizaje interactivo, desafía los enfoques convencionales en educación, investigación y pedagogía. Así, un creciente número de estudiantes se involucra por medio de cursos universitarios o programas sobre desarrollo económico comunitario y economía social, directamente como pasantes o asistentes de investigación en diferentes proyectos. Esta participación los lleva del ámbito de las bibliotecas al terreno de los actores. Los estudiantes trabajan con sus supervisores académicos diseñando rigurosas metodologías y tienen un importante acceso a personas e informaciones; su retroalimentación es auténtica y muchos de ellos desean trabajar en este campo una vez que completan sus estudios. Los estudiantes no solamente expresan una elección profesional, sino que en número creciente han acogido a la economía social como modelo de desarrollo económico alternativo y democrático, comprometido con la justicia social y con la igualdad. Así, los principios subyacentes a la economía social convocan a los jóvenes que se sienten alienados por una ideología predominantemente impulsada por el mercado.

Los escenarios nacionales
Quebec, Canadá
La economía social en Quebec: protagonista de la innovación y de las transformaciones sociales

Marie J. Bouchard
Université du Québec à Montréal (UQAM)
Chaire de recherche du Canada en économie sociale, Montreal, Canadá

Introducción

En este capítulo se tratará de responder a dos interrogantes que vinculan la economía social con la innovación. En primer lugar, ¿qué significa innovación social? y luego, ¿por qué a menudo aparecen, inmediatamente después de las palabras "economía social", las palabras "innovación social"? Vamos a identificar algunos factores que hacen que las organizaciones y el movimiento de economía social tengan un fuerte potencial de innovación planteando diversas cuestiones que permiten comprender mejor la contribución innovadora de la economía social, y enmarcar adecuadamente el concepto de innovación social. Concluiremos presentando algunas pistas de investigación que podrían esclarecer el camino para resolver estas cuestiones.

1. El concepto de innovación social

Aunque la innovación forma parte de la teoría económica (Le Bas, 2004), no deja de ser un concepto ambiguo. Para Adam Smith, la innovación es una fuente de incremento de la productividad. Para Karl Marx, la innovación es lo que causa las crisis económicas y Joseph Schumpeter habla de "destrucción creativa". ¿Es que la innovación no tiene la misma connotación en la perspectiva económica que en la perspectiva social?

Existen al menos dos grandes maneras de concebir qué es la innovación social. Una primera definición, refiere a los procesos colectivos que conducen a las innovaciones científicas y tecnológicas (la invención es un acto escasamente individual). Estas innovaciones científicas y tecnológicas implican, por consecuencia, otras innovaciones sociales (por ejemplo, la difusión de las innovaciones por contactos o *spillovers*, la reorganización del trabajo, las nuevas configuraciones organizativas). Toda innovación tecnológica es también "social". Las innovaciones contribuyen al aumento de la productividad y al mismo tiempo transforman y modernizan la organización del trabajo.

Pero se puede preguntar además ¿para qué y para quién contemplar el desempeño económico? Allí aparece una segunda definición de innovación social, que se plantea en la dinámica más amplia de las relaciones entre economía y sociedad. Las innovaciones a menudo son impulsadas por protagonistas que desvían, que ponen en entredicho las normas y las reglas (Alter, 2002). La innovación es "una constelación de acciones ordinarias" que se desarrollan en el trabajo, las condiciones de vida y el territorio. Estas acciones tienen por objetivo reintroducir confianza, respeto y transparencia, instaurar relaciones más cooperativas y más participativas. Los protagonistas se definen a menudo como movimientos sociales que llaman a un cambio social. Cuestionan la separación entre lo privado y lo público, entre el desarrollo económico y el desarrollo social, entre lo local y lo global. Se cuestiona el espacio de la economía con respecto a la sociedad. Se puede así decir que las innovaciones (económicas y sociales) participan en la transición entre un modelo de desarrollo y otro (Lévesque, 2005).

Para que el modelo de desarrollo se renueve, las innovaciones deben difundirse en distintos contextos y poseer una determinada duración. Las innovaciones sociales desafían necesariamente a las instituciones (Hollignsworth, 2000). Por instituciones, se entiende en general las normas, las reglas, los convenios, las prácticas y los valores de una sociedad. Un segundo grado de análisis habla de convenciones institucionales, haciendo referencia al mercado, al Estado, a las redes, a las asociaciones y a las comunidades. Las experiencias innovadoras que pueden generar una transformación del sistema social son las que van dirigidas a las normas y a las grandes instituciones de la sociedad. Se puede entonces definir la innovación social como "una intervención iniciada por protagonistas sociales para responder a una aspiración, responder a una necesidad, aportar una solución, con el fin de modificar relaciones sociales, de transformar un marco de acción o de proponer nuevas orientaciones culturales". Así pues, según la definición que adoptamos en el Centro de Investigación sobre las Innovaciones Sociales (CRISES), los conjuntos de innovación contribuyen no solamente a un cambio económico, también están incluidos los cambios políticos y culturales. Es en este momento que la economía social se vuelve interesante.

2. ¿La economía social es innovadora?

La economía "social" agrupa las cooperativas, los organismos y las asociaciones, y también a un gran número de organizaciones de desarrollo local, finanzas solidarias y recursos técnicos que la acompañan en su desarrollo. Son organizaciones privadas pero no capitalistas que desarrollan otras maneras de funcionar, poniendo lo económico al servicio de las personas y de la sociedad. Hay innovaciones científicas y tecnológicas que pueden nacer en estas organizaciones. Pero se pueden identificar también algunos factores que explican su fuerte potencial de innovación social.

Uno de los factores de innovación es que la economía social responde rápidamente a aspiraciones y a necesidades que no se encuentran satisfechas. Puede ser una actividad económica escasamente rentable para un empresario que contempla beneficios (fracaso de mercado).

Es también una necesidad de servicio colectivo que las autoridades públicas tardan en desarrollar, o para la cual no están equipadas (insuficiencia pública). Es la tienda, la oficina de correos y la estación de gasolina en una comunidad rural, de los que se hace cargo la población local adoptando la forma de cooperativas de solidaridad. Es también la cooperativa o el organismo sin fines de lucro que ofrece servicios de ayuda doméstica a los ancianos que han perdido su autonomía, creando al mismo tiempo mejores empleos en este sector de mercado. En estos términos, lo económico no se separa de lo social, por ejemplo, manteniendo los servicios por medio de la creación de cooperativas de vecindad, los habitantes reafirman su identidad local, crean un sentimiento de fuerte pertenencia, y mantienen por más tiempo a los jóvenes en su región de origen. De la misma manera, las empleadas domésticas no sólo limpian los hogares, también cocinan, permanecen en el lugar de trabajo durante la comida, ayudan a tomar un baño, rompen el aislamiento de los ancianos y también detectan sus necesidades. Muy a menudo, son ellos los que dan la alerta cuando su estado de salud empeora.

Esta capacidad de respuesta rápida se explica en parte porque las mismas personas que necesitan los servicios son las que se movilizan. Aportan sus propios recursos al proyecto (en recursos pero sobre todo en trabajo voluntario), recursos a los cuales se añaden subvenciones, contratos de servicios y ventas. Este carácter mixto de los recursos involucrados conduce a las organizaciones a expresarse según tres lógicas: la redistribución –porque estas organizaciones responden a necesidades sociales–, el mercado –que controla la oferta y la demanda por el precio– y la reciprocidad –el principio de *donnant-donnant*– (Evers y Laville, 2004).

Las organizaciones de la economía social aparecen porque las personas quieren tener control sobre sus condiciones de vida y de trabajo, sobre su entorno y por que están dispuestas a asumir este control con las otras partes involucradas (*stakeholders*). Las decisiones se toman en conjunto, por los productores y los usuarios, y a menudo los líderes se encuentran cercanos a las autoridades públicas para diseñar políticas adaptadas a las nuevas realidades. Es entonces posible encontrar una mejor coordinación entre los que administran y los que son administrados, entre los que expresan la demanda y los que planean la oferta. Ya que no se contempla el beneficio para los accionistas, las organizaciones invierten aún más en producir más y mejor, para volver a invertir en el desarrollo y, en el caso de las cooperativas, redistribuir entre los usuarios los excedentes, en función de su uso respectivo. En este sentido, la economía social es una herramienta de desarrollo al servicio de las personas y las comunidades.

Sin embargo, es necesario aportar la perspectiva histórica. Relatemos un poco de historia para destacar que, en las sociedades industriales, se asiste a una ola de iniciativas de la economía social cuando sucede cada crisis económica. A finales del siglo XVIII y durante el siglo XIX, los protagonistas de la economía social desarrollaron las primeras formas de ayuda mutua así como diversas formas de organizar la producción en común. Reivindicaron la intervención pública en la regulación del desarrollo. La economía social precedió así la acción pública, siendo precursora de la idea de bien colectivo y de los numerosos derechos sociales que hoy conocemos.

La crisis de los años treinta en Quebec también estuvo seguida por una ola de cooperativas. Sostenidas por el movimiento nacionalista, estas cooperativas pretendían establecer una estructura corporativa para encuadrar la gestión de las actividades económicas y regular las relaciones entre los grupos sociales. La atención estuvo puesta en los principios de subsidiariedad (de subordinación como se decía en aquel entonces) y la paridad patronato-sindicato. Aquí se encuentran las raíces de varias instituciones clave del modelo quebequense de desarrollo.

En los años 1970-80, el movimiento comunitario, el movimiento de mujeres y el movimiento estudiantil dieron origen a lo que aquí se llamó la "nueva economía social" (en otras partes llamada la economía "solidaria"). Estas iniciativas contribuyeron a situar a los usuarios y a los ciudadanos en el control de los servicios: cooperativas de trabajo, de vivienda, clínicas populares, cooperativas de alimentación sana. Esto dio origen a los centros locales de servicios comunitarios, a la ayuda jurídica y a las guarderías. Hoy se cuenta con más de 3000 organismos comunitarios de alojamiento.

Desde los años noventa, la economía social combate los efectos de la exclusión y la pobreza (por ejemplo, las empresas de inserción, las cocinas colectivas) y responde también a nuevas demandas sociales (reciclaje, comercio justo, agricultura orgánica).

Se puede ver que las organizaciones de la economía social no solo buscan soluciones a los efectos "desestructurantes" que ejercen las crisis sobre las poblaciones. También inventan formas de solucionar los bloqueos del modelo de desarrollo. Lo hacen desafiando a las grandes instituciones de la sociedad, las normas y convenciones, y también el lugar y el papel que ocupa el Estado, el mercado y la sociedad civil en las orientaciones del desarrollo.

3. Algunas pistas de investigación

¿Toda la economía social es innovadora? ¿Todo el tiempo? ¿Cuáles son los criterios de desempeño que se pueden utilizar para medir adecuadamente la contribución de la economía social? ¿Cómo se puede comparar lo que se hace en Quebec con las múltiples iniciativas de la economía social en otras partes del mundo? Esto conduce a referir muy rápidamente a algunas investigaciones que podrán ser útiles para comprender mejor la dinámica de la economía social.

3.1 Los métodos y los indicadores de evaluación de la economía social

El primer interrogante a plantearse concierne a los criterios de desempeño que se pueden utilizar para medir la contribución de la economía social. Una primera investigación se refiere al desarrollo de metodologías e indicadores de evaluación que permiten delimitar los desempeños y las repercusiones de la economía social. En primer lugar, el concepto de resultado merece una nueva mirada. Es necesario desarrollar una concepción del desempeño que provenga de otra forma de racionalidad y que coloque las esperanzas del ciudadano o del usuario en el centro de la concepción de la eficiencia, la eficacia y la pertinencia.

Otro factor que debe tenerse en cuenta es que los efectos indirectos de las actividades de la economía social son a menudo más importantes que sus efectos directos y que estos efectos se dejan ver con el paso del tiempo. La economía social produce las denominadas externalidades positivas: el reciclaje de materias residuales, la renovación de las competencias luego de una "deslocalización" industrial, la reinversión en la comunidad, etcétera.

La economía social genera también beneficios colectivos útiles para la sociedad: la creación de prácticas de participación democrática, de ciudadanía activa; la conservación del medio ambiente, la cultura, etc. Contribuye al desarrollo de territorios y los articula dentro de una dinámica más global, como es el caso de los pueblos forestales en Quebec, donde las empresas de la economía social garantizan una parte significativa de la actividad económica. Sin olvidar los efectos imprevistos, como la detección de nuevas necesidades, que se pueden difícilmente prevenir en un sistema de evaluación definido *a priori*.

3.2 Un sistema de información sobre las organizaciones de economía social

Dado que la innovación significa introducir un cambio, es necesario poder comparar entre dos estados, antes y después. Además de los indicadores de evaluación mencionados, necesitamos un sistema de información que permita delimitar el sector de la economía social y seguir su evolución en el tiempo de modo tal que una segunda vía de investigación consiste en reunir datos empíricos sobre el sector.

Sin embargo, se trata de un sector difícil de delimitar. Se puede confiar en las formas de organización –cooperativas, organismos y asociaciones– ¿pero todos los organismos sin fines de lucro forman parte de la "economía" "social"? Se podría confiar en la misión social de la empresa económica pero allí se debería distinguir entre las "empresas sociales" y aquellas socialmente responsables (creadoras de empleos, que cuentan con certificación medioambiental, etcétera).

Debemos preguntarnos sobre las dimensiones empíricas que caracterizan las organizaciones de la economía social y que tienen un potencial de impacto en términos de innovación social. La base de datos que creamos en la Cátedra de investigación de Canadá en economía social quiere identificar los distintos universos que componen la economía social, sin limitarse a una definición demasiado rigurosa. Para eso desarrollamos un sistema de criterios de calificación que permite identificar perímetros más o menos estrechos del sector de la economía social (Bouchard, Ferraton, Michaud, 2006).

Contabilizamos organizaciones de la economía social en todo el territorio de Quebec y en todos los sectores de actividad. Esta base de datos permite elaborar un cuadro casi exhaustivo del sector. Servirá para el análisis de resultados de investigaciones que tendrán un universo de referencia amplio y permitirá seguir, durante un tiempo, la evolución del sector. Podremos también crear bancos de datos con otras investigaciones, por ejemplo sobre el empleo, el ingreso de los hogares, las inversiones en medio rural, etc. con el fin de entender mejor la contribución de la economía social a las dinámicas de desarrollo.

3.3 La comparación internacional

La tercera pregunta a la cual puede ser interesante responder es ¿cómo comparar lo que se hace en Quebec con las múltiples iniciativas en otras partes del Canadá y en el mundo? Aquí, la cuestión de la definición de la economía social se complica un poco. Lo que se denomina economía social en Canadá inglés no es lo mismo que en Quebec. Lo mismo se puede decir de otras partes del mundo. Por ejemplo, en Francia y en varios países de América Latina, hay un debate entre la economía social y la economía solidaria. En Alemania es un concepto inexistente, entre otras cosas porque, en esta lengua, la expresión significa algo diferente e indica otra cosa.

La economía social está actualmente en plena efervescencia. En particular en el contexto donde se redefine al Estado social, donde el mercado laboral se transforma y donde las condiciones de vida representan un desafío importante para una amplia parte de nuestras sociedades. La realidad de la economía social no es independiente de las transformaciones del mercado y del Estado. Se puede decir que las organizaciones de la economía social son una "válvula" para las tensiones del sistema, y también un laboratorio de experimentación frente a la oferta de servicios y de los métodos de regulación que son el mercado y el Estado.

Ahora bien, estas transformaciones no se producen al mismo ritmo, ni de la misma manera de un país a otro, o de un territorio a otro. Si una cosa es clara, es que se desarrolla en el Norte como en el Sur, en el Oeste como en el Este. La comparación se vuelve esencial para entender el fenómeno en su totalidad.

Conclusión

Hemos visto que la economía social puede ser un vector importante de los distintos tipos de innovación desarrollados por Schumpeter (1912). La economía social amplía la gama de productos y servicios para sectores útiles que no están cubiertos (nuevos productos o servicios). Inicia prácticas en y entre las organizaciones de cooperación (nuevos métodos). Ofrece nuevas oportunidades a protagonistas excluidos del sistema dominante (nuevas salidas). Estimula una nueva clase de empresarios sociales o colectivos (nuevas organizaciones).

Las organizaciones de la economía social tienen características que se dice que las empresas deberían tener para alcanzar un alto desempeño en la nueva economía del conocimiento. Pero la economía social es también interesante porque innova a nivel de la organización de la economía y de la sociedad en su conjunto. Plantea cuestiones importantes –y encuentra soluciones interesantes– para colocar la innovación y el desempeño al servicio de una economía del bienestar.

Referencias

Bouchard, M. J.; Ferraton, C.; Michaud, V. (2006) "Base de données sur les organisations d'économie sociale, les critères de qualification des organisations", Montréal, *Chaire de recherche du Canada en économie sociale, Collection Recherche*, N° R-2006-2.

Evers, A.; Laville, J. L. (2004) *The Third Sector in Europe*, Cheltenham, UK, Northampton, MA, USA, Edward Elgar.

Hollingsworth, R. J. (2000) "Doing institutional analysis: implications for the study of innovations", *Review of International Policial Economy*, Vol.7, N° 4, pp. 595-644.

Le Bas, C. (2004) "L'innovation dans la théorie économique", in: *Croissance et innovation, Cahiers français,* N° 323, pp. 36-41, novembre-décembre 2004.

Lévesque, B. (2005) "Innovations et transformations sociales dans le développement économique et le développement social: approches théoriques et méthodologiques", Montréal, *Collection Études théoriques,* CRISES, N° ET0507.

Schumpeter, J. A. (1912) *Theory of Economic Development*, Cambridge Mass, Harvard University Press, traduction française en 1934, *Théorie du développement économique.*

Economía social y políticas públicas: el caso de Quebec

Marguerite Mendell, Concordia University, Montréal, Canadá
Nancy Neamtan, Chantier de l'économie sociale, Canadá

Introducción

Durante la última década, el movimiento de la economía social en Quebec se convirtió en un protagonista socioeconómico preeminente. Orientada hacia el empresariado colectivo, bajo forma cooperativa y asociativa, la economía social fue pionera en las importantes iniciativas que favorecieron la creación de nuevos empleos, respondiendo al mismo tiempo a las necesidades sociales, medioambientales y culturales de las colectividades. El gobierno de Quebec desarrolló distintas políticas públicas para apoyar la economía social. Los resultados visibles y concluyentes de estas políticas inspiraron también al gobierno de Canadá para establecer varias medidas en favor de la economía social en 2004. Aunque Quebec realizó proyecciones que suscitan interés a nivel internacional, la introducción del concepto de economía social en las políticas sociales y económicas no es original. Forma parte de una tendencia internacional que se produjo también en los países europeos, latinoamericanos asiáticos y africanos.

La contribución de la economía social a la innovación social fue objeto de debate en ámbitos diversos como la Organización para la Cooperación y el Desarrollo Económico y el Foro Social Mundial. En muchos aspectos esto no resulta sorprendente dado que la economía social intenta ser una respuesta pragmática a los desafíos socioeconómicos generados por la globalización y también una contribución a la renovación de una ciudadanía positiva y activa a escala local, nacional e internacional. Refleja además un nuevo enfoque de desarrollo de la empresa, como lo indican las importantes medidas adoptadas con el fin de crear nuevas empresas colectivas y favorecer el empresariado social en varios países. En Quebec, en Canadá y en el exterior, cada vez más decisores son conscientes del potencial enorme de la economía social para redefinir las relaciones entre el Estado, el mercado y la sociedad civil teniendo en cuenta las nuevas realidades del siglo XXI.

1. Algunos elementos del contexto

Aunque el vocabulario es nuevo, la economía social se encuentra bien establecida en Quebec desde hace más de un siglo. Contribuyó al bienestar y al crecimiento económico de la sociedad quebecense de distintas maneras, tanto por el movimiento cooperativo, que desempeñó un papel clave en el mantenimiento de la agricultura durante los períodos de profunda crisis económica, como a través de la creación de asociaciones ciudadanas que respondieron a distintas necesidades socioeconómicas en el curso de los años. Su evolución es parte integrante de la historia socioeconómica de Quebec.

1.1 Quebec, una sociedad distinta en América del Norte

Las particularidades de la sociedad quebecense fueron un campo fértil para este nuevo desarrollo de la economía social. Quebec es una pequeña nación francófona con una población de 7 millones y medio de habitantes dentro de la confederación canadiense. Como sociedad distinta, sostuvo importantes luchas políticas para sobrevivir y hacerse reconocer como nación. Este contexto contribuyó al desarrollo de una cohesión en la sociedad de Quebec que es única en América del Norte. Su economía fue dominada hasta la mitad del siglo XX por intereses externos que controlaron en gran parte la explotación de los recursos naturales. La "Revolución tranquila" impulsada en 1960 por el gobierno de Jean Lesage condujo a la creación de un Estado benefactor, al rápido desarrollo del movimiento obrero con más de un 40% de la mano de obra sindicalizada, lo que constituye la tasa de sindicalización más elevada de América del Norte, la nacionalización de la hidroelectricidad, la creación de la Caja de Depósito y Colocación que administra un activo neto de más de 122.000 millones de dólares canadienses[1] en 2005, con un activo total gestionado de 216.000

---

[1] En adelante, los montos citados en este capítulo estarán expresados en dicha moneda.

millones, y a la emergencia de una nueva clase empresarial en la sociedad francófona.

La "Revolución tranquila" se tradujo en la rápida declinación de la influencia de la Iglesia y en la aparición de un movimiento social importante, el movimiento comunitario, basado principalmente en asociaciones sin fines de lucro, que se implicó no sólo en la defensa de los derechos de los pobres sino también en la prestación de servicios en distintos ámbitos, en particular, la salud, el alojamiento, los servicios sociales, el cuidado de la niñez, la alfabetización y la formación. Durante ese mismo período, el movimiento cooperativo y mutualista ha mantenido y desarrollado su presencia en los sectores financieros, los seguros y la agricultura y, en menor grado, en la silvicultura y algunos sectores de los servicios y del comercio minorista.

La modernización rápida de la sociedad de Quebec siguió el modelo dominante en la mayoría de las sociedades industrializadas del período de posguerra, en que el taylorismo constituía el modelo de producción dominante. El Estado desempeñó un papel central en la redistribución de la riqueza a través de la creación de programas universales de seguridad social y en la provisión de servicios educativos, de salud y servicios sociales basados en estructuras centralizadas y uniformes. Aunque este modelo de desarrollo permitió a la sociedad modernizarse muy rápidamente, sus límites aparecieron a comienzos de los años 80. Una fuerte alza de la tasa de desempleo, con impactos estructurales en colectividades y regiones enteras reveló la incapacidad del Estado para responder a las nuevas necesidades tanto a nivel financiero como estructural.

Durante este período, la fuerte tasa de desempleo y las restricciones en el gasto público llegaron a convertirse en barreras importantes para el desarrollo de Quebec. El agotamiento de los recursos naturales y la declinación del sector manufacturero tuvieron grandes impactos sobre las colectividades locales y los fenómenos de empobrecimiento y marginalidad fueron cada vez más pronunciados. En ese contexto un cambio cultural importante se gestó en el seno del movimiento obrero y comunitario en Quebec. Fue el comienzo del renacimiento de la economía social, una economía basada en los acervos del pasado, que adoptó nuevas formas y estrategias adecuadas a las nuevas realidades del siglo XXI.

1.2 Iniciativas sindicales en la gestión de los fondos de pensión

La primera manifestación de este cambio de cultura provino de la mayor confederación sindical de Quebec, la Federación de trabajadores y trabajadoras de Quebec (FTQ) con alrededor de 500.000 miembros. Ante las pérdidas significativas de empleos, la FTQ decidió, luego de importantes debates internos, actuar proactivamente en la búsqueda de soluciones a la crisis del empleo. En 1983, negoció con el gobierno de Quebec y el gobierno de Canadá una medida fiscal que permitió la creación del Fondo de Solidaridad FTQ. Se trata de un fondo de desarrollo que opera en base a cuatro principios fundamentales: invertir en empresas apropiadas y proveerlas de servicios para crear, mantener y salvaguardar empleos; respaldar la capacitación de trabajadores para permitirles aumentar su influencia en el desarrollo económico de Quebec; estimular la economía de Quebec a través de inversiones estratégicas; y respaldar el desarrollo empresarial mediante la invitación a los trabajadores a suscribir acciones del Fondo.

Su obligación legal es invertir un mínimo del 60% de sus fondos, que ascienden a $6,6 mil millones, en las pequeñas y medianas empresas de Quebec. Desde 2005, invierte también en grandes empresas, cuyo activo puede alcanzar los $100 millones. En mayo de 2006 su activo está constituido, en particular, por los ahorros de más de 573.000 accionistas que invirtieron un total de alrededor de $41 mil millones, creando más de 100.000 empleos. El Fondo de solidaridad participa en la economía social por medio de una sociedad en comandita inmobiliaria (SOLIM) y a través de algunas sociedades locales de inversión para el desarrollo del empleo (SOLIDE). Bajo control sindical, estos fondos a nivel local y regional se aplicaron a menudo en colaboración con municipios u otros protagonistas del desarrollo local y regional. Diez años después de la creación del Fondo de solidaridad, la segunda mayor confederación sindical, la Confederación de Sindicatos Nacionales (CSN) a la que adhieren 300.000 miembros, creó en 1996 Fond*Action,* fondo de desarrollo para la cooperación y el empleo, que forma parte de una red de instituciones creadas por iniciativa de la confederación. El ahorro colectivo y la inversión constituyen los dos grandes aspectos de su actividad. Tras facilitar el acceso al ahorro jubilatorio de los trabajadores y de la población en general, el Fondo contribuye a mantener o crear empleos y a estimular la economía de Quebec. Fond*Action* también se planteó como misión específica la inversión en empresas involucradas en procesos de gestión participativa y en empresas de economía social. El fondo favorece además a las empresas preocupadas por el medio ambiente y el desarrollo sostenible y participó en la creación de varios fondos especializados en colaboración con distintos socios, en particular, en el ámbito de la economía social. Su activo en 2006 era de $448 millones. Contaba con 64.140 accionistas y contribuyó a crear o a mantener 8.162 empleos.

1.3 La implicación del movimiento asociativo en el desarrollo económico

Los fondos de trabajadores son solamente un aspecto de la economía social en Quebec. En forma paralela a la creación del primer fondo en 1983, el movimiento comunitario inició también un proceso de redefinición de su relación con el desarrollo económico. Durante este mismo período, se crearon las primeras corporaciones de desarrollo económico comunitarias en los barrios desfavorecidos de Montreal por iniciativa de los militantes del movimiento asociativo. Estas estructuras de desarrollo local tenían como misión la reactivación social y económica de los barrios asumiendo colectivamente el desarrollo económico local y agrupando representantes de los medios sociales, sindicales y de negocios.

Las iniciativas representaron un cambio cultural importante y suscitaron debates agitados en los movimientos sociales. Constituían una ruptura con la visión tradicional respecto del papel opositor de los movimientos sociales y exigieron un proceso de aprendizaje a varios niveles. Veinte años más tarde, las sociedades de desarrollo económico comunitario forman parte del paisaje socioeconómico de Quebec. Otras organizaciones y agrupamientos asociativos surgieron también como protagonistas clave en el desarrollo territorial. Estas redes de organizaciones, los fondos de inversión y otras iniciativas ciudadanas, son parte involucrada en el contexto socioeconómico de Quebec y contribuyen a la creación de un medio ambiente favorable al desarrollo de la economía social.

1.4 Nuevo reconocimiento de la economía social

Otra etapa importante se afrontó en 1996, con motivo de la Cumbre sobre la economía y el empleo, convocada por el gobierno de Quebec, reuniendo representantes de grandes empresas, asociaciones patronales, centrales sindicales, instituciones y municipios así como representantes de movimientos sociales. El objetivo de la Cumbre debía conducir al conjunto de actores de la sociedad quebecense a concertar en torno de objetivos que permitiesen sanear las finanzas públicas y reactivar la economía. El gobierno de Quebec lanzó el reto al sector privado y la sociedad civil para proponer estrategias capaces de lograr estos objetivos, creándose grupos de trabajo para la preparación de la Cumbre, uno de los cuales fue el de la economía social.

El grupo trabajó durante seis meses para proponer un ambicioso plan de acción luego de la Cumbre. El plan "Atreverse a la solidaridad" planteó una definición consensuada de la economía social y valorizó su contribución al desarrollo socioeconómico de Quebec proponiendo iniciativas que posibilitasen la creación de miles de empleos, respondiendo al mismo tiempo a las necesidades sociales, medioambientales y culturales de la sociedad. El Grupo de Trabajo, conocido como Chantier de l'économie sociale (CES), decidió proseguir su trabajo con el fin de realizar el plan de acción y el Gobierno de Quebec adoptó varias medidas y políticas públicas en su apoyo.

Diez años más tarde, la economía social prosigue su desarrollo y se ha convertido en parte integral de la estructura socioeconómica de la provincia. Con un PNB de $217.000 millones en 2001, la economía social representaba alrededor del 2% del producto, sin tener en cuenta las grandes cooperativas agrícolas y financieras y las organizaciones sin fines lucrativos que participaban en actividades no vinculadas con el mercado. Según datos de 2002 de la Oficina de la Economía Social y la Dirección de Cooperativas, existen en Quebec 7.822 empresas (3.881 cooperativas y 3.941 organizaciones sin fines de lucro –ONL–); 935 centros infantiles; 671 cajas populares; 180 cooperativas de trabajo; 103 empresas de economía social en ayuda doméstica y 72 cooperativas de trabajadores accionistas[2]. El volumen de negocios sin incluir las cajas populares fue de $17,2 mil millones (el 92% corresponde a las cooperativas y el resto a las ONL)[3] mientras que sin tomar en cuenta las cajas populares fueron creados 124.302 empleos (64% en las cooperativas y el resto en las ONL)[4].

[2] Los trabajadores de una empresa pueden crear una cooperativa de trabajadores accionistas y adquirir colectivamente partes de la empresa en la cual están empleados.
[3] Incluyendo las cajas populares el volumen de negocios asciende a $ 102,5 mil millones ($101,2 mil millones corresponde a las cooperativas y $1,3 mil millones a las ONL).
[4] Incluyendo las cajas populares fueron creados 161.302 empleos (116.222 en las cooperativas y 45.080 en los ONL).

2. La formulación de políticas públicas en favor de la economía social

El desarrollo de la economía social es fruto en primer término de la acción colectiva de los ciudadanos nucleados en una iniciativa independiente del gobierno. Las administraciones públicas, federales, provinciales o municipales, no pueden asumir el mismo papel que la sociedad civil en la puesta en marcha de iniciativas innovadoras y eficaces, a nivel estratégico y práctico. Por otra parte, no resulta fácil definir claramente el concepto de economía social y al respecto numerosas definiciones fueron propuestas por investigadores y actores, las que derivaron de referencias históricas y de distintos marcos de análisis. La elaboración de una política pública al servicio de la economía social resulta un significativo ejercicio de superación ya que el proceso no es simple o lineal. Los decisores deben tener en cuenta importantes y complejos desafíos inherentes a la naturaleza de la economía social y a las necesidades de desarrollo que genera.

Al respecto, es necesario reconocer que las formas tradicionales de consulta se revelaron ineficaces para ayudar a los gobiernos a apoyar la innovación social y en Quebec, donde la política pública en el ámbito de la economía social hizo notables progresos, cada nueva iniciativa estratégica está inspirada en propuestas formuladas por los miembros de la sociedad civil. En efecto, el gobierno de Quebec celebró un acuerdo de partenariado continuo con el Chantier de la economía social (CES), del mismo modo que con sus socios, a fin de que contribuyan activamente a la evolución de la política pública. Además, el gobierno de Quebec reconoce al Consejo Quebecense de la cooperación y la mutualidad como interlocutor privilegiado en lo que se refiere a los niveles específicamente cooperativos o mutualistas.

Los gobiernos no se encuentran tan bien ubicados como los participantes de la sociedad civil para esclarecer las necesidades genuinas y las nuevas prácticas que pueden favorecer un desarrollo integrado. Si se intenta establecer una política pública eficaz, el gobierno debe prestar su apoyo a los participantes de la economía social y brindarles los medios de definir sus prioridades y negociar la naturaleza y alcance de las intervenciones gubernamentales en este ámbito. Este proceso de coproducción de políticas públicas es imprescindible si se quiere delimitar una política eficaz.

2.1 La economía social y su contribución a la nueva definición de la política social y económica

El segundo desafío estratégico a afrontar consiste en comprender el papel que la economía social puede jugar en la redefinición de algunas de las principales estructuras clave de la política social y económica en Canadá. La evolución de la nueva economía social en las dos últimas décadas proviene de una realización colectiva que intenta revertir la tendencia de los antiguos modelos de desarrollo, por considerar que no responden a las necesidades de numerosos ciudadanos y colectividades en Canadá. Los fundamentos mismos de la economía social –la integración de las iniciativas económicas y sociales– dan prueba de la necesidad de repensar la manera en que la política social y económica se definió hace más de 60 años. El enfoque focalizado, adoptado tradicionalmente en el ámbito de la política económica y social, demostró claramente sus límites durante las últimas décadas, cuando se considera que la divergencia entre los ricos y los pobres aumentó, no obstante el incremento de riqueza y el crecimiento económico. Colectividades enteras, especialmente en las regiones rurales, quedaron al margen del desarrollo mientras que en las regiones urbanas la situación se deterioró en los barrios pobres, amenazando el desarrollo de ciudades prósperas[5].

No obstante la situación actual –consecuencia de la transformación de las sociedades industriales en el contexto de la globalización– han sido desplegados insuficientes esfuerzos para redefinir los parámetros del desarrollo socioeconómico en el ámbito de la política pública. Se observa aún hoy una tendencia marcada de comprender el mundo, o al menos a Canadá, de una manera binaria y simplista. La política pública está principalmente fundada sobre una visión de la economía como ámbito dominado por dos jugadores clave: por una parte el sector privado, que actúa en los mercados, crea riqueza, hace rodar nuestra economía y proporciona los ingresos fiscales al gobierno; por otra el Estado, cuya función es la de redis-

---

[5] Mientras en los años sesenta se produjo un cuestionamiento relativo a la calidad de vida, críticas al crecimiento, etc., en la década siguiente tuvo lugar el desarrollo de la corriente autogestionaria, las organizaciones de ayuda mutua y las actividades asociativas. Así en 1971 surgen los Centros locales de servicios comunitarios (CLSC) y hacia fines de la década se acentúa la crítica al clientelismo surgido del Estado benefactor. A comienzos de la década de 1980 se produjo una mayor implicación de la sociedad civil en las iniciativas socioeconómicas y surgieron estrategias de desarrollo económico local, produciéndose la creación de empleos y la revitalización socioeconómica, acompañadas por innovaciones sociales de distinto tipo: redes, gobernanza y espacios de decisiones intermediarias.

tribuir la riqueza y ofrecer servicios y programas públicos uniformes para el bien de todos. El trabajo tenaz de las organizaciones comunitarias y los productos y servicios ofrecidos por el sector sin ánimo de lucro son vistos esencialmente como caritativos, filantrópicos y sin vínculo con la esfera económica. El modelo cooperativo siempre es considerado por muchos decisores anticuado, o marginal. Las iniciativas económicas de envergadura están basadas solamente en el apoyo al sector privado, mientras que la política social se articula principalmente en torno de una intervención directa del gobierno y sus mecanismos de prestación.

En este contexto, resulta cada vez más evidente que los gobiernos no pueden adoptar programas integrales, no porque resulten excesivamente costosos, sino más bien porque a menudo se han revelado ineficaces. Los ciudadanos no tienen dinero para ellos y las colectividades no reciben la calidad de servicios a la que tienen derecho. Además, las organizaciones caritativas no pueden seguir recuperando aquellos sectores donde el gobierno y el mercado fallan, simplemente porque son demasiado numerosos. Se trata de algunas razones que explican las nuevas realidades de las organizaciones de la sociedad civil y las nuevas formas que estas adoptan, al cuestionar los procesos políticos tradicionales y las formas usuales de gobernanza, buscando desempeñar un papel más importante en la orientación de la política pública y el desarrollo social y económico.

La economía social hace surgir entonces la necesidad de definir un nuevo modelo de desarrollo económico y social. Impulsa un análisis más extenso de la economía, la adopción de una visión de economía pluralista, en la cual cada forma de organización –la economía pública, el sector privado y la economía social– tiene un papel que jugar en la producción de bienes y servicios necesarios para el bienestar de nuestras colectividades. La contribución de la economía social al desarrollo local y regional, a la creación de empleos para los grupos marginalizados y la prestación eficaz de servicios que reflejan realidades y necesidades precisas, así como la necesidad de un desarrollo más duradero, resultan cada vez más evidentes. Este nuevo modelo tiene numerosas repercusiones sobre la política pública a corto, mediano y largo plazo.

2.2 La necesidad de un enfoque flexible en la elaboración de las políticas

Un tercer desafío de importancia requiere garantizar la suficiente flexibilidad en la elaboración de las iniciativas estratégicas. La economía social es el fruto de las iniciativas ciudadanas a nivel local o regional. Debido al carácter único de cada colectividad, es imposible recurrir a un enfoque uniforme e integral en la definición de iniciativas estratégicas eficaces. Es también imposible establecer parámetros de financiación claros debido a que las iniciativas relacionadas con la economía social utilizan una combinación de recursos del sector privado y del mercado, fondos públicos y recursos voluntarios. Las *ratios* entre los distintos tipos de recursos varían de un sector a otro y de una colectividad a otra, con el paso del tiempo.

2.3 La necesaria colaboración entre distintas administraciones e instituciones

Además de la complejidad propia de la economía social, es necesario tener en cuenta que la política pública afecta una extensa gama de participantes gubernamentales en las administraciones municipales, provinciales y federales y promueve la contribución de los ministerios y organismos públicos de las esferas social, económica, medioambiental, cultural y otras. Esto representa un desafío de importancia incluso a nivel federal, donde la colaboración interministerial es difícil de captar y gestionar. Por esta razón, las iniciativas eficaces en el ámbito de la política pública deben basarse en un partenariado sólido entre la sociedad civil, los representantes elegidos y los administradores públicos, cada uno de ellos aceptando ir más allá de los mecanismos de negociación tradicionales para adoptar un proceso de asociación constructivo e intersectorial.

2.4. La necesidad de crear precedentes y de apoyar la innovación

La naturaleza innovadora de las iniciativas de economía social constituye la última dificultad a superar. Tradicionalmente, los decisores de la política pública definían un problema, establecían un programa para ponerle remedio y determinaban un modelo de prestación adecuado. Por el contrario, la economía social es, en muchos aspectos, un proceso continuo de innovación que se desarrolla en el corazón de las colectividades, a menudo basado en el aprendizaje adquirido luego de errores y fracasos y fundado en la experiencia. Sin cesar, se ensayan nuevos enfoques de desarrollo económico, nuevas formas de partenariado y nuevas iniciativas sociales, de ahí las prácticas ejemplares que se realizan constantemente y cuyo uso se extiende. La noción de innovación ejerce una presión considerable sobre los decisores y los proveedores, quienes deben estar en condiciones de garantizar una utilización responsable de los fondos públicos sin por ello frenar la aparición de soluciones innovadoras. Al contrario de la política pública tradicional que desalienta la creación de precedentes, la innovación social y la economía social requieren una creación constante de precedentes en el ámbito de la política pública.

3. Las categorías principales en materia de políticas públicas

No obstante los obstáculos mencionados, numerosas iniciativas en Quebec en materia de política pública fueron adoptadas con el fin de apoyar el crecimiento de la economía social, tanto directamente como indirectamente. Las políticas públicas al servicio de la economía social pueden clasificarse en cuatro grandes categorías:

3.1 Políticas territoriales

Las empresas de economía social emergen de colectividades que se movilizan con el fin de favorecer el desarrollo. Para las colectividades locales, el hecho de poder contar con una política pública para formar redes, establecer procesos de planificación estratégica y poner en marcha proyectos colectivos, representa un aspecto primordial del empresariado social. Un ejemplo de tal política es el apoyo tripartito (niveles de gobierno federal, provincial y municipal) ofrecido en 1984 a las Corporaciones de Desarrollo Económico Comunitario (CDEC) en la mayoría de los centros urbanos de Quebec y en algunas grandes ciudades canadienses con el fin de revitalizar barrios. Estas organizaciones de desarrollo sin ánimo de lucro al servicio de los ciudadanos fueron promotoras de algunas de las iniciativas de economía social más originales y exitosas en Quebec y se reanudaron, con algunas diferencias, en varias ciudades canadienses, movilizando *partenaires* del sector privado a título de colaboradores. Sus realizaciones fueron complementadas en 1995 a partir de los Comités Regionales de Economía Social (CRES).

Los Centros Locales de Desarrollo y los Fondos de Desarrollo de las Empresas de Economía Social (FDÉES)

Los fondos constituyen una herramienta integrada a los centros locales de desarrollo (CLD) creados a partir de 1997 e implantados en todos los municipios regionales de condado (MRC)[6] o su equivalente. A través de estos fondos los CLD conceden subvenciones algo superiores a los $50.000 a las empresas de economía social. Las subvenciones sirven para el inicio, aunque también para la consolidación de estas empresas. En 2001, el monto medio disponible para el FDEES en 51 de cada 111 CLD fue de $105.065 ($26,5 millones habían sido comprometidos entre 1998 y 2000). Aunque en 2004 se invirtieron más de $80 millones en 117 CLD, luego de la adopción de la Ley sobre el Ministerio de Desarrollo económico y regional y de la investigación, hacia fines de 2003, en el presupuesto 2004-2005 del gobierno de Quebec, no fue asegurada su continuidad.

A nivel municipal, el gobierno de Quebec en 2004 transmitió la responsabilidad del desarrollo local a la ciudad de Montreal. Se trató del esbozo de una "institucionalización" de los CDEC, que aún hoy continúa. Entre febrero de 2005 y mayo de 2006 fue creado el Comité Ciudad/Economía social (a raíz de las solicitudes del CES). En otoño de 2005 durante la elección municipal fue incluida una política para la economía social en el programa gubernamental. Por último en mayo de 2006 se creó un Comité asesor que incluye a varios actores de economía social –agrupamientos, empresas, CDECs, investigadores, representantes de las finanzas solidarias (movimiento sindical) y un representante del gobierno de Quebec–, quienes conforman una mesa de diálogo multipartenarial.

3.2 Herramientas de desarrollo

Del mismo modo que las PYME, las empresas de economía social deben tener acceso a herramientas de inversión y mercados adecuados, así como a la investigación y desarrollo, accediendo a recursos que permitan establecer prácticas de gestión eficaces. Muchos programas y políticas a dispo-

---

[6] El municipio regional de condado (MRC) es una institución supramunicipal que agrupa al conjunto de municipios urbanos y rurales de una misma región de pertenencia, a excepción de los municipios que forman parte de las comunidades urbanas de Montreal, Quebec, Outaouais, el municipio de Baie-James y el municipio de Côte-Nord-du-Golfe-du-Saint-Laurent. (http://www.gouv.qc.ca/Vision/Territoire/DivisionsTerritoriales_fr.html#MRC, 26 de noviembre de 2003.)

sición de las PYME durante las dos últimas décadas requieren apenas algunas adaptaciones para responder a las necesidades de las empresas sociales. Las iniciativas gubernamentales destinadas a establecer mecanismos de capital paciente y ampliar el acceso de los programas destinados originalmente a las PYME a las empresas de economía social son un buen ejemplo de una política pública favorable, establecida basándose en medidas legislativas anteriores a 1995[7].

Las políticas y los programas de ayuda a la PYME figuran entre las prioridades estratégicas de los gobiernos desde hace varias décadas. Herramientas concebidas a medida para las empresas de economía social[8] permiten ubicar a todas las organizaciones en pie de igualdad reconociendo al mismo tiempo las características consustanciales a cada una de estas organizaciones y, más importante aún, su contribución al alcance de objetivos sociales, medioambientales o culturales, que, sin esta contribución, requerirían formas mucho mas costosas de inversión de parte del gobierno. En este sentido, las políticas y los programas en favor de las empresas de economía social no constituyen una competencia desleal para el sector priva-

[7] Entre ellas se debe mencionar en 1982 la dirigida a las cooperativas de trabajadores accionistas, en 1983 el crédito de impuesto de 35%, a nivel provincial y federal para las inversiones en fondos de trabajadores (el crédito se reduce a 15% en el año 2000); en 1985 el régimen de inversión cooperativo (RIC) combinado con una ventaja fiscal que permite a los miembros y a los empleados de una cooperativa invertir en su empresa por medio de partes privilegiadas (la deducción máxima es de 150 % y la deducción fiscal del 125% concedida en virtud del RIC se efectúa en el cálculo del ingreso imponible a nivel provincial y no puede exceder 30% del ingreso total del inversor). Puede prorrogarse en los cinco años siguientes y para las cooperativas de trabajadores accionistas, el plafond es de 165%. A partir de 1996, las medidas más importantes fueron la Conferencia sobre el devenir económico y social de Quebec con la creación de dos grupos de trabajo sobre la economía y el empleo (Grupo de Trabajo sobre la economía social) y sobre la reforma de los servicios públicos. También en ese año fue presentado el informe de los grupos de trabajo en la Cumbre sobre la economía y el empleo y el Grupo de Trabajo sobre la economía social fue invitado a proseguir sus actividades durante dos años, integrándose al Ministerio del Consejo ejecutivo del Gobierno de Quebec. En 1997 se constituyó el Chantier de la economía social (CES), el Comité sectorial de mano de obra/Economía social y acción comunitaria y las cooperativas de solidaridad.
[8] En 1999 el CES se convierte en autónomo bajo la forma de ONL y constituye una red de redes respaldada por el gobierno de Quebec quien le asigna un presupuesto de $450.000 por año. En 2000 se crea la Oficina de economía social en el Ministerio de Finanzas (Québec) transferida al Ministerio de Desarrollo económico y regional en 2003 luego al MDEIE en 2004. También en ese año surge la Alianza de investigación universidad-comunidades en economía social (ARUC). En 2001 se establece Investissement Quebec, cuyos productos sostienen a las empresas, las cooperativas y las ONL en todos los estadios de su crecimiento: inicio, expansión, exportación, actividades de I-D, adquisición o fusiones de empresas y en 2004 la nueva ley sobre las asociaciones constituye una propuesta aún en debate.

do con ánimo de lucro. Al contrario, brindan a las empresas sociales los medios de ser competitivas en el mercado sin por ello comprometer los objetivos sociales o medioambientales. En varios casos, cuando las empresas de economía social han ocupado un lugar en los mercados y se convierten en rentables, deja de ser necesaria la ayuda gubernamental a largo plazo.

Otra dimensión importante en materia de herramientas genéricas engloba las disposiciones que apoyan la investigación aplicada, las asociaciones en colaboración y la investigación orientada sobre las necesidades identificadas por los expertos. El Consejo de Investigaciones en Ciencias Humanas de Canadá (CRSH) fue pionero en la escena internacional cuando aportó su apoyo, en forma de subvenciones, a la Alianza de Investigación Universidad-Comunidades (ARUC), concretamente al nuevo programa de $15 millones de ARUC sobre la economía social. Habida cuenta del aspecto innovación inherente a la economía social, resulta esencial el apoyo sistemático a la investigación, en particular, las iniciativas dirigidas por organizaciones de economía social con el fin de esclarecer, hacer conocer, adoptar y evaluar las nuevas prácticas y su eficacia en el ámbito de dicha economía.

A nivel federal fue creado en 2004 un Secretariado para la economía social en Canadá y se destinaron nuevos fondos para las iniciativas, reconociendo a la sociedad civil como socio en la construcción de las políticas públicas[9].

Las políticas en favor de las finanzas solidarias

Como ya se destacó, la creación de un sector de finanzas solidarias era ineludible para el desarrollo de la economía social en Quebec. Durante los últimos diez años, la arquitectura del sector ha evolucionado de manera significativa, con importantes posibilidades de un montaje financiero para las empresas colectivas. Se destacan nuevamente algunos actores clave como el Fondo de Solidaridad, Fond*Action*, el RISQ y la Red de crédito comunitario a la que se añade la Caja de Economía Solidaria existente desde 1971 y el Movimiento Desjardins desde hace más de un siglo. La evolución de la economía social puso de relieve la necesidad de capital "paciente", la cuasi-equidad complementada con instrumentos de deuda que ya existían.

---

[9] Los recursos aportados a la mesa de diálogo multipartenarial fueron de $100 millones de los cuales $ 30 millones para Québec. En concepto de asistencia técnica $17 millones ($3 millones para Québec) y $15 millones para investigación.

Para tener en cuenta las especificidades de la economía social y la imposibilidad de crear capital en acciones, era necesario inventar un producto que respondiese a esa especificidad y correspondiese a la propiedad colectiva de las empresas. La FIDUCIA, como producto concebido por el CES abrió esas puertas con una capitalización de casi $55 millones para los actores de economía social y en esa dirección la implicación del Estado resultó clave, dado que el gobierno federal aportó $23,5 millones (no reembolsables) y el gobierno de Quebec $10 millones (reembolsable).

Por su parte, se debe destacar la inversión procedente del Fondo de solidaridad y Fond*Action* como herramienta financiera específica para la economía social y el desarrollo local; de Filaction, fondo de financiamiento cooperativo, con inversiones de entre $50.000 y $250.000 para cooperativas y ONL; del Fondo de solidaridad FTQ y de las herramientas específicas para el desarrollo local: Sociedades locales de inversión en el desarrollo del empleo (SOLIDE) con inversiones de hasta $50.000 capitalizadas por subvenciones del gobierno de Quebec (20 % de las contribuciones, MRC, empresas locales, etc.), préstamos no garantizados (instituciones financieras, gobierno federal, etc., 30 %) y la sociedad al servicio de las SOLIDE (SOLIDEQ) (50% o $250.000). Por último la Red de inversión social de Quebec (RISQ) exclusivamente dedicada a la economía social con inversiones hasta $50.000 y el MicroCrédito como Red de crédito comunitario con inversiones de hasta $ 20.000.

Una vez más, la respuesta patrocinada por el Estado en sus dos niveles (cuadro 1) es también el resultado de una iniciativa adoptada por los actores. Las políticas públicas que se derivan reflejan un proceso de co-construcción entre estos actores y los gobiernos respectivos.

Cuadro 1 Ayuda gubernamental para la economía social por tipo de intervención, 1996-2003[10] (en millones de dólares)

Intervenciones	1996 1997	1997 1998	1998 1999	1999 2000	2000 2001	2001 2002	2002 2003	Total
Apoyo a los sectores de los servicios a la persona	156, 3	230, 1	336, 8	525, 4	750, 9	938, 2	1 111,7	4 049,4
Apoyo a los otros sectores	2,0	2,0	2,0	9,3	12,7	8,8	49,1	49,1
Apoyo al empresariado y acceso a la financiación	10,0	3,3	4,2	13,4	17,9	17,2	33,6	99,6
Apoyo a los agrupamientos y a los otros organismos de desarrollo	2,0	2,6	3,4	5,1	8,6	6,0	5,8	33,5
	170, 3	238, 0	346, 4	553, 2	790, 1	970, 2	1 163,4	4 231,6

Fuente: Gobierno de Quebec, 2003. *Vers le plein emploi : Volet économie sociale* (Horizon 2005).

3.3 Políticas sectoriales

Las empresas sociales nacen a menudo en respuesta a necesidades que no están en condiciones de satisfacer el mercado o el Estado. Gracias a una combinación de recursos del mercado, de contribuciones voluntarias y de apoyo público, la empresa de economía social desempeña un papel decisivo, ya que contribuye a estructurar algunos mercados y responder eficazmente a las necesidades para algunos tipos de productos y servicios. Las políticas que favorecen el nacimiento o el fortalecimiento de sectores económicos precisos —en particular, el medio ambiente, los servicios personales, el alojamiento, las nuevas tecnologías, las comunicaciones, el turismo, los servicios alimentarios, la cultura, y varios otros— representan herramientas importantes para el desarrollo de la economía social.

Al respecto se debe mencionar en el campo de los servicios a las personas el Programa de exención financiera para los servicios de ayuda doméstica creado en 1997 con el fin de desarrollar una red de empresas de servicios de ayuda y una clientela para estas empresas. El presupuesto inicial anual fue de $26,4 millones y consiste en una subvención para los usuarios que pagan entre $4 y $10 por hora por costos de $14 la hora. En 2006-

[10] Datos para las principales medidas de ayuda: gobierno de Quebec. 2003, *op. cit.*, p. 49.

2007, el monto previsto es de $11,1 millones[11], después de haber alcanzado $48,3 millones en los años 2004-2005[12].

Los Centros para la niñez fueron creados en 1997 con un presupuesto inicial de $230 millones. Esto permite a los padres disponer de un lugar para su hijo a un costo de $24 al día, pagando $5 diarios por niño. A partir de 2003 para costos que superan los $30, los padres pagan $7 diarios. En 2005-2006, el presupuesto de gastos de este programa alcanzó $1,5 mil millones de dólares[13]. Cabe destacar que en 2002, el apoyo del Gobierno a los CPE representó alrededor de un 85% de la ayuda gubernamental consagrada a la economía social[14] .

El Programa de ayuda a las empresas de economía social que trabajan en la gestión de materias recicladas ($23,4 mil millones entre 1999 a 2004) fue creado en 1999 con el objeto de establecer y mantener empleos duraderos y de calidad en estas empresas de economía social. Entre 2005 y 2008, en el marco del Programa de ayuda financiera a las empresas de economía social se ha previsto $5,7 millones[15] para estos planes.

Entre 1999 y 2002 el Programa de apoyo a los agrupamientos sectoriales en economía social se orientó a la mejora de la experticia sectorial, impulsando la capacidad empresarial de los gestores y la viabilidad de las empresas de economía social. La ayuda podía alcanzar $100.000 por proyecto y $150.000 anualmente por agrupación. Una suma de $6 millones anuales se asignó a este programa a partir de 1999 para un período de cuatro años[16].

Por último se debe mencionar Inversión Quebec, programa por el que se favorece la financiación del empresariado colectivo y la capitalización de las empresas de la economía social. En 2005-2006, fueron autorizados 87 financiamientos bajo la forma de garantías de préstamos que totalizaban $15,7 millones[17].

[11] http://www.chantier.qc.ca/uploads/documents/publications/bulletin_no_32.pdf
[12] http://www.teluq.uquebec.ca/pls/inteco rie.entree?vno_revue=1&vno_numero=39
[13] Conseil du trésor. 2005. "Budget des dépenses 2005-2006. Volume III. Plans annuels de gestion des dépenses des ministères et organismes". Québec, 206 p.
[14] Gouvernement du Québec. 2003, op. cit., p. 14
[15] http://www.recyc-quebec.gouv.qc.ca/Upload/Publications/MICI/ECONOMIE_SOCIALE/Prog-Econo-Soc.pdf
[16] Gobierno de Quebec. 2003, *op. cit.*
[17] Inversión Quebec. 2006. "informe anual 2005-2006", 100 p.

3.4 Políticas en favor de poblaciones específicas

Las empresas de economía social constituyen una parte activa cuando se trata de asegurar el acceso a los empleos y a varios servicios a los grupos marginales. Más que invertir exclusivamente en los programas de seguridad de ingreso, la economía social actúa con el objeto de encontrar medios de integración para los ciudadanos considerados como no productivos en la población activa, tendencia seguida por varios países europeos que optaron por invertir masivamente en programas destinados a sostener la integración socioeconómica de ciertos grupos desfavorecidos (jóvenes, personas minusválidas, inmigrantes recientes, etc.). Así, en algunos países, la economía social es parte integrante de las estrategias de desarrollo del mercado de trabajo.

En esa dirección se estableció en 1997 en Canadá un Fondo de lucha contra la pobreza por la reinserción en el trabajo destinando $410.000 millones, de los cuales $11,4 mil millones se orientan a las empresas de economía social. El Estado apoya una red de empresas colectivas con estatuto asociativo cuya misión es crear empleo permanente para las personas minusválidas. El Programa de subvención a las empresas "adaptadas" concede subvenciones salariales que permiten cubrir la baja productividad de las personas minusválidas a un costo menor para el Estado que el de ofrecer ayuda social. Más de 3.000 personas minusválidas trabajan en las empresas adaptadas. Para los años 2006-2007 está previsto un presupuesto de $48,4 mil millones que contempla 44 empresas de este tipo distribuidas en el territorio de Quebec en forma de subvenciones salariales, subvenciones de consolidación y subvenciones de inicio.

Conclusión

En este capítulo presentamos un breve panorama de la economía social en Quebec, refiriéndonos en particular a su contribución a la innovación social y a las políticas públicas que la sostienen. Desde esa perspectiva se planteó un cuestionamiento a las formas tradicionales de reivindicación y consulta de las políticas públicas creadas en "silo" en los distintos ámbitos ministeriales. Al considerar que esas formas ya no son capaces de sostener la innovación social que surge de la sociedad civil, se hizo referencia a una "nueva manera de hacer", un cambio cultural radical que se expresa en un *proceso dialógico* entre los actores y los distintos sectores gubernamentales. No se trata de procesos "top down", ni "bottom up" en el sentido que distingue a los más conocidos, sino más bien de un *proceso horizontal y dinámico*, que implica a diversos actores sociales. El mismo supone la creación constante de precedentes en políticas públicas y lejos de ser lineal o estático, requiere un diálogo continuo y un aprendizaje a varios niveles que, como se ha señalado, se mantiene a nivel local, regional y nacional. El proceso responde a las transformaciones sociales contemporáneas, y cuestiona el paradigma dominante y sus hipótesis socioeconómicas y sociopolíticas debido a que ya no se trata de una lógica binaria entre el Estado y el mercado.

El fracaso del modelo keynesiano, a mediados de los años 70, se presentaba como un fracaso ideológico que impedía la búsqueda de nuevas estrategias de acción en correspondencia con las transformaciones socioeconómicas, sin abandonar los valores de ciudadanía social que prevalecieron en las sociedades industriales durante los denominados treinta gloriosos. Los debates ideológicos frenaron la capacidad de repensar las políticas públicas en un nuevo contexto y los que defendieron el modelo estrictamente keynesiano fueron incapaces de reconocer la necesidad de concebir y poner en marcha políticas públicas más flexibles, capaces de suscitar un diálogo entre los ciudadanos y el Estado. Defendiendo el *statu quo* y el aparato estatal, la puerta quedó abierta para el enfoque neoliberal y su feroz crítica a la intervención del Estado.

Por el contrario, la reestructuración económica hubiese requerido una arquitectura sociopolítica que preservando los valores sociales anteriores fuese capaz de responder a los nuevos desafíos del desempleo estructural de larga duración, la exclusión social y la pobreza extrema. Con el abandono de modelo keynesiano y del Estado benefactor, la responsabilidad social se transfirió a los individuos. Esta historia es ahora bien conocida y se encuentra bien documentada, del mismo modo que las soluciones propuestas, basadas sobre todo en el mercado y en la infortunada reducción del papel del Estado.

Sin embargo, en la época, quienes fueron arquitectos de las innovaciones sociales antes presentadas, resistieron tal análisis y a la vez objetaron la retirada por parte del Estado. Al mismo tiempo, reconocieron la necesidad de resistir, intentando poner en marcha nuevas iniciativas socioeconómicas que tomaban en cuenta las transformaciones sociales y económicas y que, más tarde, interpelaban la acción gubernamental de manera diferente, en partenariado y con flexibilidad. El obstáculo principal no era el acceso a la intervención del Estado; era la forma de intervención y la necesidad de un cambio cultural. Estos actores reconocieron que los cambios requerían una transformación radical de las relaciones entre la sociedad civil y el Estado. Las ensayaron, poniendo en marcha las numerosas iniciativas, documentadas en este texto, e incluyendo a los distintos actores en la co-construcción de un nuevo modelo socioeconómico y sociopolitico, que cuestionó la manera en que las políticas sociales y económicas se definieron desde hacía más de 60 años.

Aunque se habló mucho de la coproducción de las políticas públicas, se trata más bien de la co-construcción de nuevas ideas, capaces de producir un proceso *dialógico, democrático y multi-stakeholders*. Las políticas públicas coproducidas y su aplicación son el resultado de este proceso de co-construcción, de un aprendizaje colectivo amplio e inclusivo. Sin duda muchos interpretaron estas políticas públicas como respuestas pragmáticas por parte de los gobiernos incapaces de resolver problemas socioeconómicos actuales y en cierto sentido, hay parte de verdad en tal interpretación. Los gobiernos están dispuestos a adoptar programas que funcionen e instrumentalizar a sus autores, sin un verdadero compromiso con los cambios más amplios y más estructurales que subyacen. En nuestra opinión es también verdadero, y mucho más importante, que las políticas públicas que acabamos de identificar tuvieron y tienen un impacto mucho más amplio en varios aspectos.

En primer lugar, la economía social es ahora reconocida tanto como un actor económico importante como en su papel "bisagra" en la evolución de una nueva manera de pensar en las políticas públicas. Definimos varias políticas públicas en Quebec que han sido construidas junto con los actores y los distintos niveles gubernamentales y cuyo impacto positivo es reconocido. Se da como ejemplo el reciente informe del auditor general del gobierno canadiense al destacar la importancia de trabajar horizontalmente y mostrar la ineficacia del trabajo en "silo". El gobierno federal ha creado varios lugares horizontales y multi-stakeholders en medios desfavorecidos a través del país para aplicar estrategias integradas de desarrollo socioeconómico, favorecedoras de tal proceso. Es cierto que en Quebec existe desde hace casi 40 años una cultura de diálogo, aunque antes de la Cumbre socioeconómica de 1996 nunca se invitaba a los actores comunitarios y los movimientos sociales a participar en este diálogo. En 2006, fueron los actores quienes celebraron. El Chantier de l'économie sociale festejó el 10º aniversario de la Cumbre, e invitó a participar a los representantes gubernamentales. La Cumbre de 2006 convocó más de 700 delegados e invitados. Los dos niveles gubernamentales estuvieron presentes; el primer ministro de Quebec tomó la palabra para celebrar los éxitos de los últimos 10 años y para afirmar su compromiso. En la actualidad, emergen las políticas públicas municipales que favorecen la economía social. Ya no se trata de las respuestas pragmáticas de los gobiernos; las políticas públicas que apoyan la economía social confirman la importancia que ella juega en la sociedad de Quebec. Además, confirman la institucionalización de un proceso dialógico, reconocen la importancia y la eficacia de la co-construcción de las políticas públicas que va más allá de la simple provisión de servicios, de la subcontratación y de la descentralización, medios estos adoptados durante los últimos años y a menudo asociados con el concepto de la coproducción de las políticas públicas, erróneamente, según nuestra opinión. El proceso que se acaba de describir y que se documentó en este capítulo con numerosos ejemplos de políticas públicas –sectoriales, territoriales, genéricas y favoreciendo poblaciones específicas–, molesta, trastorna y cuestiona un modelo cultural que tiene mucho que aprender para volverse eficaz y para alcanzar el bienestar de la sociedad, objetivo primordial de las políticas públicas.

No podemos concluir sin hacer referencia a la actual crisis financiera mundial y a la intervención de los Estados y las instituciones financieras en el mundo para evitar una catástrofe económica mundial. La desregulación de los mercados financieros y las numerosas crisis suscitadas por ella llevaron más tarde y varias veces a una re-regulación desde la liberalización de los mercados financieros mundiales. Aunque no se trata en este capítulo de analizar estas políticas públicas y sus consecuencias, es importante destacar que esta crisis, como las precedentes, no será regulada por una intervención caótica de todos los países implicados, sin importar los asombrosos importes de dinero, ni la inestabilidad económica y social que ello produce. Este maremoto financiero no será regulado por el mercado sino por una enorme intervención por parte de los Estados y de las instituciones financieras. En el mundo que se acaba de describir en este capítulo, no se habla de la gestión de la crisis, se innova en conjunto para crear un modelo sociopolítico que reconoce y responde a la vez a los cambios socioeconómicos actuales, aunque haciendo hincapié en los valores éticos de la ciudadanía, la democracia y el desarrollo sostenible en su sentido más amplio y cuya prioridad es la calidad de vida de las personas y el bienestar planetario. De más está decir que para alcanzarlo se requiere una creación constante de precedentes en materia de políticas públicas.

Una política de lucha contra la pobreza por un enfoque territorial integrado: el caso de Trois-Rivières

Frédéric Lesemann, Institut national de la recherche scientifique (INRS)
Montréal, Canadá
Pierre-Joseph Ulysse, Université de Montréal, Canadá

Introducción

El objeto del capítulo es analizar las dinámicas sociales, socioeconómicas y políticas globales que favorecieron, entre 1990 y 2005, la revitalización de la ciudad de Trois-Rivières luego de una caída vertiginosa del empleo industrial bien remunerado, causada por un proceso acelerado de desindustrialización. De manera específica, se trata de dar cuenta de las prácticas de intervención en cuanto a la lucha contra la pobreza, la exclusión y el desempleo, y también en cuanto a la economía social, con el fin de delimitar la manera en qué estas prácticas contribuyen a cambiar, transformar o a mejorar las condiciones de vida de los individuos.

1. El contexto político global

Quebec conoció, a fines de los años noventa y principios de 2000, en un contexto de desempleo persistente, una fuerte movilización ciudadana en torno a la lucha contra la pobreza. Esta movilización provino de distintos grupos comunitarios locales, de grupos de mujeres –que denunciaban que la pobreza las afectaba de manera desproporcionada, debido principalmente a la situación de las familias monoparentales dirigidas por mujeres en el 90% de los casos–, de sindicatos de trabajadores, de coaliciones religiosas, y de una parte de los diputados del Partido Québécois, entonces en el poder en Quebec. Esta movilización ciudadana contribuyó directamente a llevar al orden del día político la promulgación de la Ley 112 de "Eliminación de la pobreza". El caso de la ciudad de Trois-Rivières resulta ejemplar de la movilización local con el fin de luchar contra la pobreza ya que se trata en efecto de un territorio profundamente afectado por un agudo problema de desempleo.

2. El contexto social y económico local

Situada sobre el rio Saint-Laurent, a mitad de camino de Montreal y Quebec, la ciudad de Trois-Rivières cuenta con 126.000 habitantes. Floreciente hasta los años sesenta, la ciudad y su región conocieron una decadencia económica progresiva, luego de una significativa caída del empleo durante los años ochenta que le valió en 1998, el título de "capital nacional del desempleo". Esta situación, vivida como un verdadero choque, causó un movimiento de reactivación económica que aún hoy perdura. La movilización estuvo organizada sobre una base regional y dio lugar a foros sobre el empleo y "cumbres" económicas regionales.

Históricamente, Trois-Rivières fue beneficiaria de un dinamismo económico y de factores estratégicos que hicieron de ella una de las más fuertes estructuras industriales de Canadá. Recursos hidráulicos ilimitados permitieron desarrollar industrias de tratamiento de la madera, pasta de madera y papel, de aluminio y empresas textiles, casi todas de propiedad extranjera. Esta intensa actividad industrial condujo a la creación de decenas de millares de empleos manufactureros generalmente estables, con trabajadores sindicalizados y bien remunerados. El sector terciario no llegó a colmar el vacío creado por el cierre de las grandes empresas y la tasa de desempleo se situó en 11,4% en 2005.

La cultura de las grandes empresas

La fisura del tejido económico es sintomática del agotamiento de un modelo de desarrollo que hace basar la economía regional en grandes conjuntos industriales y actividades económicas centralizadas. La "cultura de las grandes empresas" que obtenían elevados salarios y exigían pocas calificaciones, impidió durante mucho tiempo la implantación y el desarrollo de las pequeñas y medianas empresas que habrían ayudado a formar el capital humano necesario para garantizar una relación competente y compensar la pérdida masiva de los empleos manufactureros durante los años

1990 en sectores industriales como la pasta de madera y papel, los que transmitieron los empleos de padres a hijos durante generaciones. En el contexto de la globalización y la economía del conocimiento, este estado puede favorecer de hecho a la economía de la región, en la que una buena parte de la mano de obra no cuenta con calificaciones válidas y transferibles, fuera de las empresas en el seno de las cuales las ejercieron o aún las ejercen.

La movilización de los actores locales

La atribución a Trois-Rivières del título de "capital nacional del desempleo" creó condiciones para una amplia movilización contra la pobreza y el desempleo que comprometió a los actores locales y regionales en un proceso de creación institucional e innovaciones sociales por el cual intentaron identificar las fuerzas y activos de los que disponían en el plano económico, social, político y cultural.

Trois-Rivières vio nacer así, desde la segunda mitad de los años ochenta, y luego sobre todo desde 1995, varios organismos de ayuda a la comunidad dedicados a la lucha contra la pobreza, a la inserción en el empleo y al desarrollo local y regional. Sucesivamente se asistió a la creación de un conjunto de organismos comunitarios y de instituciones cívicas. Las actividades de lucha contra el desempleo, la pobreza y la exclusión en Trois-Rivières se inscriben en una búsqueda de fórmulas alternativas que pueden facilitar la reinserción en el empleo de personas poco escolarizadas o incluso analfabetas. El trabajo de organismos locales como el Centro de Organización Mauriciano de Servicios y Educación Popular (COMSEP) y Économie sociale de Franceville (ÉCOF) instauró dinámicas orientadas hacia el desarrollo de la economía social y solidaria, de empresas barriales, al compromiso social y la participación ciudadana. Estas innovaciones sociales sostienen una visión del desarrollo centrada en tres grandes objetivos: 1) la mejora de las condiciones de vida de los habitantes; 2) la mejora del marco de vida de los barrios; 3) el crecimiento y apoyo a la participación ciudadana.

Por su parte, impulsada por los actores de terreno, la ciudad vio ampliar sus mandatos hacia campos de actividades como el desarrollo económico y las preocupaciones de carácter social como la pobreza. La adopción de una política de desarrollo social, la elección de la fundadora y coordinadora de COMSEP para el cargo de consejera municipal debería, en principio, permitir ejercer un enlace más eficaz entre el desarrollo económico comunitario y la gestión municipal, llevando ésta a integrar la visión del desarrollo social y el desarrollo económico comunitario.

3. El papel de los actores: las iniciativas gubernamentales

Los tres niveles de gobierno intentan, cada uno a su manera y en función de sus propios campos de jurisdicción, de establecer una respuesta a la situación. Las distintas iniciativas dan cuenta de la voluntad de los tres niveles de gobierno por ser actores del desarrollo económico y social y agentes de reactivación económica en situaciones difíciles; también expresan que el estado continúa siendo el actor principal del desarrollo y de la lucha contra las desigualdades.

El nivel provincial

Sin ser específicas a Trois-Rivières, las iniciativas de recuperación económica conducidas por el gobierno provincial intentan ser múltiples y se sitúan en variados niveles de intervención. Se puede citar entre otros al Fondo de lucha contra la pobreza, el Fondo Juventud, las subvenciones salariales, las financiaciones de las empresas de economía social, la financiación de los organismos comunitarios y de defensa de los derechos, el plan de la diversificación industrial y el proyecto de Acción Concertada de Cooperación Regional de Desarrollo (ACCORD). Es importante entonces analizar cómo todas esas medidas se inscriben en las estrategias de Quebec de lucha contra la pobreza por la inserción en el empleo y considerar cuáles son las interfaces.

Empleo-Quebec continúa siendo el eje alrededor del cual se coordinan y aplican estas distintas iniciativas provinciales, especialmente en lo que se refiere a la lucha contra la pobreza por la inserción en el empleo. El gobierno de Quebec se compromete en la elaboración, la concepción y la realización de los planes de acción. Pone a disposición de las empresas regionales los servicios de distintos ministerios y empresas estatales para realizar "estudios de tendencias y oportunidades", no solamente como medio de facilitar el desarrollo de los sectores y conjuntos industriales. El objetivo consiste en ayudar a las regiones de Quebec a determinar sus "sectores de excelencia", hacer surgir nuevos sectores productivos, desarrollar su propia evaluación y conferirse una personalidad particular.

El nivel federal

El gobierno federal está presente y activo a nivel de la acción "comunitaria", del desarrollo local y de la gobernanza, de las innovaciones tecnológicas y de la institución de la "sociedad del conocimiento". Está también presente a través del Programa de Desarrollo de las Colectividades (PDC) y el Programa de Infraestructuras cuyo objetivo consiste en mejorar las infraestructuras municipales, urbanas y rurales. Encuadradas en las necesidades de la región, las Iniciativas Regionales Estratégicas (IRS) intentan que la región desarrolle su potencial económico y pueda garantizar "una mejora duradera de la prosperidad y del empleo".

El nivel municipal

La primera gran operación en este ámbito fue la creación, en 1997, del Foro para el Renacimiento Económico Local que más tarde tomará el nombre de Comité de Solidaridad de Trois-Rivières. El gobierno local de la época intentó reunir a los organismos comunitarios, financieros, políticos, alcaldes, actores del sector de la educación y de los sectores público y privado con el fin de concebir un nuevo modelo de desarrollo en el seno del cual lo social y lo cultural desempeñarían un papel estratégico.

El nivel municipal continúa siendo el primer interlocutor de los actores de lo "comunitario" que luchan por el acceso a los servicios y a los bienes, así como por la distribución equitativa de los presupuestos. Dada la movilización de la sociedad civil comunitaria en torno del desarrollo social, en la lucha contra la pobreza y en la búsqueda de la justicia social, así como su implicación en los debates municipales, el desarrollo integrado se encuentra en un lugar relevante convirtiéndose en una cuestión principal en Trois-Rivières, en particular a nivel de la política municipal.

La concertación

Tener en cuenta las intervenciones de los distintos actores gubernamentales supone el trabajo de un gran número de agencias y estructuras mediadoras así como de una multiplicidad de actores institucionales, políticas, medidas y programas dedicados a la lucha contra la pobreza y a la reinserción de los individuos en el empleo.

Esta multiplicidad de intervenciones exige un importante esfuerzo de coordinación no sólo para evitar rupturas y reducir las tensiones, sino también "para volver coherente y funcional algo a nivel de sistema". Esta cultura de concertación, que no es específica de Trois-Rivières, se convierte en una fuente de cohesión y constituye un mecanismo de gestión de las interferencias entre la multiplicidad de niveles de intervención y programas que tienen misiones muy cercanas pero que dependen de órganos jurisdiccionales diferentes. Permite también evitar la total "balcanización" de un campo donde las acciones son fragmentadas según los grupos de interés y los niveles de gobierno, a fin de administrar bien las tensiones y las contradicciones entre las lógicas de planificación promovidas por los tecnócratas, las lógicas políticas de los electos, y las lógicas de acción social favorecidas por los actores comunitarios.

4. Las iniciativas de la "sociedad civil", actividades y realizaciones

Gracias al apoyo financiero de algunas políticas públicas, ciertos "proyectos estructurantes" se realizaron, por iniciativa de distintos actores de la sociedad civil, en los ámbitos del desarrollo económico e industrial, la ayuda a las pequeñas empresas de menos de 10 empleados, la economía social y el desarrollo económico comunitario, así como la reinserción en el empleo de personas excluidas, marginalizadas y poco alfabetizadas. Estos proyectos estructurantes se modulan según los sectores de innovación tecnológica, alfabetización y educación popular (COMSEP), de ayuda a las muy pequeñas empresas y a las innovaciones sociales (ÉCOF) y de urbanización (Planeamiento de Revitalización de los Primeros Barrios).

Aun si estos proyectos adoptan formas institucionales diferentes, convergen en cuanto al lenguaje y el vocabulario utilizado para describir y legitimar sus acciones; por ejemplo, todos utilizan conceptos como la vinculación de los actores, la innovación social y tecnológica, se implican además en la creación de empleos, el desarrollo local y la sinergia entre desarrollo económico y desarrollo social. En los hechos, comparten un conjunto de valores y objetivos convergentes, se podría aún decir una "cultura cívica común", a pesar de sus grandes diferencias de pertenencia institucional. Constituyen un conjunto de dinámicas locales y territoriales por las cuales Trois-Rivières tiende a reactivarse.

La Tecnópolis

La Tecnópolis, creada en 1998, por algunos actores económicos y por representantes de la universidad local, desempeña el papel estratégico de incubadora, integradora de los mecanismos de desarrollo económico e interfaz entre los medios de educación, la investigación y el desarrollo económico de la región. El trabajo de vinculación de las competencias de los empresarios, los capitales, las instituciones de enseñanza, formación e investigación, y de los organismos de apoyo al desarrollo produce un efecto de catarsis. No obstante, si se puede inscribir su creación en la búsqueda de soluciones a problemas endémicos de desempleo y crisis del empleo, se hace hincapié sobre todo en los empleos calificados, las nuevas tecnologías, el desarrollo de experiencias en ámbitos portadores de crecimiento económico y el desarrollo de pequeños conjuntos industriales. Esto significa que la Tecnópolis se sitúa en una perspectiva de desarrollo económico y tecnológico con preocupaciones que pueden ser espacios de la lucha contra la pobreza para la inserción en el empleo de personas poco escolarizadas como las de COMSEP, ÉCOF y de otros organismos.

El Centro de Organización Mauriciano de Servicios y Educación Popular (COMSEP)

Fundado en 1986 por voluntarios de un conjunto de cocinas colectivas, el COMSEP es un organismo sin fines lucrativos que se dedica a la lucha contra la pobreza y la exclusión social a partir de un enfoque plural centrado en la educación popular. Implicado en su origen en la distribución de prendas usadas y la organización de cursos de alfabetización, ofrece hoy una diversidad de servicios a personas carenciadas y analfabetas, a mujeres con ingresos limitados, a hombres con ingresos limitados ("colectivo hombres)", un local de indumentaria, cocinas colectivas, y un programa de formación preparatorio al empleo orientado a las personas carenciadas.

En el ámbito cultural se ha creado un teatro popular, un festival de poesía, el salón del libro y la inauguración de obras de arte dirigidos a personas carenciadas y analfabetas, poco acostumbradas a estas formas de actividades y esparcimiento. Cuenta con varias empresas de economía social en ámbitos tan diversificados como la restauración y el servicio de casa de comidas, el envasado de café equitativo y la ebanistería. Integra también los organismos que impulsaron la ayuda doméstica.

La red comunitaria del COMSEP proporciona cerca de 200 empleos, acoge anualmente cerca de 4000 personas en situación de pobreza, cuenta con 400 miembros activos y 125 voluntarios, con una proporción de 80% de mujeres y 20% de hombres. Los públicos están integrados por personas con ingresos limitados, analfabetos, personas asistidas socialmente, personas mayores, familias monoparentales, expatriados, trabajadores con ingresos limitados y personas minusválidas.

El programa de formación preparatorio al empleo organizado por el COMSEP recibe anualmente más de un centenar de participantes (50% hombres y 50% mujeres). Son personas desempleadas, que reciben el seguro de empleo o prestadores de servicios de ayuda social que reciben ayuda social, muy poco escolarizadas y con graves dificultades para ubicarse en el mercado de trabajo en la medida que la propia región se encuentra seriamente afectada por la crisis económica de los últimos años y por la falta estructural de empleos causada por el cierre de numerosas manufacturas. El programa ofrece una formación preparatoria al empleo "multi-ocupaciones": ayudante de cocina, jornalero, manejo, ayuda doméstica, vendedores, etcétera.

El proyecto "Memoria popular y participación ciudadana"

Iniciado en colaboración con ÉCOF, el proyecto "Memoria popular y participación ciudadana" está investido de un valor de identidad, de pertenencia a un barrio o a una comunidad. Recurriendo a un trabajo de memoria, el proyecto tiene por objeto llevar a la gente "a contar la historia comunitaria asociativa y trabajadora de los barrios ocurrida entre 1940-1990". La consideración de estos 50 años de historia "valoriza a la gente, su palabra, su historia de vida y su compromiso con la comunidad". La iniciativa reúne los proyectos culturales ya establecidos por el COMSEP, entre ellos el teatro popular, la inauguración de exposiciones de obras de arte y los festivales de poesía.

ÉCOF-CDÉC de Trois-Rivières

Establecido en 1996 en el corazón de los barrios populares, Économie sociale de Franceville (ÉCOF) debe su origen a que la población poco escolarizada permanece a menudo excluida del empleo, incluso después de su participación en los programas de alfabetización y formación otorgados por COMSEP. Explora los problemas de acceso al empleo para esta población vulnerable e imagina medios que pueden conducir a su reinserción social, política, económica y cultural desarrollando prácticas de intervención innovadoras. ÉCOF centra su misión en la lucha contra la exclusión procurando "mejorar las condiciones de vida de las personas social y económicamente empobrecidas y poco escolarizadas, a través del acceso al empleo". Se trata de crear oportunidades de empleos para los individuos y "de mejorar las condiciones de vida global de las colectividades". Miembro de la Red de Quebec de las Sociedades de Desarrollo Económico Comunitario (CDÉC), este organismo intermedio trabaja según un "enfoque global e integrado" que coloca en interacción constante las dimensiones sociales, políticas, económicas y culturales. ÉCOF integra el enfoque de educación popular en una visión solidaria y colectiva del desarrollo, como marco de realización de proyectos de transformación social e intervención sobre las desigualdades estructurales a las cuales están sometidas las personas excluidas y débilmente escolarizadas.

ÉCOF favorece un método de gestión participativo en el cual el trabajo en equipo sigue siendo central e instrumental para garantizar la cohesión, la constancia y la coherencia de la acción. El plan de trabajo e intervención se estructura en torno de tres grandes ejes: 1) el desarrollo, la valorización y la integración de la mano de obra, 2) el apoyo al empresariado privado y social, 3) el desarrollo de proyectos que estructuran y valorizan el territorio. Las distintas actividades incluyen, entre otros un servicio de ayuda e integración al empleo, un servicio de ayuda a las empresas (colectivas y tradicionales), un servicio de animación del medio, así como el trabajo de revitalización de los Primeros barrios. Además, ÉCOF fundó la Casa de la Economía Social, una incubadora de empresas y participó en la implantación de nuevas tecnologías de la información y la comunicación (NTIC). En la actualidad tiene un contrato de servicio de ayuda al empleo con Emploi-Quebec para el cual constituye un recurso externo cuyo trabajo consiste en acompañar a 100 personas por año, que no han completado el secundario (10 años de escolaridad). ÉCOF se vincula con varias empresas para identificar pedidos de pasantías y empleos para estas personas.

Servicios de asistencia a las pequeñas empresas

Los servicios de ayuda a las pequeñas empresas (empresas familiares, trabajadores autónomos y empresas de menos de 10 empleados) incluyen tanto la formación y la ayuda inicial como el apoyo técnico y la conexión a una red. Para el año 2003, ÉCOF consideró 70 solicitudes de apoyo a las pequeñas empresas y se entrevistó con 29 promotores. De ellos, 5 emprendieron un estudio de mercado, 11 recibieron un servicio en lo referido al plan de comercialización y 11 se orientaron a la búsqueda de una financiación. Las formaciones en inicio de empresa se dirigieron a 16 personas.

Una incubadora de empresas de economía social

ÉCOF anima las redes de empresas sociales, en particular, contribuyendo al inicio de empresas comunitarias, colectivas y sociales, que incluyen las de economía social. Interviene en la formación del personal por medio de seminarios temáticos referentes a la acción comunitaria, la vida asociativa y democrática, la lucha contra la pobreza, las relaciones de género y la economía social. El trabajo de acompañamiento de las empresas de economía social sirve para considerar las necesidades en cuanto a montajes y análisis financieros, para el inicio, desarrollo y consolidación, para identificar los fondos y fuentes probables de financiación, incluidos la Caja de Economía de Quebec, la Red de Inversión Social de Quebec (RISQ), el Fondo de la Economía social y los Ministerios.

La concepción de una "herramienta geo-referenciada"

Con el fin de conocer de manera más precisa las condiciones de vida de la población excluida y marginalizada en Trois-Rivières, ÉCOF trabaja actualmente en el desarrollo de una "herramienta geo-referenciada" con el fin de identificar indicadores de carácter económico, social y medioambiental de la pobreza y exponerlos bajo forma cartográfica. Este proyecto está aún en la fase experimental y tiene por objeto elaborar "un conjunto de indicadores completos e integrados con dimensiones individuales, estructurales y territoriales, capaces de tener en cuenta las distintas áreas de decisión". Como en el caso de las "estrategias adaptables al funcionamiento de las grandes redes", el objetivo último consiste en ver cómo los participantes pueden trabajar colectivamente en la elaboración de un plan de acción de desarrollo económico comunitario en los cinco próximos años a partir de análisis de contexto y "geo-referenciados" respecto de las realidades que viven los residentes de los barrios obreros.

La estrategia del "mapping" se inspira de los trabajos de Estadística de Canadá, así como en aquéllos que realizaron el reagrupamiento de los CDÉC de Quebec, con el fin de medir los territorios urbanos desvitalizados. La realización de este proyecto debe permitir a los animadores de ÉCOF reunir los datos pertinentes y constituir su propia base de información. La creación de indicadores según la metodología del mapping puede abrir nuevas vías para incluir la pobreza en su relación espacial con las iniciativas en economía social y en desarrollo comunitario en el contexto más amplio de la crisis del empleo en Trois-Rivières. El instrumento permitirá evaluar mejor, en su complementariedad y su transversalidad, las acciones realizadas por ÉCOF, ofreciendo al mismo tiempo la posibilidad de una mejor sinergia entre el desarrollo económico y el desarrollo social en Trois-Rivières.

La revitalización de los Primeros barrios

Los Primeros barrios son los barrios obreros históricos de Trois-Rivières, habitados por los antiguos empleados de las fábricas de pastas de madera y papel, así como de las industrias textiles. Al cierre de estas manufacturas, las personas poco escolarizadas no pudieron insertarse nuevamente en el mercado de trabajo por lo que estos barrios fueron sensiblemente afectados por la pobreza, el desempleo y la exclusión. Del panorama sociodemográfico de estos barrios, presentado por ÉCOF en enero de 2005, se retiene una imagen de vulnerabilidad colectiva, precariedad económica y fragilidad de los vínculos sociales.

El planteamiento de revitalización de los Primeros barrios intenta constituirse un proyecto separado de ÉCOF, con su propio comité de coordinación. Otras instituciones locales y recursos locales se encuentran implicados, entre otro el CLSC, Emploi-Quebec, la Ciudad de Trois-Rivières y varios organismos del medio. La financiación está garantizada por contribuciones de Centraide, Centros locales de empleo, la Comisión escolar, el CLD, la Comisión regional de salud y de los servicios sociales. Diversas intervenciones se desarrollan también en vínculo con la Cámara de Comercio de Trois-Rivières, con las autoridades municipales y con otros actores económicos. En términos de la organización del trabajo, existe un Comité sobre el desarrollo económico y la formación y el empleo, otro sobre la adaptación urbana y el último sobre participación ciudadana. El equipo de trabajo está formado por 6 personas, bajo la supervisión de un Comité de socios, compuesto de representantes de 18 organismos que provienen de los medios comunitarios, gubernamentales, institucionales, municipales, educativos y religiosos.

La revitalización se propone ir más allá de la renovación de la infraestructura y de restauración del hábitat. Se trata de mejorar tanto las condiciones de vida de los residentes de los Primeros barrios y la calidad de su medio ambiente, como de facilitar la responsabilidad del medio y la participación ciudadana. Esta idea condujo a la creación de la Casa San-Philippe, donde se agrupa una diversidad de organismos comunitarios que ofrecen una amplia gama de recursos y servicios a los habitantes del barrio, asociados al alojamiento, al empleo, la ayuda social y la resolución de conflictos.

El BUCAFIN

El BUCAFIN es una empresa de economía social que brinda servicios de lavandería y acceso a Internet en el marco de un café. Es considerado como "un lugar de encuentro con actividades que permiten interactuar a la gente", aunque fue animado por una lógica de negocios y beneficio. Contrariamente a las maneras tradicionales, BUCAFIN pretende adquirir autonomía financiera combinando fuentes de ingresos como la lavandería, el acceso a Internet y la venta de café de comercio justo. Este concepto parece más viable y pertinente dado que genera ingresos necesarios para garantizar la independencia financiera y su rentabilidad. La iniciativa se inscribe en el proyecto de revitalización del barrio y el desarrollo de la economía social. COMSEP se implica a través de la organización de actividades culturales (poesía) y educación popular.

El acceso a las tecnologías de la información y la comunicación

ÉCOF se esfuerza por procurar que los habitantes de los Primeros barrios accedan a las tecnologías de la información y de la comunicación (TIC). Varias personas del equipo de animación ciudadana recorren sus calles para facilitar el acceso de las personas carenciadas a las TIC. El lanzamiento de una tarjeta de acceso gratuito a Internet para los residentes del barrio se propone reducir los impactos de la brecha que se puede producir. Volver Internet accesible es un medio de ayudar a la gente que vive en la pobreza a participar en las transformaciones en curso de la sociedad. Los proyectos de las TIC son intensamente apoyados y defendidos por los promotores del desarrollo social en el municipio de Trois-Rivières.

El proceso de democratización del acceso a la información no sólo ayuda a la participación social sino que posibilita a las personas convertirse en ciudadanos mejor informados, expresar mejor sus opiniones y participar en los principales debates democráticos. ÉCOF considera las TIC como "una herramienta privilegiada para unirse e interesar a las personas en situación de exclusión a romper su aislamiento y desarrollar sus potencialidades". Según las estimaciones proporcionadas, 250 organismos comunitarios integran las TIC a su trabajo y a sus prácticas.

La FERIA o la Fiesta del empleo, la formación y la ayuda mutua

Realizada en colaboración con ÉCOF, la organización de una Feria del Empleo, la Formación y la Ayuda Mutua a comienzos de cada mes de septiembre reúne en un mismo espacio empresas y organismos comunitarios. Esta operación moviliza durante 18 días, a 9 personas de ÉCOF cuyas actividades consisten principalmente en llamar por teléfono a las empresas y los organismos comunitarios de los alrededores para establecer un repertorio de los empleos que pueden ofrecer. En este sentido, la tercera edición de la Feria permitió identificar 800 empleos, mientras que participaron en ella 3000 personas. Las empresas presentes procedieron a la contratación in situ. Por su parte, los organismos comunitarios, en especial las cocinas colectivas y los centros de acción voluntaria, aprovecharon la oportunidad para convocar a numerosos voluntarios. Entre los empleos, 45% no exigieron formación específica, 22% un título de estudios secundarios y 26% el de estudios profesionales.

La operación Feria tiene por objeto en primer lugar hacer visibles y accesibles los empleos, ayuda también a vincular los medios de formación profesional y las comisiones escolares, los patronos y los demandantes de empleo. Intenta ser un importante observatorio sobre los tipos de empleos disponibles en los sectores en declive o en demanda. Desde el punto de vista programático, sirve para analizar el estado del mercado laboral en Trois-Rivières, e indicar cómo reorientar los recursos de formación y qué ámbitos favorecer en la concepción de los programas. Su fuerte dimensión festiva tiene por objeto hacer que algunas personas puedan salir del aislamiento e integrarse a redes sociales y de solidaridad comunitaria.

5. Trois-Rivières y la economía social

A medida de la ciudad, la economía social se inscribe en la óptica de la solidaridad comunitaria. Una investigación realizada en 2002 en la región de Trois-Rivières, que incluye a las empresas sin fines de lucro y a las cooperativas que trabajan en el sector comercial, excluyendo a las cooperativas de usuarios, las cajas populares y las cooperativas de alojamiento, permite evaluar el número de empleos y el volumen de negocios, el impacto económico y social de las empresas de economía social, sus dificultades y sus necesidades. De las 96 empresas registradas, 30 son Centros infantiles (guarderías infantiles), 10 son activas en el sector de la inserción por el empleo, 7 en los servicios a la persona, 6 en recreación-turismo y 5 en los sectores de la cultura. Otras empresas como los servicios forestales, la ayuda alimentaria, la educación y formación y las empresas de recuperación y reciclaje cuentan cada una con 3 empresas de inserción. Entre las empresas de economía social, 30 se encuentran en Trois-Rivières.

Estas empresas contrataban en 2005 un total de 336 personas (tiempo completo y tiempo parcial), ofrecían servicios a 3700 hogares y tenían un volumen de negocios de 5 millones de dólares canadienses. No obstante su precariedad, este sector permitía a numerosas mujeres encontrar un empleo que respondía a su nivel de calificaciones, desarrollando al mismo tiempo nuevas competencias (CRES, 2002). Por su parte la red de servicios infantiles contrataba a 700 personas, mayoritariamente mujeres, y tenía un volumen de negocios de 26 millones de dólares. El nuevo sector de las empresas de reciclaje empleaba 23 personas y tenía un volumen de negocios de 1 millón de dólares. Esta red se implicaba también en la formación de mano de obra. Finalmente con un volumen de negocios de 1 millón de dólares, 9 empresas del Grupo Consentra proporcionaban trabajo a más de 300 personas con dificultades de inserción e integración en el trabajo vinculadas con sus condiciones (desventaja, deficiencia, salud mental, etc.). Los datos acumulados sobre 77 de las 96 empresas de economía social indican un total de 1890 empleos, entre los cuales 75% están ocupados por mujeres, y un volumen de negocios global de 51 millones de dólares.

Los desafíos de la economía social

Bien establecidas en sectores como la ayuda a domicilio, las empresas de reciclaje, los centros infantiles y el turismo social y ecológico, las empresas de economía social responden a la necesidad de conciliar desarrollo económico y desarrollo social. Proveen empleos a numerosas personas que habitualmente serían excluidas del mercado laboral tradicional. Representan un importante motor de desarrollo local y lucha contra la pobreza por la reinserción en el empleo. Destinadas a la creación de empleos duraderos, las empresas de economía social se basan en el principio de democracia participativa y en valores de equidad, solidaridad y justicia social. Quieren ser lugares de participación ciudadana y de construcción de una alternativa económica sensible al bien común y al interés general. La mayoría de las empresas de economía social se enfrentan a problemas de financiación y viven una precariedad económica que afecta tanto su capacidad de producir y adquirir equipamientos convenientes como la de consolidar los empleos ya creados.

¿Medida de lucha contra la pobreza o alternativa de desarrollo económico?

Varios autores destacan la necesidad de no reducir la economía social a una economía de gestión de la pobreza, insistiendo tanto sobre los principios como sobre las realizaciones en contextos diversos. Así, según testimonian numerosas iniciativas, la economía social se presenta como un mecanismo de lucha contra la pobreza y un medio de ayudar a la gente a reorganizarse. El conjunto de los mecanismos que impulsa convergen en el objetivo de permitir a personas alejadas del mercado laboral vivir una experiencia de trabajo que les posibilitará eventualmente integrarse a través del empleo. Sin embargo existen diferencias respecto de los públicos, las fuentes de financiación, los enfoques y las perspectivas. Mientras que las empresas de economía social utilizan frecuentemente las subvenciones salariales e impulsan la creación y mantenimiento de empleos, los organismos de inserción trabajan para volver a las personas "empleables" mediante la adquisición de formaciones específicas y aptitudes de trabajo, conduciéndolas en consecuencia a prepararse para ingresar en el mercado laboral. Los organismos comunitarios velan y se movilizan para que los derechos de plena ciudadanía se mantengan y respeten. Adelantan esta capacidad de la economía social de permitir a los desfavorecidos participar en la actividad productiva. Si las empresas de economía social pueden ser consideradas como nuevas fuentes de creación de empleos y como un eje central del desarrollo local, no se consideran como alternativas a la economía de mercado, aunque contribuyen a balancear su paradigma dominante.

Considerar la economía social como herramienta de lucha contra la pobreza y la exclusión no es un hecho negativo ni desvalorizante. Es más bien una advertencia contra la tentación de considerarla como panacea, en particular, en el marco de la lucha contra la pobreza y la inserción por el empleo. A esa posición se agrega la referida a la necesidad de favorecer un modelo de desarrollo integrado, de articular adecuadamente las condiciones económicas, sociales y políticas con el fin de permitir a las empresas sociales innovar con éxito. El referencial de la economía social remite a un pragmatismo que rechaza la separación entre lo privado y lo público, entre el individuo y lo social.

Respecto del tema de los vínculos entre la economía social y la economía mercantil, sólo podrían plantearse respuestas moderadas. No cabe duda de que las pequeñas empresas de los Primeros barrios evolucionan en interfaz con la economía mercantil, sin suscribir por completo a los valores utilitaristas y a la instrumentalidad económica. El planteamiento de revitalización de los Primeros barrios produce innovaciones manteniendo pasarelas, incluso sutiles, entre la economía social orientada hacia la valorización de la persona humana y la economía mercantil.

6. Evaluación

¿Cuál es la evaluación de la acción que se lleva adelante en Trois-Rivières? ¿Qué factores pueden explicar su éxito? ¿Qué se puede aprender en términos de *coproducción* de la acción y de políticas?

Es necesario en primer lugar reconocer que esta acción global destinada a luchar contra la pobreza que afecta a un sector importante de la población se considera generalmente un éxito, tanto por su capacidad para reinsertar en el empleo a una parte de las personas involucradas en esta acción, como por la creación de un volumen importante de empleos en la economía social, por el apoyo a las pequeñas empresas barriales y finalmente por la perspectiva de ciudadanía que llega a instaurar. Entre los factores explicativos de este potencial se pueden retener los siguientes:

— *La calidad del liderazgo: un anclaje, una visión*

Las principales dimensiones relativas a este primer factor son:

a. El arraigo local

El arraigo local puede analizarse bajo distintos ángulos. La mayoría de las personas entrevistadas son originarias de Trois-Rivières y el resto vive allí desde hace muchos años. Existe una fuerte identificación con el territorio local y sobre todo con la población y su historia, así como una identidad compartida. Este profundo compromiso en Trois-Rivières resulta importante en la medida que aparece reforzado por un significativo sentimiento de solidaridad, o incluso de lealtad hacia la población en situación de pobreza. La duración y persistencia en la acción parecen ser una condición de la eficacia de los medios de acción y de la capacidad para aprovechar oportunidades, superando la lógica de clientelas restringidas y vinculándolas con lo que está en juego respecto del interés general. Esto también permite juzgar, desde el punto de vista de sus resultados, los impactos reales de estas acciones. Representa una importante fuente de legitimidad para los líderes y los organismos involucrados su capacidad como interlocutores creíbles y válidos ante las autoridades públicas.

Estas cualidades son compartidas por los agentes institucionales basándose en el doble registro de la pertenencia institucional y de su identidad local. Es notable la forma en que estos registros se reconcilian, tanto en el discurso como en las acciones. Por otra parte, el lenguaje de solidaridad hacia la gente carenciada y los públicos en dificultad son compartidos tanto por los actores comunitarios como por los institucionales. Resulta una responsabilidad social colectivamente compartida el ayudar a la "gente en malas condiciones" dado que podrían ser "nuestros vecinos o miembros de nuestra familia". En otras palabras, no se percibe a los beneficiarios de la ayuda social o a la gente desempleada como "extranjeros". Tampoco se piensa en una lógica binaria de oposición ellos/nosotros sino más bien en una fuerte sensibilidad respecto a las condiciones de vida de los públicos a los que se brindan servicios.

b. Una visión del desarrollo humano relacionada con el desarrollo de un territorio

Varios organismos se esfuerzan conscientemente en no duplicar los servicios existentes. Trabajan concertadamente y existe también división de información sobre las fuentes posibles de financiación, repartición de costos y repercusiones en el marco de algunas iniciativas. No hay más cotos vedados entre los grupos, a menudo en competencia por la obtención de las mismas subvenciones como en el pasado. Prevalece un proceso de transformación orientado hacia la ayuda mutua y la responsabilidad ante las necesidades de un territorio. Esta madurez adquirida en la acción contribuye a evitar la multiplicación de estructuras y servicios idénticos, y en consecuencia a facilitar una gestión más racional y eficaz de los recursos.

c. La capacidad de "puesta en mercado"

Finalmente, la calidad y la fuerza del liderazgo se prolongan en la capacidad de unas y otros para dar a conocer sus realizaciones, dinamizar su sector de actividad y realizar una verdadera "puesta en mercado" de alta calidad, y en dignidad. Cuando se aprecian por ejemplo las actividades de envasado de café o las de Bucafin, se percibe un marco moderno, estético y cómodo, bien alejado de la precariedad que caracteriza a menudo los locales de los grupos militantes.

Las propias herramientas de gestión son modernas, entre ellas la utilización de las TICs, técnicas de mapping para el conocimiento sistemático del territorio, bancos de datos, el recurso a datos de Estadística Canadá y del Instituto de Estadística de Quebec, estrechas colaboraciones con diversos recursos universitarios, participación en redes de intercambio, programas de formación continua para los equipos de trabajo, estrategias de difusión de las realizaciones por los canales de Internet, medios de comunicación, estudios académicos a escala nacional e internacional, etc. Por otra parte, los intercambios dentro de los grupos y empresas son guiados por una ética de debate, una apertura al debate y a la participación. Estas apreciaciones se inscriben en la perspectiva de construcción de una sociedad democrática, en el modelo de Estado participativo establecido desde años en Quebec, en maneras democráticas y solidarias de abordar y tratar los problemas sociales y colectivos.

— *La cultura de concertación y argumentación*

Los elementos identificados precedentemente tienen importantes impactos en la cultura de concertación. Los debates e interacciones se convierten en parte integral de la acción social desarrollada en Trois-Rivières. Los actores comunitarios aceptan ser cuestionados por los clientes, los colegas de trabajo, los funcionarios públicos, las autoridades municipales, etc. Se instaura una cultura de la argumentación, la clarificación y la persuasión que da cuenta de la conciencia que existe respecto de las intervenciones que se desarrollan en un mundo no sólo de discurso y acciones sino también de confrontaciones de lógicas y visiones diferentes. Esta postura, característica de una sociedad democrática, intenta ser poco "enfrentada aunque muy afirmada". Es igualmente estratégica, en la medida que tiene por objeto reforzar vínculos y construir alianzas. La cultura de la argumentación aparece como una condición fundamental del trabajo en concertación y en asociación, pero sobre todo expresa el reconocimiento como interlocutor válido a nivel gubernamental. Tal cultura de la concertación, fundada sobre la argumentación, puede entenderse desde una perspectiva de sociedad democrática, en la medida que los grupos discuten entre actores interesados las orientaciones que deben adoptar; en referencia a un modelo basado en el diálogo permanente y la concertación. Se puede decir que es la cultura profunda de Quebec que se manifiesta a través de estos grupos y también como afirmación de que no se vive en una cultura individualista que remite al individuo y su responsabilidad de salir por sus propios medios, sino por el contrario en una cultura de la solidaridad.

Este modo de funcionamiento parte de la convicción profunda de que se trata de "vivir juntos y poder entenderse". Los líderes rehúsan los debates ideológicos, que implican el riesgo de polarizar inútilmente las posiciones, para movilizarse sobre las cuestiones que están en juego a niveles transversales y las prioridades compartidas como el desarrollo social, la economía social, la protección del medio ambiente, la lucha contra la pobreza a través de la reinserción en el empleo. No obstante, sería erróneo pensar que todo se sitúa necesariamente en un marco consensual exento de contradicciones, tensiones y conflictos culturales.

— *La reapropriación crítica de los objetivos de Emploi-Quebec*

La capacidad de los organismos y participantes para reapropiarse de manera crítica de los discursos, programas y objetivos de Emploi-Quebec, especialmente en lo que se refiere a la necesidad de reintegrar a los individuos en el empleo, constituye un tercer factor explicativo del potencial. Los organizadores suscriben a la misión de Emploi-Quebec de apoyar la creación y el mantenimiento de empleos y de preparar la mano de obra para ocupar los empleos existentes, ya que, según un agente institucional, Emploi-Quebec tiene también "la misión social de volver a poner en movimiento a las personas excluidas del mercado laboral y a cargo del Estado". Es la voluntad de responder a este "doble resultado" lo que permite hacer de los empleos comunitarios palancas hacia el empleo asalariado o hacia el empleo autónomo.

— *La relación de confianza entre socios*

La relación de confianza con la que trabajan el sector "comunitario" y las instituciones públicas locales constituye otro factor de explicación del potencial. Las obligaciones en cuanto a los resultados no obstaculizaron establecer relaciones de confianza entre actores institucionales y actores comunitarios, entre gestores de los programas y dirigentes de los organismos comunitarios. La relación de confianza no significa ausencia de tensiones y clima de trabajo siempre armonioso. Se constata por parte de los funcionarios responsables de los programas un alto nivel de tolerancia ante las experimentaciones sociales. Aceptan la idea de tomar riesgos en especial en el plano de las innovaciones en la gestión. Retomando la expresión de uno de ellos, no se encuentra "un método de gestión cuadrado" que pueda ejercerse estrictamente según los parámetros establecidos. La mayoría de los agentes institucionales hablan de su trabajo con libertad y autenticidad, traducen sus preocupaciones de poder contribuir a ayudar a la gente, destacando que allí se encuentra la razón de ser de su función y el objeto de su misión.

Este espíritu relativamente crítico puede explicarse por el hecho de que los funcionarios disponen de tiempo para escuchar y discutir con los integrantes, asisten in situ y conocen las empresas. Ellos mismos son de Trois-Rivières y conocen su historia y sus dificultades. En esta dirección se presenta una dinámica donde estos funcionarios se esfuerzan por comprender la filosofía de acción que contienen las iniciativas comunitarias. Varios empleados de la función pública participan tanto en el Comité del proyecto de revitalización de los Primeros barrios, como en el COMSEP u ÉCOF.

Los actores institucionales y los actores comunitarios están orientados a una relación de cooperación crítica. Los primeros desarrollan la capacidad de incluir las prioridades comunitarias, sin ser unilateralmente dependientes de las solicitudes y objetivos de los segundos. En sus propios términos, evalúan el resultado de los organismos dentro de las balizas establecidas en el marco de los programas y medidas que administran, para ver en qué grado se logran los objetivos fijados. Como contrapartida, los actores comunitarios son respetuosos, moderados y equilibrados en sus comentarios respecto a los funcionarios gubernamentales. Se trata de posiciones muy alejadas de un enfoque conflictivo frontal, de una oposición sistemática.

— *La cadena coherente de producción de las políticas*

Entre actores de terreno y responsables políticos se estableció una circulación bidireccional en cuanto a la elaboración, concepción y formulación de las políticas públicas relativas a la lucha contra la pobreza y por la reinserción en el empleo. Es lo que describimos como "la cadena coherente de producción de las políticas". Consideremos, entre otros, los empleos de solidaridad, los programas de alfabetización-implicación social y las medidas de la economía social. En la actualidad, el programa de alfabetización establecido por COMSEP se extiende a escala de Quebec, mientras que los empleos de solidaridad se encuentran integrados en el Plan de acción contra la pobreza adoptado por el gobierno de Quebec en mayo de 2004. Esta estrategia de "coproducción" de las políticas públicas (Lévesque *et al.*, 2004; Ulysse et al. 2004) se inscribe en una dinámica de intercomprensión ya que pretende responder a objetivos compartidos destinados a consolidar la solidaridad formal e informal.

La cadena coherente de producción de las políticas públicas puede analizarse e interpretarse como un conjunto que "produce sistema" –no como un sistema– y funciona a partir de la mecánica de transmisión y relevo, garantizada especialmente por los empleados de Emploi-Quebec quienes desempeñan un papel de interfaz entre los ministerios, los actores comunitarios y las poblaciones desfavorecidas.

— *El rechazo a dividirse en compartimentos y a dejarse dividir en compartimentos*

El rechazo a confinarse en un campo o una ideología dada, viene a reforzar esta voluntad de inscribir la problemática de la lucha contra la pobreza en una perspectiva de cohesión social. Durante estos últimos años, se produjo una inversión fundamental en el enfoque de las cuestiones de pobreza. De una visión estrechamente caritativa se pasó a una estrategia activa de creación de empleos, preparación para el empleo y reinserción en el empleo, en el marco de una intervención global y ofreciendo un acompañamiento personal e individualizado. Es por esta capacidad de desafiar los distintos niveles de funcionalidad del individuo y el mercado laboral que los organismos comunitarios se distinguen de las empresas mercantiles orientadas hacia el beneficio y no a la rehabilitación del individuo poco productivo. Superando las cuestiones estrechamente materiales y económicas, la lucha contra la pobreza se considera a la luz de un proceso de politización que la sitúa en el espectro más amplio de la afirmación y la defensa de los derechos de ciudadanía. La solidaridad se encuentra inscripta en el paradigma democrático más bien que en el de la moral.

Uno de los ejemplos ilustrativos de esta nueva filosofía de intervención sigue siendo el trabajo de ÉCOF en los Primeros barrios, que articula a la vez instrumentación económica e instrumentación identitaria. Se intenta transferir valores distintos del utilitarismo, la rentabilidad y la productividad definida de manera estrictamente económica. La integración adopta a la vez una dimensión económica (inserción en empleo) y una dimensión identitaria (anclaje en el territorio) a la luz de la cual la expresión "la calidad de vida de los ciudadanos" se combina pluralmente, siendo de carácter a la vez material, medioambiental, cultural y sociohistórica. La revalorización de los Primeros barrios contempla aún la reconstrucción de los sistemas de mediaciones colectivas a la luz de los cuales la gente construyó y seguirá construyendo su identidad. La finalidad no consiste simplemente en estabilizarlos en barrios-guetos, sino al contrario convertir estos barrios en territorios de identidad.

Este mismo rechazo a dividir en compartimientos llevó a la consejera municipal a no limitar únicamente su participación en la Comisión de gobierno por la defensa de un barrio o de una categoría de población específica, y no restringir sus intervenciones a un territorio dado. Pretendiendo facilitar el desarrollo social, intenta producir alianzas con los consejeros portadores de los aspectos que conciernen a los niveles culturales o ecológicos, en perjuicio de los concejales que solo llevan lo concerniente el desarrollo económico tradicional. En otras palabras, esta participación en la política activa permite producir una nueva sinergia entre lo económico, lo social, lo cultural y el medio ambiente, percibidos como ejes estratégicos de un desarrollo sostenible e integrado.

— La articulación de los distintos niveles de acción y el papel de las "estructuras mediadoras no estatales"

La idea de "articulación" se encuentra en el núcleo del campo de acción y de los trabajos sobre los Primeros barrios y en las acciones con las pequeñas empresas comerciales de estos barrios. El fundamento de estas distintas articulaciones se afianza en el rechazo a confinarse en un sector de gestión de la pobreza a territorios definidos por su estatuto de "medios desfavorecidos". Por el contrario existe la voluntad de insertar esta problemática distinta en la dinámica global del empleo, la economía mercantil y la cohesión social. Se intenta así escapar de la fuerza centrípeta que tiende siempre a conducir la pobreza y su gestión a territorios bien circunscritos, reducidos a guetos de pobreza.

El enfoque de las "articulaciones" pretende superar las lógicas tradicionales que remiten a menudo a perspectivas centradas a veces en la acción social y los actores comunitarios, otras en la acción pública y los agentes institucionales. En efecto, el Estado no es el único lugar de concepción y producción de la acción pública (Ulysse y Lesemann, 2004). Los lugares de toma de decisión pública se vuelven cada vez más policéntricos y reticulares (Leresche, 2001), las relaciones entre el Estado y la sociedad civil se negocian y se recomponen constantemente en función de las alianzas que los actores llegan a establecer.

Estos cuestionamientos vuelven a plantear las relaciones dialécticas entre la política, lo económico y lo "solidario" y entre la participación cívica y la democracia. Debido a su inserción en el diseño de políticas públicas y los objetivos que pretenden las "estructuras mediadoras no oficiales", deben establecer respuestas a problemas colectivos como el desempleo, la pobreza, la exclusión, las desigualdades y la violencia, y deben imponerse como analizadores de las interacciones entre actores cívicos y actores gubernamentales, así como de las nuevas dinámicas de elaboración y aplicación de la acción pública. Sus objetivos, consistentes en alcanzar un modelo de justicia social, no podrían soslayar la cuestión de las asimetrías de poder y las desigualdades en la distribución de los recursos materiales y simbólicos. Promueven la construcción de una sociedad más justa en torno de una "nueva cuestión social", tomando en cuenta que la pobreza, las desigualdades y la exclusión, ineludibles a nuestra forma de sociedad, deben ser tratadas como una "cuestión política", ligada con la necesidad de construcción de la plena ciudadanía y las solidaridades.

Esta dimensión no significa la dilución del papel del Estado en un conjunto de asociaciones, sino más bien el reconocimiento de la dimensión participativa en la toma de decisión política y el lugar que debe concederse a los actores de la sociedad civil. En cuanto al desarrollo local, la acción pública está incluida cada vez más en las configuraciones complejas de cuestiones y actores múltiples en territorios específicos. Esto impide recurrir a métodos de gestión demasiado estandarizados y hacerlo en favor de enfoques negociados. Como las instituciones oficiales no tienen más el monopolio de la acción pública, el desafío consiste en saber cómo definir y negociar objetivos colectivos con actores cuyo estatuto e intereses son diferentes, y cuyos territorios de acción son heterogéneos. No obstante no se puede reducir el Estado y las autoridades públicas a un simple estatuto de actores. Si el Estado se convierte cada vez más en socio de los grupos sociales en la acción pública, si parece cada vez más policéntrico y reticular, es incluso el Estado y las colectividades políticas quienes finalmente establecen las reglas del juego de la colaboración y el acceso de los actores sociales a la decisión, arbitrando los conflictos entre actores.

— *La articulación de los distintos conocimientos*

El papel del conocimiento, que permite plantear la significación de actividades locales en una perspectiva de reflexión nacional y global, constituye otro factor de explicación. Se puede citar, como ejemplo la organización del Congreso canadiense del desarrollo económico comunitario en Trois-Rivières en 2004 y considerar este acontecimiento como la conexión a una red global de las actividades locales que constituye también una demostración de la legitimidad nacional e internacional de la que goza Trois-Rivières y los líderes que trabajan en el campo de la economía social. Se trata de un reconocimiento basado en realizaciones que justifican la reunión en el congreso de numerosos extranjeros. El gobierno federal aprovechó la ocasión del congreso de 2004 para anunciar públicamente su apoyo a la economía social a través de una inversión de 132 millones de dólares. Esta capacidad de inscribir la acción local en una perspectiva global confiere a los actores locales de la economía social una legitimidad excepcional, fundada sobre realizaciones.

La dinámica es estimulada por las políticas gubernamentales destinadas a favorecer el desarrollo de una sociedad del conocimiento. Se trata de la incorporación a la acción del conocimiento de instrumentos de medida y de indicadores de resultado. La mayoría de los expertos de terreno están vinculados con universidades en las que van a proseguir su formación o docencia. Uno de esos grupos conforma una Alianza de Investigación –Universidad-Comunidad (ARUC) sobre la economía social– con sede en la Universidad de Quebec en Montreal (UQAM). Se trata de una estructura de investigación-acción establecida gracias a fondos de investigación federales, que sirve de enlace entre el conocimiento y las prácticas de terreno. La estrategia adoptada permite poner estas prácticas en perspectiva a nivel tanto nacional como internacional. Otros grupos universitarios de investigación apoyan también las iniciativas comunitarias en Trois-Rivières. Las distintas redes contribuyeron significativamente al reconocimiento de la economía social en Quebec, de modo de acreditar y legitimar sus prácticas.

Así como los diseñadores de políticas públicas participan en redes internacionales de reflexión e inspiración, como las de la OCDE, Banco Mundial, FMI o incluso los institutos internacionales privados de estudios prospectivos, del mismo modo, los expertos de la inserción a través del empleo, de la lucha contra la pobreza y de la economía alternativa, establecieron sus propias redes internacionales. Los "think tanks" de los primeros están conformados generalmente por economistas, quienes son a la vez intelectuales que trabajan en universidades y establecen vínculos entre su universidad, su investigación y sus actividades de consultoría.

Las redes de economía social, del ARUC en economía social por ejemplo, están también constituidas por intelectuales y expertos de la acción social que tienden puentes, a nivel nacional e internacional, entre su investigación y la asistencia a los grupos para los cuales las redes representan lugares de pensamiento e inspiración muy importantes, en particular en el plano de las investigaciones comparativas.

— *El enfoque de ciudadanía*

En Trois-Rivières se puede apreciar el funcionamiento de estructuras pedagógicas destinadas a la reinserción de las personas a través del empleo. La dirección regional retransmite algunos objetivos elaborados y concebidos en la cumbre del aparato oficial Emploi-Quebec para que puedan ser apropiados por los actores de terreno encargados de crear condiciones y contextos de trabajo propicios a su realización. La insistencia sobre la calidad del acondicionamiento de los lugares y locales, sobre la utilización de tecnologías contemporáneas, sobre las negociaciones y los debates realizados con los representantes gubernamentales así como sobre la participación en la política activa a nivel municipal, representan condiciones necesarias para que puedan desarrollarse prácticas de lucha contra la pobreza a través de la inserción en el empleo cumpliendo con los derechos del individuo, la protección de su dignidad y el despliegue real de su ciudadanía. Para realizar estas exigencias son de gran utilidad los recursos pedagógicos establecidos en COMSEP y en ÉCOF, así como todas las prácticas de defensa de las condiciones de alojamiento y las preocupaciones culturales o medioambientales, de tal modo que las personas en situación muy desfavorable pueden recuperar el poder y pueden prever una inserción a través del empleo.

Conclusión

Los aspectos que acabamos de considerar ilustran la importancia de las estructuras mediadoras no oficiales como medio de hacer accesible el empleo y la inserción social a personas desfavorecidas, lo que equivale a ubicarse en las antípodas de un enfoque de "workfare" a la americana, que convierte al individuo, y solo a él, en responsable de su inserción. Las estrategias de Quebec de lucha contra la pobreza comparten como premisa que la autonomía pasa necesariamente por la inserción en el empleo. Comparten también con otros países una fuerte referencia a la ética del trabajo, y a la necesidad de que todos los individuos adquieran buenas prácticas de trabajo. Sin embargo, contrariamente a las orientaciones del workfare, consagran la responsabilidad de la sociedad en cuanto a la posibilidad del individuo y su inserción. Esta es la razón por la cual favorecen el desarrollo de mecanismos de apoyo colectivos al individuo, es decir de estructuras mediadoras no oficiales. Se trata de dos visiones diametralmente opuestas del individuo y su relación con la sociedad. Mientras una de ellas valoriza la inserción por la ciudadanía, la otra incita a la inserción apelando a la vergüenza y la estigmatización.

Referencias

Leresche, J-P. (dir.) (2001), *Gouvernance locale, coopération et légitimité*, Paris, Ed. Pedone.

Lévesque, B.; Mendell, M. (2004) "The social economy: Diverse approaches and applications" [en línea], Working Document for SSHRC President, July 2, Available http://www.sshrc.ca

Ulysse, P-J., Lesemann, F. (2004) *Citoyenneté et pauvreté. Politiques, pratiques et stratégies d'insertion en emploi et de lutte contre la pauvreté*, Sainte-Foy, Presses de l'Université du Québec.

Sindicalismo, políticas públicas y economía social

François Lamarche
Confédération des syndicats nationaux (CSN), Quebec - Canadá

Introducción

De manera introductoria se presentan algunas referencias sobre Quebec, necesarias para la contextualización de la temática relativa al sindicalismo y su vinculación con la economía social. Quebec es una provincia canadiense con mayoría francófona que cuenta una población de 7,5 millones de habitantes. Según distintos estudios, se considera que entre un 13% y un 20% de las personas y familias quebecences viven en situación de pobreza. La tasa de desempleo actual es del 8% y durante los años noventa osciló en alrededor de un 12%.

La tasa de sindicalización alcanza un 40% de la población ocupada y es la más elevada de Canadá y de América del Norte. Entre las organizaciones sindicales más importantes se encuentra la Federación de trabajadores y trabajadoras de Quebec (FTQ), con más de 500.000 miembros y la Confederación de Sindicatos Nacionales (CSN) con 300.000 miembros procedentes de todos los ámbitos de actividad, tanto del sector privado como del público.

Debido a sus estructuras de representación regional, la CSN es una protagonista comprometida con las cuestiones de desarrollo territorial. Esta confederación sindical cuenta con 1.800 miembros que trabajan en el sector de la economía social (cooperativas, empresas con fines no lucrativos, ONGs u organismos comunitarios, etcétera).

1. La coproducción de las políticas públicas: concertación y confrontación

Como demuestra la historia sindical, la producción de las políticas públicas, dependiendo de las circunstancias, se construye a la vez por el diálogo o la negociación y por el ejercicio de una relación de fuerza. Por ejemplo, el reconocimiento de los derechos fundamentales del trabajo (sindicalización, negociación colectiva y derecho de huelga) fue objeto de luchas importantes en Quebec y en Canadá durante la primera mitad del siglo XX. Las leyes actuales del trabajo que reconocen estos derechos y que resultan de ásperas negociaciones son indisociables de estas luchas sindicales.

Otro ejemplo más reciente de Quebec demuestra también esta afirmación. Hacia fines de los años noventa se constituyó una amplia coalición para luchar contra la pobreza y la exclusión social en la que estuvo representado el movimiento sindical, así como el movimiento de las mujeres, los organismos comunitarios y los grupos populares, entre otros.

La coalición se fijó como primera tarea elaborar e incluso proponer al debate público un proyecto de ley orientado a la eliminación de la pobreza. Este proyecto que resultó de un planteamiento ciudadano fue objeto de una amplia consulta por distintas asociaciones y grupos a través de Quebec. Las distintas instancias de la CSN discutieron y se pronunciaron en favor del proyecto. En consecuencia, en una manifestación popular, el proyecto de ley se entregó a los representantes de los partidos políticos presentes en la Asamblea nacional.

Frente al proyecto, las primeras reacciones del gobierno de Quebec fueron negativas "legislar contra la pobreza es como legislar contra la lluvia" se afirmaba. O también: "es prerrogativa exclusiva de los parlamentarios elaborar un proyecto de ley; este no es el papel de las asociaciones". El portavoz gubernamental incluso se negó a encontrarse con los representantes de la coalición.

Sin embargo, la movilización fue ejemplar: manifestaciones, toma de posición pública, intervenciones ante los diputados, peticiones firmadas por 120.000 personas, etc. Debido a la proximidad de las elecciones, el Gobierno de Quebec, finalmente decidió escuchar la propuesta de los representantes de la coalición antipobreza y presentó una ley destinada a luchar contra la pobreza y la exclusión social. La Asamblea nacional adoptó esta ley por unanimidad en diciembre de 2002.

Aunque indudablemente, la ley comporta algunos vacíos importantes, en particular la ausencia de objetivos concretos, se inspira en varios principios contenidos en el proyecto de ley de la coalición y constituye un compromiso formal de la Asamblea nacional, que obliga al Gobierno a poner en marcha un plan de acción para luchar contra la pobreza y la exclusión social.

Así, como resultado de estas iniciativas se debe destacar que la movilización y confrontación o relación de fuerza se realizan a menudo al mismo tiempo que el diálogo y la concertación en el proceso de coproducción de las políticas públicas.

2. La importancia de las alianzas en la coproducción de las políticas públicas

El ejemplo de la coalición contra la pobreza de Quebec introduce un segundo enunciado. Sobre este aspecto, conviene en primer lugar hacer hincapié en el hecho de que el movimiento sindical debe en adelante negociar y componer con otros actores sociales, otros componentes de la sociedad civil que trabajan y luchan por la emergencia de nuevos modos de desarrollo. Los tiempos fuertes del Estado benefactor nos habían habituado a un diálogo social dominado por tres grandes actores: el Estado, los patrones y los sindicatos. Sin embargo, la crisis del Estado benefactor en el marco de la actual mundialización cuestiona el papel del Estado a nivel económico y social, también el papel preponderante de representación del movimiento sindical y, en cierto modo, su posición hegemónica sobre los movimientos sociales.

Nuevas fuerzas sociales surgieron y se expresan progresivamente sobre la escena pública: mujeres, jóvenes, movimientos ecológicos, excluidos del mercado, población de territorios poco desarrollados, movimientos culturales, movimientos "alter-mundialistas", etc. Con estas nuevas dinámicas sociales el movimiento sindical debe componer y también debe coaligarse con estas fuerzas sociales. Por ejemplo, las políticas de retirada del Estado llevan cada vez más a las colectividades locales a intervenir sobre las cuestiones vinculadas a su desarrollo. Esta dinámica local desafía la responsabilidad social de los sindicatos frente al medio al que pertenecen. La cuestión del empleo, la lucha contra la pobreza o también las cuestiones medioambientales constituyen buenos ejemplos de movilización local que desbordan el marco estricto de las relaciones laborales y convocan a la participación sindical.

Del mismo modo, la emergencia de empresas colectivas y organismos sin fines de lucro vinculados con la economía solidaria desafía la acción sindical en materia de desarrollo ya que estas iniciativas no pertenecen ni a la esfera de la economía pública, ni a la esfera de la economía privada en las cuales los sindicatos habitualmente actúan. Tales iniciativas expresan la voluntad de hacerse cargo de su desarrollo por parte de las colectividades y requieren, para ser exitosas, la implicación o el apoyo de las fuerzas del medio, incluidos los sindicatos.

En la CSN, tenemos la práctica de hablar de un segundo frente que hace salir a la acción sindical del marco estricto de las relaciones laborales (el primer frente) para ampliarla a las distintas dimensiones relativas a las condiciones de vida de las personas y las comunidades, en alianza con los otros componentes de la sociedad civil comprometidos con el desarrollo social en cuanto al desarrollo sostenible. El tema de las alianzas es también una condición importante para la coproducción y el desarrollo de políticas públicas que apoyan al empresariado colectivo, el desarrollo social y el desarrollo sostenible.

3. La iniciativa ciudadana innova y precede a menudo las políticas públicas

Este tercer enunciado supone que la iniciativa ciudadana, cuando innova, precede por norma general a las políticas públicas. Es decir, aunque las políticas públicas deben apoyar la innovación social, la acción de los ciudadanos en este ámbito no depende, ni es tributaria en su inicio de decisiones gubernamentales. Al respecto se puede mencionar el desarrollo de los servicios de guardería infantil en Quebec.

Durante los años setenta, con el fin de permitir el acceso de las mujeres al mercado de trabajo, grupos de padres apoyados por militantes sindicales y militantes feministas crearon una red de guarderías llamadas populares. Se trata en su mayoría de organismos sin ánimo de lucro, a veces de cooperativas, iniciadas y controladas por los padres. En la mayoría de los casos, los asalariados participan en la gestión de la guardería y surge entonces un modelo particular en un sector de servicios donde el Estado está ausente.

Debido a la falta de apoyo gubernamental, estos servicios de guardería siguen siendo costosos para los padres mientras que los salarios pagados a los profesores son muy bajos. Las trabajadoras de guarderías comienzan a sindicalizarse y al comienzo de los años 80, muchos de estos sindicatos se afilian a la CSN.

Evidentemente, no se trata para estos trabajadores sindicalizados de que los padres se hagan cargo del mejoramiento de sus condiciones salariales y por ello se dirigen hacia el gobierno de Quebec con el fin de negociar mejores condiciones de trabajo. Esta lucha sindical que se iniciaba, estaba asociada a la de los padres y a los grupos de mujeres que reivindicaban una mejor financiación para la red de los servicios de guardería.

La lucha de los padres y las trabajadoras de guarderías fue larga y difícil. Es necesario esperar hasta 1996 para que el gobierno de Quebec, en el marco de su política familiar, decida reconocer el papel de los servicios de guardería sin ánimo de lucro, incrementar sustancialmente su financiamiento y reducir considerablemente la contribución exigida a los padres. A raíz de este reconocimiento, las condiciones de trabajo de los asalariados en servicios de guardería pueden ser considerablemente mejoradas.

El desarrollo de los servicios de guardería en Quebec no tiene comparación con lo que sucede en otras regiones de Canadá y constituye una aspiración en varias provincias. Se puede pensar que en 1996 no hubiese existido política familiar con una determinación adoptada en el desarrollo de los servicios de guardería si no hubiese existido una red de guarderías populares creada con mucha imaginación y astucia por grupos de mujeres y padres con el apoyo de los sindicatos.

4. Los sindicatos y la economía social o solidaria

A partir de las referencias previas, es importante abordar algunos ejemplos de compromiso sindical en favor de la economía solidaria refiriéndolos especialmente a la CSN. En este sentido, parecería que la economía solidaria proviene de estas iniciativas innovadoras que abren la vía a las políticas públicas, en particular, sobre las cuestiones de desarrollo.

Podemos indicar que los actores sindicales y los actores de la economía solidaria comparten valores similares que se traducen en una voluntad común de supeditar la economía de mercado a imperativos sociales y democráticos.

En esa dirección, la CSN se comprometió desde hace varios años con la economía solidaria y al respecto se pueden mencionar algunos ejemplos: en 1971, militantes sindicales crean la Caja de Economía de las Trabajadoras y Trabajadores de Quebec. Convertida en la Caja de Economía Solidaria, este "banco cooperativo" es la principal institución financiera que apoya a las empresas colectivas en Quebec.

Al comienzo de los años 80, mientras la recesión económica conduce al incremento de la tasa de desempleo, la CSN apoya a varios de sus sindicatos que deciden fundar cooperativas de trabajo con el fin de enfrentar los despidos o el cierre de sus empresas. Durante los años ochenta y luego en 1990, tales cooperativas se crean en ámbitos diversos como producción hidráulica, productos químicos, producción de caucho, transporte de ambulancias, radiodifusión, restauración, alojamiento, etc. Con el fin de apoyar tales iniciativas y en especial con la finalidad de aconsejar a los sindicatos en la reactivación de sus empresas, la CSN crea, en 1987, el grupo de consultoría MCE Conseils. Este grupo consultor, vinculado con la central, ofrece su experticia en contabilidad, análisis financiero, gestión y comercialización. Además de atender las demandas de los sindicatos, MCE Conseils tiene hoy una experticia reconocida en la creación de cooperativas o empresas sin ánimo de lucro.

Además de la Caja de economía solidaria, la CSN impulsó la creación de dos instituciones financieras de importancia: Bâtirente y Fondaction. La primera, creada en 1987 ofrece un sistema colectivo de jubilación a los trabajadores que no se benefician con un régimen de jubilación en su empleo y es reconocida actualmente por su compromiso en las finanzas socialmente responsables.

Fondaction, creada en 1995, es el fondo de desarrollo de la CSN para la cooperación y el empleo. Además de favorecer un ahorro de larga duración para la jubilación, tiene como objetivo el apoyo al empresariado colectivo y la inversión en empresas que favorecen la democracia en el trabajo y la protección del medio ambiente. Existen además otros ejemplos y experiencias que pueden ilustrar la experiencia sindical de la que se desprende una visión más bien inclusiva de la economía solidaria, basada en los siguientes principios de acción:

- Orientar lo económico hacia finalidades sociales y responder a necesidades sociales.

– Interpelar al Estado en sus funciones de regulación de la actividad económica y de redistribución de la riqueza.
– Democratizar las opciones en materia de desarrollo e inversiones, y democratizar la gestión de las empresas.
– Desarrollar el empleo y combatir la exclusión.
– Defender la misión de los servicios públicos.
– Reforzar las solidaridades en las colectividades y producir la cohesión social.

Estos principios conducen a la siguiente constatación: desde el punto de vista sindical, la economía social y solidaria no se percibe solamente como un sector de actividad ubicado en algun lugar, entre la economía pública y la economía privada. Se ve sobre todo como participante o como debiendo participar en un movimiento de transformación social.

Conclusión

El concepto de economía plural permite reconocer inmediatamente los esfuerzos y las realizaciones considerables de las cooperativas, de las empresas sin ánimo de lucro y de los organismos comunitarios que producen bienes y servicios, en una lógica que no está determinada por las leyes del beneficio, sino por las necesidades sociales.

No obstante, en el contexto actual, es necesario también referirse a una estrategia plural. Para que el desarrollo económico produzca el desarrollo social y ganancias democráticas, es necesario que las estrategias se desplieguen en varios niveles: por ejemplo, por la acción de los asalariados y de sus sindicatos, con el fin de mejorar las condiciones de trabajo e influir sobre la gestión de las empresas y la organización del trabajo; por la movilización de las colectividades en las localidades, por las regiones, para que dispongan de medios para asumir su desarrollo y por la vigilancia y las presiones de la sociedad civil para que el Estado asuma sus funciones de regulación de la actividad económica y de redistribución de la riqueza.

En un contexto de globalización de los mercados, resulta esencial la construcción de solidaridades a escala internacional para que surjan alternativas a la mundialización neoliberal. Es en este marco estratégico ampliado donde se sitúa toda la pertinencia de la economía social y solidaria, no como panacea, sino como contribución esencial al desarrollo social y a la ampliación de los espacios democráticos.

Leyes del trabajo y trabajadores atípicos: el proceso de reforma de la Ley quebequense sobre las normas del trabajo

Martine D'Amours
Université Laval - Québec, Canada

El objeto de este texto es analizar en qué medida las leyes del trabajo se adaptan a las nuevas realidades del mercado de trabajo y particularmente a la proliferación de estatutos de empleo atípico, a menudo asociado con la precariedad. El caso estudiado es el de una importante reforma de la Ley sobre las normas del trabajo ocurrida en 2002, al término de una movilización de grupos surgidos de la sociedad civil. Esos grupos influyeron innegablemente el contenido de la reforma, que contiene mejoras sustanciales desde la perspectiva de los trabajadores pobres, pero que no representa casi ninguna mejoría para los trabajadores atípicos. Proponemos aquí explicar tanto el proceso que condujo a la reforma de la Ley sobre las normas del trabajo, así como sus resultados, aproximándonos desde el ángulo de la cuestión del empleo atípico.

1. La problemática y el contexto de la reforma de la ley sobre las normas del trabajo

En Quebec y en Canadá, como en muchos otros países, el marco legislativo de protección de los trabajadores se desarrolló fuertemente en la post-guerra, en el momento en que dominaba el empleo asalariado típico. De este modo, el trabajador contemplado por las leyes del trabajo es un trabajador subordinado, que trabaja de manera permanente y a tiempo completo para un solo empleador, en la empresa de ese empleador. Desde mediados de los años 1970, un número creciente de trabajadores se encuentra fuera de este modelo. Más de un tercio de la mano de obra quebequense y canadiense ocupa hoy un empleo atípico o acumula varios empleos atípicos. Incluimos bajo este término el empleo permanente a tiempo parcial, el empleo temporario (por contrato, en forma ocasional o estacional) a tiempo completo o a tiempo parcial y el trabajo independiente (o autónomo) a tiempo completo o a tiempo parcial.

Estas formas de empleo atípicas son en general más precarias que el empleo típico, definiendo la precariedad por cuatro características: la inseguridad del vínculo de empleo, un menor control sobre las condiciones de trabajo y de remuneración (a menudo asociadas con el hecho de no estar sindicalizado), una menor cobertura de las leyes del trabajo y los regímenes de protección social, una remuneración débil (Rodgers, 1989; Vosko, 2006). En paralelo, asistimos al aumento del número de trabajadores típicos que son precarios: trabajan a tiempo completo para un solo empleador por tiempo indeterminado, pero el salario que obtienen se halla próximo a la línea de pobreza y sus beneficios sociales son débiles o inexistentes (Chaykowski, 2005).

Los dos fenómenos se desarrollan así en paralelo: el crecimiento de las formas atípicas (que son en buena medida precarias) en detrimento del empleo típico y el deterioro del "interior" del empleo típico, que necesariamente no protege más contra la pobreza. En este trabajo, nos concentraremos sobre lo que está en juego en cuanto a la protección legal y social de los trabajadores atípicos. De manera general, en efecto, el derecho del trabajo, los regímenes de protección social y el contenido de las convenciones colectivas no se adaptan a la realidad del trabajo atípico, y más generalmente, si lo abordamos bajo el ángulo del "ciclo vital" ("life course"), a la trayectoria profesional de los trabajadores "móviles". Con frecuencia los trabajadores autónomos están completamente excluidos de las leyes, regímenes de protección y convenciones colectivas, mientras que los asalariados atípicos están más o menos cubiertos, "más", si hablamos de trabajadores a tiempo parcial, "menos", si hablamos de trabajadores temporarios.

En los años recientes, dos piezas importantes de la legislación del trabajo –el Código de trabajo y la Ley sobre las normas del trabajo– han sido objeto de reformas (en 2001 y 2002, respectivamente) y en las diversas etapas, las propuestas de reformas han sido sometidas a consulta pública. En cada uno de los casos, los actores sociales han tratado de influir en la reforma en el sentido de lograr una mejor protección de estos trabajadores.

En el caso del Código de trabajo (que regula el acceso a la sindicalización), una de las posturas en relación con el trabajo atípico residía en una eventual ampliación de la noción de asalariado, para incluir allí al contratista dependiente económicamente de un solo locador de obra o servicios, lo que hubiera tenido como efecto permitirle el acceso a la sindicalización. Esta propuesta suscitó siempre reacciones opuestas entre los actores sociales. Promovida por los sindicatos y los grupos comunitarios, fue denunciada por las asociaciones patronales. Las orientaciones ministeriales inicialmente presentadas y una primera versión del proyecto de ley retuvieron esta propuesta, pero el proyecto final de ley la abandonó. En lo que se percibió como un "premio consuelo", el ministro de trabajo se comprometió entonces a crear un comité de expertos encargado de formular recomendaciones sobre las necesidades de protección social de los trabajadores en situación no tradicional. Este comité, formado por tres universitarios y presidido por el profesor Jean Bernier de la Universidad Laval, comenzó a trabajar en marzo de 2002 y remitió su informe en febrero de 2003.

En el caso de la Ley sobre las normas del trabajo, uno de los asuntos importantes concernía a la posibilidad de prohibir las disparidades de trato según el estatuto de empleo, y especialmente, la práctica, hasta aquí legal, que consiste en pagar un salario horario inferior a los trabajadores atípicos. Es preciso incluir aquí algunas consideraciones sobre esta ley que a menudo ha sido calificada de "convención colectiva de los no sindicalizados", ya que establece normas de base y ningún empleador (y ninguna convención colectiva) pueden ir por debajo. Dicho de otra manera, esta Ley rige para los trabajadores no sindicalizados (el 60% de la mano de obra) pero, de rebote, tiene un impacto sobre la situación de los trabajadores sindicalizados. Estas normas conciernen especialmente al salario mínimo —cuya tasa se fija por reglamento–, a la duración del trabajo, las licencias por día feriado y las vacaciones, las licencias por maternidad, el derecho de impugnar un despido sin justa causa, etc. Quebec se distingue de otras provincias canadienses por la variedad de sus normas, especialmente la posibilidad de recurso en caso de despido sin justa causa (Trudeau, 2004).

Desde su adopción en 1979 –en reemplazo de la Ley sobre el salario mínimo–, la Ley sobre las normas del trabajo (en adelante LNT) ha sido objeto de dos reformas importantes, una en 1990 y la otra en 2002. El origen y el contenido de la última reforma han sido fuertemente influidos por las demandas de los movimientos sociales, entre los cuales el movimiento *Au bas de l'échelle* adquirió liderazgo.

2. Los actores y sus logros

2.1 Un actor surgido de la sociedad civil

Au bas de l'échelle (ABE) es un grupo popular de defensa de los derechos de las trabajadoras y trabajadores no sindicalizados. Ejerce presiones políticas para mejorar los derechos de estos trabajadores, pero les ofrece también servicios, especialmente, un servicio de información telefónica y sesiones colectivas de información sobre las leyes del trabajo. Coordina el Frente de defensa de los no sindicalizados, que agrupa una treintena de organismos comunitarios y sindicatos. Nacida en 1975, ABE es considerado con justicia, en el medio comunitario y sindical, como el grupo especialista en la Ley sobre normas del trabajo.

La cuestión del trabajo atípico y precario emerge en los grupos comunitarios y sindicales durante los años 1980. ABE publicó un primer documento sobre este tema en 1996 (*¡Atención! Trabajo precario*). Sus análisis y reinvidicaciones son alimentadas por su servicio de información telefónica, que recibe alrededor de 2.000 llamadas por año y le permite conocer las realidades vividas en el medio de trabajo. El documento de 1996 focalizaba cuatro tipos de situaciones: las medidas de empleabilidad para los sin empleo beneficiarios del seguro de desempleo o de asistencia social, el empleo a tiempo parcial, el trabajo temporario derivado de las agencias de colocación y el trabajo autónomo.

En 2000, ABE publica otro documento (*Una reforma en profundidad, ¡es el momento!*) que reclama una gran reforma de la LNT. La producción de tal documento exige un trabajo de largo aliento: la formación de un comité especial que agrupe a especialistas de diversas disciplinas, especialmente juristas expertos en derecho del trabajo, consultas con distintos grupos *partenaires* –en particular, las grandes organizaciones sindicales–, la discusión de cada una de las reivindicaciones con el consejo de administración y la asamblea general de miembros (200 individuos provenientes de diversas regiones de Quebec). Para los dirigentes de ABE, es esencial implicar en el proceso a los trabajadores que están directamente afectados por los problemas, y construir un consenso con la base del organismo, que será convocada a apoyar a continuación las diferentes acciones propuestas por el organismo.

2.2 Una campaña que reclama una reforma en profundidad de la LNT

Los pasos que condujeron a la publicación del documento *Una reforma en profundidad, ¡es el momento!* duraron más de un año en total.

El documento contiene unas sesenta reivindicaciones, seis de las cuales fueron juzgadas prioritarias:

- igualdad de trato para todos los estatutos de empleo (prohibición de disparidades salariales según el estatuto de empleo; indemnización para compensar la ausencia de beneficios sociales de los trabajadores atípicos);
- la restricción del falso trabajo autónomo (prohibición de forzar a un trabajador a incorporarse o firmar un contrato de locación de obra o servicios para conservar un empleo normalmente asalariado; presunción de relación de dependencia salarial);
- la posibilidad de valerse del recurso frente a un despido sin justa causa luego de un año de servicio continuado (en lugar de tres años);
- diferentes medidas concernientes a la duración del trabajo y las licencias (jornada normal de 8 horas, posibilidad de rechazar horas extras, algunas licencias pagas por enfermedad y responsabilidades familiares);
- instauración de un recurso contra el acoso psicológico en el trabajo;
- la inclusión completa de cuidadoras y trabajadoras domésticas en la Ley.

Desde su publicación en 2000, el documento fue difundido entre los grupos comunitarios y sindicales, los representantes y los medios de comunicación. La ministra de Trabajo se mostró abierta a la idea de una reforma, por lo que ABE decidió lanzar una campaña pública de envergadura. La campaña, que comenzó en febrero de 2002, fue construida alrededor de dos ejes: el primero consiste en construir dentro de los movimientos sociales y en la sociedad de Quebec el consenso más amplio posible en apoyo a las seis reinvindicaciones prioritarias, y el segundo, interactuar con la política a fin de influenciar el contenido de la reforma en el sentido de estas reivindicaciones prioritarias.

2.2.1 Construir el consenso

La construcción de un consenso comienza con el proceso de producción del documento de análisis y de elaboración de las reivindicaciones. Se trata de un consenso al interior de la organización, pero también con sus principales *partenaires*, especialmente sindicales, y en diálogo con universitarios especialistas en derecho del trabajo. En una segunda etapa, el documento fue enviado a más de 1.000 grupos populares; se realizaron encuentros organizados con los sindicatos, las redes de organizaciones comunitarias y distintos organismos paragubernamentales (Consejo permanente de la juventud, Consejo del estatuto de la mujer, Oficina de personas discapacitadas de Quebec). Como sostiene una de las organizadoras de la campaña, "se trataba de incitar a otros actores a implicarse en la campaña y a demandar las mismas cosas que nosotros".

La tercera etapa fue la campaña en sí misma. ABE liberó a una de sus organizadoras y contrató una portavoz conocida en los medios y entre el gran público, Françoise David, iniciadora de la Marcha de las mujeres contra la pobreza en 1995 y de la Marcha mundial de las mujeres del año 2000. Las dos mujeres emprenden una recorrida por las regiones de Quebec; en cada una de las regiones, los "locales" han organizado una asamblea pública, una conferencia de prensa e intervenciones en los medios. Se demanda a los ciudadanos que envíen una carta a la ministra retomando las reinvidicaciones prioritarias, que escriban en el diario local, que contacten al diputado. Numerosas acciones públicas fueron organizadas en coordinación con el Frente común de los no sindicalizados. Entre el comienzo de la campaña en febrero y la adopción del proyecto de ley en diciembre de 2002, las demandas formuladas por ABE fueron el objeto de una gran visibilidad, especialmente a través de los medios, que en general fueron favorables a la reforma.

2.2.2 Interactuar con la política

La interacción con los políticos comenzó muy temprano en el proceso, ya que ABE envió su documento a todos los representantes electos y se reunió con los dos ministros de Trabajo que ocuparon dicho cargo sucesivamente, para convencerlos de la necesidad de la reforma. Una vez constatada la apertura de estos ministros, la organización lanza una campaña a escala nacional. Según una de las organizadoras "sentimos que vale la pena montar una campaña porque es probable que haya una reforma".

La primera respuesta política oficial llegó en mayo de 2002, con el documento de consulta *Revisar las normas del trabajo en Quebec*, que daba cuenta de la reflexión emprendida por el Ministerio de Trabajo en colaboración con la CNT (organismo público consagrado a la aplicación de la Ley).

Revisar las normas del trabajo en Quebec asigna cuatro objetivos clave a la reforma:

- El reforzamiento del carácter universal de la ley: se propone acordar a todos los asalariados agrícolas el derecho al salario mínimo, siendo que la gran mayoría estaban excluidos, y otras mejoras; se proponen también modalidades tendientes a un acceso más universal a las licencias por feriados, especialmente para los asalariados atípicos.
- La conciliación del trabajo con las responsabilidades familiares y la vida personal: derecho de ausentarse sin salario, por enfermedad o accidente, durante 26 semanas en lugar de 17; derecho de ausentarse por más tiempo para cuidar un familiar, sin salario pero con mantenimiento de los beneficios sociales; en relación con las licencias parentales, armonización con la Ley de seguro contra el paro, mantenimiento de los beneficios sociales.
- La protección de los asalariados: bonificación del período de descanso semanal; introducción del derecho de rechazar la realización de horas extra; disminución de 3 a 2 años la duración del servicio continuo requerido para apelar un despido sin causa justa y suficiente; mejorar los recursos para denunciar una práctica prohibida.
- La garantía de pago del salario mínimo: ningún descuento debe conducir a que el asalariado reciba menos que el salario mínimo; obligación de reembolsar los gastos incurridos en el ejercicio de sus funciones.

La presentación con las orientaciones ministeriales fue seguida por consultas públicas en mayo de 2002. ABE y el Frente común de los no sindicalizados hicieron un análisis muy crítico del documento gubernamental. Deploraron su silencio sobre múltiples asuntos prioritarios, especialmente el hecho de no contener nada sobre la precarización del trabajo, salvo en lo que hace a una mayor accesibilidad a las licencias por feriado para los trabajadores atípicos. La cuestión de las trabajadoras domésticas y cuidadoras no fue abordada; las propuestas sobre la duración del trabajo fueron juzgadas incompletas e insuficientes; en síntesis, sólo las propuestas relativas a las licencias por enfermedad, licencias parentales y ausencias por razones familiares y la inclusión de los trabajadores agrícolas recibieron el apoyo de estas organizaciones, que demandaban por otra parte algunas de estas medidas. Su argumentación fue tomada por los otros grupos comunitarios, sindicales y paragubernamentales.

Las organizaciones patronales participaron también de las consultas, esencialmente para oponerse a las propuestas de reforma, juzgadas muy generosas y peligrosas para la competitividad de las empresas.

La segunda respuesta política se produjo en noviembre, con la presentación del proyecto de ley N° 143 (*Proyecto de ley modificando la Ley sobre las normas del trabajo*), que integra varios elementos propuestos por ABE y vehiculizados a lo largo de la campaña. Entre esos elementos, mencionaremos la cláusula sobre el acoso psicológico, la inclusión de las domésticas, las cuidadoras y los trabajadores agrícolas, la bonificación de las medidas de conciliación trabajo-familia, el acceso a las licencias por feriado y el alargamiento de la duración de las ausencias por enfermedad. En su memoria presentada en diciembre, ABE saluda "el coraje político de esta reforma", aun cuando lamenta la falta de disposiciones concernientes al trabajo atípico y reiterando sus otras reinvindicaciones prioritarias.

A todo lo largo del proceso, ABE mantuvo el diálogo con el ministro de Trabajo y con el aparato político, lo mismo que con los jefes de los partidos de la oposición. Contribuyó a mantener la presión necesaria para que el ministro pudiese convencer a sus colegas de proceder a la reforma antes de las licencias por las fiestas y antes de las elecciones previstas para la primavera de 2003. Frente a la eventualidad de un aplazamiento de la reforma (o aún de su anulación por un eventual nuevo gobierno), ABE organizó en diciembre una campaña de envío de fax a la oficina del primer ministro. Asistió también a la lectura y sanción del proyecto de ley artículo por artículo, justo antes de las fiestas de Navidad y realizó en terreno un cierto número de logros suplementarios, discutiendo entre bastidores con algunos diputados del partido en el poder y de los partidos de la oposición.

3. Elementos de evaluación

3.1 Un proyecto que lleva la marca de los actores sociales

El proyecto de ley enmendando la LNT fue adoptado "in extremis" el 19 de diciembre de 2002. Una lectura de las principales enmiendas revela que el consenso construido por ABE entre diferentes actores de la sociedad civil influyó innegablemente en el contenido de la reforma.

Cinco de las seis reivindicaciones prioritarias fueron al menos en parte satisfechas:

- La transformación de puestos asalariados en "falso" trabajo autónomo puede ser en parte frenado por la prohibición de transformar un asalariado en trabajador autónomo, a menos que éste no devenga un verdadero independiente (posibilidad de contestar el cambio de estatuto).
- La posibilidad de interponer un recurso frente a un despido injusto luego de dos años al servicio de un empleador (en lugar de los tres años que regían antes de la reforma). ABE demandaba reducir este tiempo a un año, como en el Código canadiense del trabajo, pero es necesario considerar el hecho de que sólo en otra provincia canadiense existe este recurso, luego de los 10 años.
- La ley instaura nuevas licencias permitiendo conciliar mejor trabajo y familia, la mayor parte sin salario, pero con mantenimiento de beneficios sociales; introduce el principio del derecho a rechazar hacer horas extraordinarias (aún si ABE considera que este derecho interviene al final de un gran número de horas de trabajo).
- La ley instituye el derecho a un medio liberado de acoso psicológico y torna responsable al empleador de tomar las medidas para preservar este derecho. El acoso es definido como una conducta vejatoria repetida o grave, hostil o no deseada, que atenta contra la dignidad o la integridad psicológica o psíquica y genera un medio de trabajo nefasto.
- Las trabajadoras domésticas, las cuidadoras y la mayoría de los trabajadores agrícolas son cubiertos por la ley, especialmente aquellos trabajadores tienen ahora derecho al pago del salario mínimo.

Además, fueron introducidas otras mejoras, especialmente el hecho de que nada puede obligar al asalariado a cobrar menos que el salario mínimo. En un análisis del papel de la LNT en la limitación de la precariedad, la jurista Stéphanie Bernstein (2006) subraya dos elementos positivos de la evolución de esta Ley, que distinguen a Quebec de las otras provincias canadienses: su cobertura, que deviene crecientemente universal y el hecho que las convenciones colectivas no pueden ir por debajo de las normas que la Ley fija. Especialmente, la cláusula sobre el acoso psicológico hizo su entrada y forma parte ahora de todas las convenciones colectivas.

3.2 La gran decepción: escasas ganancias en relación con el trabajo atípico

La reforma, en definitiva, no retuvo casi nada de las demandas relativas a los trabajadores atípicos. Sólo dos medidas les conciernen directamente: el cálculo con prorrateo de la indemnización por las licencias de feriados y la prohibición de transformar un asalariado en trabajador autónomo (por otra parte, como señala Bernstein 2006, nada impide a un empleador exigir el estatuto de trabajador autónomo como condición para contratar). Una cláusula que data de 1990 prohibe la disparidad salarial para los trabajadores a tiempo parcial que ganan menos que el doble del salario mínimo, pero esta cláusula no fue extendida a los otros estatutos atípicos. Las disparidades salariales según la fecha de contratación (comúnmente llamadas "cláusulas huérfanas") fueron igualmente prohibidas a partir de 1999.

La Ley no aporta respuestas a los problemas planteados por la situación de los trabajadores de agencias de colocación ni la de los trabajadores temporarios y los "verdaderos" trabajadores autónomos, ni a los trabajadores a tiempo parcial que ganan más de dos veces el salario mínimo.

Sobre estas cuestiones, el ministro de Trabajo decía querer esperar las recomendaciones del comité de expertos (Comité Bernier). Formado en marzo de 2002, remitió su informe en febrero de 2003 (Bernier *et al.*, 2003), es decir, dos meses después de la adopción de la Ley modificatoria de la LNT. En su informe, el Comité formulaba cuatro bloques de recomendaciones, muchas de las cuales retoman las demandas de los movimientos sociales:
- ampliación de la noción de asalariado para incluir en ella los "falsos" trabajadores autónomos;
- diversas medidas tendientes a asegurar la equidad de trato entre los trabajadores con diversos estatutos de empleo;
- diversas medidas tendientes a asegurar la protección social y la representación colectiva a los trabajadores de agencias de colocación;
- puesta en marcha de un régimen marco que permita la representación colectiva de los trabajadores autónomos.

Sin sorpresa, en la fase de consultas que siguió a su presentación, este informe fue aplaudido por los sindicatos y los grupos comunitarios y rechazado en bloque por las asociaciones de empleadores. El gobierno liberal electo en 2003 no ha dado aún respuesta al Informe Bernier, pero su continuidad forma parte de las Orientaciones ministeriales 2005-2008.

3.3 Algunos factores explicativos

El análisis de los dos componentes de la campaña explica en parte su éxito. El paciente trabajo de construcción de un consenso entre diferentes actores de la sociedad civil por parte del grupo ABE y su interacción constante con el aparato político (no solamente con el ministro, sino en ocasiones viceministros y altos funcionarios) han dado sus frutos. Recordemos que el grupo intervino en todas las etapas del proceso: constitución del documento, formulación de las reivindicaciones e identificación de seis demandas prioritarias, intervenciones en todas las etapas de la consulta, presencia en el momento de la adopción de la ley. Estas dos dimensiones están interrelacionadas: la calidad y la amplitud de los consensos en terreno facilitaron la tarea del ministro de Trabajo y ciertas acciones (especialmente el envío de fax a la oficina del primer ministro al final de la campaña) la apoyaron directamente.

Invitada a explicar su éxito en la influencia sobre la reforma, una de las organizadoras cita la calidad de la movilización alrededor de una portavoz conocida y estimada en los medios y en el gran público, pero también el contexto preelectoral, juzgado favorable. Por oposición, la Marcha mundial de las mujeres del año 2000 había sido también una gran movilización de un conjunto de actores de la sociedad civil, pero el contexto político no fue favorable y la Marcha se tradujo en ganancias escasas. Evocó asimismo el hecho de que la reforma fuera llevada adelante por un ministro senior, influyente en el seno del Gobierno y que estaba determinado a realizar una reforma significativa de la ley. Mencionó, por último, la cobertura favorable en los medios, más fácil de obtener cuando se trata de mejorar la suerte del "pequeño" trabajador no sindicalizado que cuando se trata de trabajadores sindicalizados o, lo opuesto, cuando se trata de asistidos.

¿Cómo fue que estos diversos elementos no desembocaran en una mayor atención en la ley sobre las realidades vividas por los trabajadores atípicos y ello en despecho del hecho que ABE y los otros grupos de la sociedad civil habían repetido que una reforma que pasara al costado de la realidad de los empleos atípicos pasaría al costado de lo esencial?

En efecto, el ministro esperaba las recomendaciones del Comité de expertos encargado de estudiar la situación de los trabajadores atípicos, pero ello impone una explicación técnica. Por otra parte, como lo revelaron las reacciones al Informe Bernier, los actores sociales están profundamente divididos sobre esta cuestión, pero lo estaban también sobre las materias que eran el objeto de la reforma, como lo están en general cuando está en debate aumentar el salario mínimo. Entonces, ¿cómo explicar que los grupos comunitarios y sindicales que apoyaron la plataforma de ABE hayan logrado ganancias significativas sobre el conjunto de sus demandas, con excepción precisamente de las concernientes al trabajo atípico?

Proponemos algunas pistas de explicación alrededor de tres puntos: la naturaleza de las problemáticas abordadas, la ausencia de un actor colectivo representante de los trabajadores atípicos, la ausencia de un marco legislativo que le permita constituirse en actor.

En primer término, podemos pensar que fue relativamente más fácil para el gobierno avanzar con los elementos de reforma que tocan problemáticas documentadas y para las cuales ya existen políticas. En primer lugar, el documento ministerial *Revisar las normas del trabajo en Quebec* sitúa la reforma no sólo en el marco del objetivo principal de la LNT ("establecer condiciones mínimas de trabajo a fin de evitar la explotación y la marginalización de una parte de la mano de obra con más débil poder de negociación") sino que establece un lazo con las orientaciones gubernamentales en materia de lucha contra la pobreza, en relación con la política familiar y la política sobre la ruralidad. No resulta entonces sorprendente que los elementos tendientes al sostenimiento de los trabajadores con ingreso débil, especialmente los que se acercan al salario mínimo, la inclusión de las categorías excluidas (trabajadoras domésticas y cuidadoras), la inclusión de licencias facilitadoras de la conciliación del trabajo y las responsabilidades familiares y las medidas a favor del reclutamiento y retención de la mano de obra agrícola fueran retenidas por el ministro.

Por otra parte, la cuestión de las licencias parentales ha sido uno de los raros elementos objeto de un amplio consenso a escala de la sociedad, lo que se tradujo por la entrada en vigor en enero de 2006 de un Régimen quebecense de seguridad parental, que cubre a todos los trabajadores, poco importa su estatuto de empleo. En comparación, las realidades del trabajo atípico resultan aún difíciles de medir, incluso para los actores sociales: no se trata solamente de pobreza, o aun de precariedad, sino de nuevas trayectorias que implican la movilidad de los trabajadores, la acción pública necesariamente requiere más que correcciones en el margen.

En segundo lugar, si los actores tradicionales del mercado de trabajo (medio de negocios por un lado, organizaciones sindicales, del otro) cuentan con trabajadores atípicos entre sus categorías, su primer cometido no es agrupar a los trabajadores atípicos. Éste es un objeto anexo a su acción principal, más o menos fuertemente desarrollada según los medios y según las coyunturas. Por ejemplo, ciertos sindicatos están muy preocupados por la cuestión, mientras que otros continúan tratando a los atípicos como trabajadores de segunda categoría; en lo que hace a las asociaciones de personas de negocios, tienden a ver a los trabajadores autónomos como empresarios iguales a los otros. En efecto, existen pocos actores colectivos cuya especificidad sea la de agrupar a los trabajadores que no corresponden al modelo de empleo estándar, y ello para mejorar sus condiciones de trabajo. Una investigación exploratoria maneja alrededor de 60 asociaciones que agrupan trabajadores autónomos y testimonia un estallido entre demasiadas asociaciones con débil membresía, algunas de las cuales no tienen necesariamente por cometido la defensa de las condiciones de trabajo. Este estallido es la imagen de la diversidad de realidades recubiertas por la apelación al trabajo independiente o autónomo y las representaciones que asocian al trabajador autónomo con un empresario próspero, cuando un 40% de los trabajadores autónomos canadienses son los "working poor" y en el otro extremo del *continuum*, hay una franja de trabajadores autónomos muy calificados o profesionales liberales que están mucho mejor que los asalariados.

En tercer lugar, el marco jurídico no facilita la emergencia de interlocutores representando a esta categoría de trabajadores. Es conocido que el régimen de representación dominante en América del Norte (el monopolio de la representación sindical a escala de la empresa) no favorece el agrupamiento de trabajadores que pueden pasar de un empleador a otro en el seno del mismo sector, y que las formas alternativas de representación (sobre la base de la ocupación o del territorio) son la excepción. Allí donde existe un marco legislativo que permite la emergencia de actores colectivos aptos para negociar las condiciones de trabajo de sus miembros, como es el caso del sector cultural, las cosas son susceptibles de mejorar. Un centenar de acuerdos colectivos fueron firmados en este sector y aún si están lejos de incluir las mismas ventajas que las convenciones colectivas concluidas en virtud del Código del trabajo, se trata de uno de los raros modelos, con el sector de la construcción, que permite la representación de los trabajadores atípicos. La puesta en marcha en 2004 de un Secretariado y de un Comité permanente sobre la condición socioeconómica de los artistas ha favorecido la discusión entre las asociaciones del sector, en el sentido de proponer soluciones al déficit de protección social de sus miembros.

4. ¿Un caso de coproducción de políticas públicas?

¿En qué medida el análisis de esta reforma de la LNT nos permite avanzar en nuestra reflexión sobre la co-producción de las políticas públicas? En principio, ¿podemos hablar de co- construcción?

El análisis de este caso pone en primer lugar en evidencia el rol de las organizaciones de la sociedad civil en la construcción de problemas sociales y de propuestas alternativas. El servicio de información telefónico operado por ABE le permite captar rápidamente las nuevas realidades presentes en el mercado de trabajo. Es por esta vía que la organización pudo documentar las realidades del trabajo atípico, especialmente el falso trabajo autónomo y la problemática de los trabajadores de agencias de colocación. Es porque el 42% de las carpetas abiertas a ABE entre abril de 1999 y marzo de 2000 trataban sobre el acoso psicológico que la organización reclamó y obtuvo una intervención gubernamental en la materia: formación de un comité interministerial en 1999 y luego inclusión en la LNT (y en todas las convenciones colectivas) de un derecho a un medio de trabajo exento de acoso psicológico. Los problemas sociales, pero también las pistas de solución, son producidos por la interacción de dos tipos de saberes: el saber de los activistas de ABE y el de los especialistas universitarios de las diversas temáticas concernidas.

Nuestro análisis esclarece también el papel de los grupos de la sociedad civil en la elaboración del contenido de las políticas públicas. Como expusimos, la reforma de la LNT en 2002 ha retomado varias demandas vehiculizadas por estas organizaciones, pero en especial las orientadas a la reducción de la pobreza y la conciliación del trabajo y la familia (problemáticas que están en el orden del día gubernamental hace varios años) y aquellas relativas a los trabajadores atípicos. Teniendo en cuenta que la LNT instituyó normas que nadie puede derogar, las mejoras recientes tendrán un efecto de transmisión sobre el conjunto de los medios de trabajo. De igual manera, una eventual inclusión en la LNT de la prohibición de la disparidad de trato según el estatuto de empleo tendría por efecto extender esta prohibición a las convenciones colectivas. Como explica Trudeau (2004), interviniendo de manera más marcada para reforzar las normas incluidas en las políticas públicas, el Estado reconoce implícitamente los límites de la negociación colectiva (especialmente, la dificultad de agrupar y representar ciertos tipos de trabajadores) e impone a las partes un cierto número de reglas de juego.

Este poder de influir sobre esas reglas de juego se ejerció a través de una forma de cooperación conflictual, de parte de actores sociales que son habitualmente excluidos de las estructuras de concertación que se desarrollaron en Quebec a partir de los años 1980. Sobre la temática del trabajo, las estructuras partenariales son tripartitas (Estado, patrones, sindicatos) y los grupos comunitarios fueron admitidos como *partenaires* solamente en el seno de instancias dedicadas a la formación de mano de obra, porque algunas juegan un rol importante en términos de desarrollo de la empleabilidad y de la reinserción de desempleados en el mercado de trabajo. Al contrario, los grupos de mujeres y los grupos comunitarios no fueron invitados a sentarse en la instancia de concertación animada por el Ministerio de Trabajo, el Consejo consultivo sobre el trabajo y la mano de obra (CCT-MO). Una excepción a esta regla general, el ministro de Trabajo puso en funcionamiento un comité de trabajo sobre las agencias de colocación de la que formaron parte ABE y una representante de la Federación de mujeres del Quebec, los representantes de las agencias de colocación, pero no los sindicatos. Sería sin duda pertinente que los grupos comunitarios que tengan una experticia en el frente del trabajo formaran parte de las instancias de concertación pero esta eventual participación planteará una vez más el tema de los recursos que movilizan en el seno de las organizaciones versus las ganancias que pueden obtener.

Excluidos de la mayoría de las instancias de concertación sobre la temática del trabajo, agrupando a trabajadores no sindicalizados que no tienen el poder que confiere el derecho de hacer huelga, los grupos movilizados en torno de la plataforma de ABE han optado por una estrategia de cooperación conflictual, utilizando el poder de la opinión pública, alimentada por una cobertura mediática favorable. Frente a las asociaciones patronales, el discurso de ABE es netamente conflictual, oponiendo los trabajadores precarios a los empleadores y esta oposición presente en el proceso en torno de la reforma se prolongó en las consultas que siguieron la adopción del Informe Bernier. Frente al aparato político, la estrategia ha alternado entre la reivindicación/presión/denuncia de las insuficiencias de los proyectos propuestos, y la cooperación basada sobre una cierta confianza mutua ofreciendo al ministro, a quien creyeron convencido y capaz de actuar, el apoyo público que lo ayudaría a hacer adoptar la reforma.

Referencias

Bernier, J.; Vallée, G. ; Jobin, C. (2003) *Les besoins de protection sociale des personnes en situation de travail non traditionnelle*, Quebec, Ministère du Travail, février.

Bernstein, S. (2006) "Mitigating Precarious Employment in Quebec: the Role of Minimum Employment Standards Legislation", in Vosko, L. F. (2006) *Precarious Employment*, Montréal et Kinston, McGill et Queen's University Press, pp. 221-240.

Chaykowski, R. (2005) *Non-standard Work and Economic Vulnerability. Research*, Report 3, Ottawa, Canadian Policy Research Networks, March.

Rodgers, G. (1989) "Precarious Work in Western Europe: The State of the Debate", in Rodgers, G.; Rodgers, J. (eds) (1989) *Precarious Jobs in Labour Market Regulation: The Growth of Atypical Employment in Western Europe*, Belgium, International Institute for Labour Studies, pp. 1-16.

Trudeau, G. (2004) "Les normes minimales du travail: bilan et éléments de prospective", in Boivin, J. (dir.) (2004) *Introduction aux relations industrielles*, Montréal, Gaëtan Morin éditeur, pp. 161-191.

Vosko, L. F. (ed.) (2006) *Precarious Employment*, Montréal et Kinston, McGill et Queen's University Press, pp. 485.

Argentina
Políticas sociales argentinas 1990-2006[18]

Susana Hintze
Universidad Nacional de General Sarmiento, Argentina

Introducción

Este trabajo se centra en las políticas sociales argentinas de la última década del siglo pasado y los comienzos de éste. Pone el acento en la forma que en ellas incidió el ajuste estructural del neoliberalismo, proceso iniciado antes pero que llegó a su máxima expresión en los años 90.

Se considera aquí, parafraseando a Hobsbawm, que la década del 90 en la Argentina fue una "década larga" que se inició en 1989, cuando la crisis de gobernabilidad provocada por la situación militar y la hiperinflación empujaron al presidente radical Raúl Alfonsín a hacer entrega del gobierno al peronista Carlos Menem, con una anticipación de seis meses. Y empezó a ser dejada atrás luego de una nueva crisis, la de 2001/2002. Pensar la situación argentina en términos de esta década larga, pero a la vez extender la descripción hasta el 2006, posibilita aligerar los riesgos que implica centrar el estudio en la comparación con los años críticos y así distanciarse de un análisis de contrastes, para pasar a incluir las zonas grises.

En el plano de las políticas sociales esa década condensa el ascenso arrollador de la concepción neoliberal, sus fisuras y paulatino abandono ante la aparición de un discurso oficial diferenciador en los últimos años, aunque gran parte de la impronta de aquellos años viene de antes y mucha se mantiene todavía. A esto se dedicará la parte final del trabajo.

[18] El presente trabajo es una versión muy sintetizada, con información revisada a agosto 2007, de los capítulos 1, 2 y 4 del libro *Políticas sociales argentinas en el cambio de siglo: conjeturas sobre lo posible*, Susana Hintze, Espacio Editorial, Buenos Aires, 2007.

1. Políticas sociales en la década larga

1.1. El ajuste estructural y sus efectos sociales

Como señalan Lo Vuolo, Barbeito y Rodríguez (2002) el modelo institucional del Estado de Bienestar argentino se caracterizó por su hibridez producto de la relación entre un modelo de seguro social de orientación bismarkiana y políticas universales financiadas desde rentas generales (educación y salud) de inspiración socialdemócrata, junto con políticas residuales de vivienda y asistencia social, sin seguro de desempleo ni políticas de promoción o asistencia en materia de empleo hasta fines de los años 80.

La dictadura militar de 1976-83 inicia un largo proceso socioeconómico que –atravesando el período de gobierno de Alfonsín durante 1983-89– adquiere su mayor intensidad en la década del 90 y deviene en un retroceso respecto de los niveles anteriores de relativa universalidad con la consiguiente pérdida de derechos. El gobierno de Carlos Menem (1989-1999) llevó a cabo las propuestas del Consenso de Washington con tan diligente ortodoxia, que hizo de nuestro país uno de los alumnos modelo elogiados por los organismos internacionales. A pesar del discurso opositor, la Alianza política encabezada por la Unión Cívica Radical y el Frente para un País Solidario (FREPASO), que lo reemplazó y llevó a la presidencia al radical de la Rua en diciembre de 1999, no modificó los principios sustantivos del modelo.

A continuación se señalan los rasgos más destacados de los cambios ocurridos en los años 90 en el marco de lo que se ha denominado políticas de ajuste estructural[19]:

a) Estabilidad monetaria. La Ley de Convertibilidad (que rigió entre 1991-2001) estableció la convertibilidad estricta entre la moneda local y el dólar estadounidense.

b) Desregulación de la economía y los mercados (a través de la desaparición de instrumentos de políticas activas del sector público como regulación de precios, cambios e inversiones, subsidios, retenciones, crédito, etc.).

c) Apertura externa ampliamente promovida que permitió el movimiento indiscriminado de capitales, mercancías y servicios. Fuerte reducción de aranceles a la importación y remoción de la mayoría de las barreras no

---

[19] Se sigue aquí a Lo Vuolo y otros (2002), Federico-Sabaté (2002), Pautassi (2002) y Grassi (2003a).

tarifarias que facilitaron el comercio exterior, avance en el establecimiento de acuerdos comerciales preferenciales con los países vecinos a través del Mercosur.

d) Privatización de las empresas públicas de servicios de uso económico masivo y productivas estratégicas (teléfonos, gas, electricidad, agua y saneamiento, transporte ferroviario, subterráneo y aéreo, petróleo, puertos, aeropuertos, bancos provinciales y municipales, seguros y reaseguros, siderúrgica, corredores viales, etcétera).

e) Cambios profundos en la legislación laboral tendientes a la flexibilización: reducción de la estabilidad en el puesto de trabajo, promoción de modalidades contractuales por tiempo determinado, fomento de la negociación salarial por empresas, baja de los costos de contratación y despido, disminución de la responsabilidades del empleador frente a accidentes laborales y quiebras de empresas (vía la regulación de los juicios laborales, reducción de las indemnizaciones por accidentes laborales, etcétera).

f) Reprogramación de la deuda externa, acompañado de permanente endeudamiento, con compromiso de cumplimiento de pagos[20].

g) Cambio en los ejes de política pública. El Estado deja de lado su papel en la promoción del desarrollo, pasando a priorizar la creación de condiciones que estimularan la inversión, aceptando el supuesto de la "teoría del derrame" (el crecimiento orientado por el mercado aseguraría, en el largo plazo, de manera más eficiente, las finalidades sociales tradicionalmente de responsabilidad del Estado).

h) Cambios en las políticas sociales debido a las transformaciones en sus formas de financiamiento, funcionamiento y administración, en el régimen de acceso y el tipo de beneficios con la finalidad de reducir el gasto público y abrir al sector privado nuevos campos de actividad (educación, salud, obras sociales, jubilaciones y pensiones, riesgos del trabajo, entre los principales).

Como ya se dijo, estas transformaciones se encontraban presentes desde mediados de la década del 70 y lo que se observa en el período analizado son las consecuencias de la sostenida ejecución de las políticas de ajuste en el contexto general de la globalización: mundialización de la economía bajo regulación del capital financiero internacional y cambios del paradig-

---

[20] La deuda externa pasó de 65 a 146.000 millones de dólares entre 1990 y 2000, para este último año representa alrededor del 50% del PBI a precios de mercado (Basualdo y otros, 2002). La negociación de la deuda privada en default comenzó en septiembre de 2003. Finalmente el proceso culmina en febrero 2005 con la operación de canje que alcanzó una aceptación del 76%.

ma tecnológico en particular las comunicaciones (Federico-Sabaté, 2002), apoyada política y culturalmente por el fuerte peso ideológico del "pensamiento único", esto es, los postulados del neoliberalismo elevados a concepción organizadora de la economía, la sociedad y la política.

Las consecuencias de este modelo en la Argentina llevaron a que, luego del despegue estabilizador inicial, el ciclo expansivo del Plan de Convertibilidad fuera perdiendo dinamismo. Se argumentó que para sostener la competitividad de una economía con tipo de cambio fijo y apertura comercial extrema, se hacía necesario una drástica reducción de los costos laborales y un fuerte aumento del endeudamiento, que entró en un periodo recesivo con la crisis de los mercados financieros internacionales iniciada en México en 1995. La apertura de la economía y la movilidad de los capitales externos determinó que variables tradicionalmente consideradas externas (tasa de interés internacional y flujos de capitales) se convirtieran en elementos intrínsecos de la economía doméstica, reduciéndose las posibilidades de procesar esta complejidad con las instituciones económicas internas. En este marco el empleo, los salarios y la tasa de crecimiento, se convirtieron en variables de ajuste del modelo (Lo Vuolo y otros, 2002 y Pautassi, 2002). Entre las variables no controlables hay que agregar los costos financieros, tecnológicos y los servicios públicos privatizados bajo control monopólico.

Este contexto macro, mirado desde la perspectiva de los sujetos sociales, se expresa en la siguiente situación en lo que hace a:

Empleo y condiciones laborales. Desde 1989 y durante los primeros años de la década la tasa de desocupación para el total de los aglomerados urbanos se mantuvo por debajo de un dígito (en la década anterior osciló alrededor del 5%). A partir de 1994 se registra un fuerte crecimiento acompañado de subocupación. Si en 1990 este problema afectaba al 15%, en el 2002 cerca de un 40% de la población económicamente activa no trabajaba o lo hacía menos de 35 horas semanales, deseando hacerlo por más tiempo. La contracara de esta situación es la sobreocupación (más de 45 horas semanales de trabajo) que es una tendencia que se registra a lo largo de la década y que ha ido incrementándose. Para el aglomerado Gran Buenos Aires, que representa el 32% de la población del país y para el cual se dispone de más amplia información estadística, la tasa de sobreocupación en 2002 era del 29% en contraposición al 19% de la de subocupación. Varias razones explican este fenómeno: bajos salarios que no permiten que una jornada normal de trabajo posibilite un nivel adecuado de reproducción, lo que lleva a tener más de una ocupación; miedo al desempleo que obliga a aceptar la extensión de la jornada de trabajo en un mismo puesto; lo que es, a su vez, respuesta típica de los empleadores frente al aumento de la demanda: extender el tiempo de trabajo de los ya ocupados antes que crear nuevos puestos de trabajo.

Como señalan Danani y Lindenboim (2003) hay una singularidad del empleo en el caso argentino que lo distingue de otros países de la región: durante la década del 90 aumentó la tasa de asalarización. Así mientras en América Latina creció el autoempleo a expensas del trabajo en relación de dependencia, en la Argentina el cuentapropismo descendió en términos tanto absolutos como relativos (a comienzos de la década los asalariados urbanos representaban el 70% del empleo total, al final, el 73%). Esto no tiene que ver con una mejoría del ciclo económico, sino más bien con el resultado de la destrucción de las alternativas que históricamente permitieron el autoempleo a sectores medios y profesionales, con niveles relativamente altos de calificación, para quienes la única opción pasó a ser el trabajo asalariado. Este proceso fue acompañado con el incremento de la precariedad, rasgo característico del empleo asalariado durante la década: los empleos precarios que no cuentan con cobertura legal, social ni estabilidad se mueven del 30 al 40% en este período (Lindenboim, 2003). Los dos últimos censos (1991-2001) registran esta situación en un aspecto central para la calidad de vida: para todo el país la población sin obra social, plan médico o mutual pasó del 37% al 48% en los años considerados.

Distribución del ingreso y pobreza. También para el aglomerado Gran Buenos Aires la información disponible muestra la desigualdad social medida en términos de ingreso familiar al que acceden los distintos sectores de la población. Con una tendencia sostenida la brecha entre el quintil más pobre y el más rico de la población aumentó de 5 a 8 veces entre 1990-2000 (Salvia y Donza, 2001)[21].

[21] La población bajo la línea de pobreza registró niveles altos al comienzo de la década (producto de los procesos hiperinflacionarios del 89/90) y un descenso significativo al comienzo del Plan de Convertibilidad. Comienza luego a crecer al compás de las tasas de desocupación, abarcando a más de una cuarta parte de la población a partir de 1995. Con la salida de la convertibilidad y el proceso inflacionario consiguiente alcanza a más de la mitad de la población (54%), siendo indigente un 25% en el 2002. Las cifras para el nivel nacional eran aún peores: un 57% (13,9 millones de personas en aglomerados urbanos) tenía ingresos por debajo de la línea de pobreza, y el 27% (6,6 millones) era considerada estadísticamente indigente, con ingresos que no alcanzaban a cubrir el costo sus necesidades alimentarias básicas.

Las transformaciones reseñadas permiten aseverar que la sociedad argentina que resulta del periodo considerado es "otra" respecto de buena parte de sus características históricas. Y esto es resultado de un proceso complejo de construcción neoliberal que "estuvo lejos de ser, únicamente, una ideología y un modelo económico, porque fue comprometiendo cada espacio de la vida social y fueron enjuiciados valores, instituciones y modos de ser, hasta trastocarse aquello que constituía los rasgos por los cuales la Argentina se pretendía diferente de América Latina: una estructura social sin contrastes agudos y una cierta discreción y distinción cultural referenciada en la modernidad que homogeneizaba (relativamente) por lo menos a la población urbana" (Grassi, 2003a).

1.2 Las políticas sociales: breve caracterización

Como políticas de Estado, las políticas sociales "tienen capacidad de *normatizar* y *normalizar*, en tanto el Estado se constituye en un actor (y en un ámbito) en la producción de los problemas sociales, en la delimitación de su propia responsabilidad, en la definición los sujetos *merecedores* de sus intervenciones y de las condiciones para dicho merecimiento" (Grassi, 2003b). En este plano también han sido fuertes las transformaciones ocurridas. Tal como se señaló, por muchas décadas en la Argentina la provisión de salud y educación se efectuó a través de políticas universalistas o sistemas de seguridad social relacionados con el empleo, esquemas que se correspondieron con sistemas que expresaban el reconocimiento de algún derecho (ciudadano o del trabajador). Los sistemas de protección social se generaron y desarrollaron en relación con el empleo formal, lo cual hizo que los cambios en el mercado de trabajo y las condiciones del empleo los afectaran fuertemente. En un contexto de déficit fiscal agravado por la deuda externa, a fines de los años 80 el deterioro de los servicios públicos, el desfinanciamiento del sistema previsional, la creciente oposición empresarial a los sistemas de protección del trabajo, se constituyen en justificativos de las reformas de las políticas sociales (Grassi, 2003b, Cortés y Marshall, 1999).

Tales reformas se propusieron imponer una visión de la política social que postula que el objetivo casi excluyente es atender las situaciones de pobreza extrema, lo cual implica el abandono de otros objetivos como la reducción de la incertidumbre, la distribución progresiva de los ingresos y la movilidad social (Lo Vuolo y otros, 2002), finalidades presentes en las políticas con pretensión universalista de las décadas anteriores. Así el pasaje de las políticas universales a políticas orientadas exclusivamente a resolver situaciones de pobreza a través de la provisión de bienes y servicios muy básicos implica no sólo cambios en el alcance de la gestión de lo público, en el desarrollo de instrumental técnico para *focalizar* las intervenciones en los "merecedores", sino fundamentalmente cambios en las formas y reglas de distribución del excedente social a partir de la pérdida de vigencia de los principios de solidaridad en los que descansaba la promoción estatal del bienestar en años anteriores.

Tres procesos constituyen las transformaciones más sustantivas de las distintas reformas sectoriales de las políticas sociales realizadas durante el período: la mencionada *focalización,* la *privatización* (o tercerización a través de la prestación de servicios por empresas, derivación de responsabilidades en organizaciones de la sociedad civil, en particular la Iglesia católica y ONGs, pero también mediante el pago individual de aranceles para acceder a servicios públicos como por ejemplo los hospitales) y la *descentralización.*

La *descentralización* de las políticas sociales es un proceso que venía siendo impulsado desde hace varias décadas, sobre todo bajo la última dictadura militar, si bien nunca había alcanzado los niveles a los que se llegó durante la década analizada. Ha implicado nuevas modalidades de relación entre la administración y el poder modificando los modos de implementación de políticas sociales en las décadas precedentes, dando paso a una nueva forma que incorpora de distinta manera y eficacia en la prestación de los servicios, a los niveles subnacionales (provincias y municipios) y a otros actores sociales (Oszlak, 1994 y 2000).

Como "efecto no deseado" de estos procesos, no es un dato menor la intensificación de prácticas clientelares, el auge de "punterismos" locales y la derivación de fondos y bienes públicos hacia fines espurios.

En síntesis, las políticas sociales en este período se han caracterizado por[22]:

— Redefinición del concepto y las áreas de competencia de los bienes públicos y privados, incorporando a las áreas sociales dentro de la lógica de funcionamiento del mercado. Dentro de los procesos de privatización de la administración y de la gestión de los servicios sociales, son especialmente significativas las administradoras de fon-

---

[22] Los puntos a)-c) están basados en Lo Vuolo y otros (2002); d)-h) en Coraggio, 1999.

dos de jubilaciones y pensiones (AFJP), las administradoras de riesgo del trabajo (ART) y el aumento y concentración de la prestación privada de servicios de salud que posibilitó la desregulación de las obras sociales.

— Fomento de vínculos más estrechos entre aportes y beneficios en los seguros sociales (nuevamente sobresale el tema de las jubilaciones).

— Segmentación de las necesidades y de las demandas, promoviendo la organización de las instituciones con base en intereses particulares y un mayor número de programas asistenciales para dar respuesta a los problemas sociales, destinados a un sujeto fragmentado: "según la condición de *pobre* (nuevo, estructural, con empleo, sin empleo, protegido o informal; jubilado, menor); *ocupado* (pobre, no pobre, protegido, precario); *desocupado* (sin experiencia, no calificado, calificado devenido obsoleto, reconvertido)" (Grassi, 2003b). Las intervenciones sociales focalizadas del gobierno nacional en 2002 se distribuían en 54 programas de la más diversa índole, repartidos en cinco ministerios y dos agencias públicas.

— Imposición de criterios de gerenciamiento privado y de eficiencia mercantil en la administración gubernamental; impulso de la focalización para ahorrar gastos y criterios de evaluación costo-eficiencia de los resultados de los proyectos y programas. Cabe agregar que en muchos casos no pudieron implementarse y quedaron resumidos a orientaciones de política sin llegar a modificar sustancialmente las prácticas de los organismos públicos. Esto es claro en los procesos de evaluación que alcanzaron niveles de realización mucho más modestos que lo que el discurso oficial haría suponer (Hintze, 2000).

— Impulso de normas a favor de los balances económicos para eliminar desequilibrios presupuestarios derivados de problemas financieros con visibles restricciones y atrasos de aplicación del gasto social en los niveles nacionales, provinciales y municipales.

— Tensión entre los objetivos de gobierno y los de las organizaciones de la sociedad civil convocadas a participar en la ejecución, con metas muchas veces divergentes.

— Impulso de un mercado heterogéneo en sus modalidades, de proyectos y programas sociales de tipo descentralizado, en que dichas organizaciones de la sociedad civil deben competir tanto por los recursos como por los beneficiarios.

— Denuncia, en muchos casos, meramente declaratoria de la corrupción y el clientelismo político, con variaciones en función de las coyunturas electorales y las tensiones sociales de las distintas áreas geográficas.

— Reducción de la eficacia y la eficiencia de muchas iniciativas sociales (como las de vivienda social y su indudable vinculación con los servicios urbanos que condicionan el hábitat, por ejemplo) al no poder éstas articularse a la prestación de ciertos servicios privatizados orientados por el lucro y bajo la rigurosa consigna financiera de "voluntad de pago" de los beneficiarios (Federico-Sabaté, 2001). Sobre este punto las partidas destinadas a agua potable y alcantarillado, vivienda y urbanismo y otros servicios urbanos, estuvieron entre los pocos rubros del gasto social que decrecen en la década.

Cortés y Marshall (1999) observan acertadamente que en ese contexto las mayores transformaciones al final de la década fueron las realizadas en los sectores de políticas ligadas con el éxito de la estrategia económica neoliberal, que por un lado reducían la protección y los costos laborales y por el otro permitían la expansión del capital privado en la prestación de servicios sociales (jubilaciones y pensiones, riesgos del trabajo, obras sociales).

La otra gran transformación, por su contenido político y cultural –independientemente de su significatividad en relación con la magnitud total del Gasto Público Social (GPS)–[23] refiere a los programas focalizados en la atención de los problemas de mayor criticidad social de la década, los que condensan simbólicamente los contenidos más emblemáticos de la transformación de las políticas durante estos años.

Así, en consonancia con la preocupación por la "pobreza", durante la primera mitad de la década las políticas focalizadas en grupos social y biológicamente vulnerables, como por ejemplo las de apoyos nutricionales ligadas con acciones de control y prevención de la salud materno-infantil, expresaron las intervenciones públicas asistenciales de mayor visibilidad[24]. Contaron con financiamiento externo y fueron gestionadas en forma de proyectos o programas especiales, por fuera de las estructuras de línea de

[23] Los programas focalizados abarcaron el 14% del GPS en el 2002 (SIEMPRO: Distribución de Fondos Sociales Nacionales a Provincias Año 2002, Programas Sociales Focalizados y Fondos Específicos de Ayuda Social, Bs. As., agosto 2003).

[24] Continúan una tendencia manifestada desde el regreso de la democracia con la implementación por Alfonsín (1984-89) del "Programa Alimentario Nacional" (PAN), referente al cual se asemejan o intentan diferenciarse las intervenciones de suplementación alimentaria realizadas por los gobiernos posteriores.

los ministerios nacionales y provinciales. Propuestas como el modelo de la nueva gestión (ágiles, flexibles, no burocráticas, altamente profesionalizadas) han terminado constituyendo de hecho unidades permanentes con personal contratado de larga duración, mejor remunerado que el de planta pero sin beneficios sociales y sujeto a condiciones de inestabilidad, situación especialmente sensible en coyunturas de cambio electoral.

Desde mediados de los años 90 y con características de financiamiento y gestión similares, los planes de empleo se presentaron como respuesta al acuciante problema de la desocupación. Con variaciones, constituyeron en general subsidios directos a desocupados (sujetos a capacitación o contraprestación laboral), creación de empleo público temporario (bajo modalidades de pasantías) y subsidios a la generación de empleo en el sector privado. En este caso, el crecimiento en términos relativos de los recursos que le fueron destinados es notablemente alto en relación con la evolución de las otras partidas y acompaña el movimiento de las tasas de desocupación[25].

2. La política social en el nuevo siglo

2.1 Crisis y transición post "estallido"

Una expresión recurrente es la de "estallido" para referirse a los acontecimientos de fines de 2001 comienzos de 2002. Las jornadas del 19 y 20 diciembre de 2001 —explosión de violencia popular que cobró la vida a una treintena de personas— dieron como resultado la renuncia del presidente De la Rúa a la mitad de su mandato. Este proceso fue marcado por una intensa movilización social, dentro de la cual las asambleas barriales, las redes de trueque, los piquetes de los movimientos de trabajadores desocupados y los cacerolazos adquirieron fuerte visibilidad. Desde el punto de vista de la institucionalidad política la situación se expresó en la renuncia del presidente De la Rúa el 20/12/01 y la existencia de cinco presidentes provisionales desde esta fecha hasta la designación del justicialista Eduardo Duhalde por el Congreso a comienzos de 2002.

---

[25] La erogación en "Programas de empleo y seguro de desempleo" que representaba en 1990 la erogación más baja del GPS, para 1993 ya era 13 veces mayor que al comienzo de la serie y, en 2002, 55 veces más grande, debido a la implementación ese año del Plan Jefes y Jefas de Hogar Desocupados (actualmente denominado Programa Jefes de Hogar).

La siguiente enumeración muestra someramente algunos de los rasgos –en general exacerbados cuando ya estaban presentes en años previos– más destacables de la Argentina de 2001/02, que explican por que literalmente el país estalló en el momento de la salida de la Ley de Convertibilidad: (i) fuerte decrecimiento de 11 puntos del PBI entre estos dos años, siguiendo una tendencia comenzada en 1998). Esta caída fue similar a la de 1914 y mayor que la registrada en 1931/32; (ii) "desmoronamiento" del consumo total y del consumo privado (– 12,9 y – 14,9% respectivamente) acompañando la caída del PIB a precios constantes ya mencionada[26]; (iii) sobrevaluación cambiaria y cuestionamiento de la Ley de Convertibilidad mantenida desde 1991; (iv) fuga de capitales (la salida de capitales acumulada desde principios de 2001 fue superior a los U$S 20.300 millones, equivalente al 7,6% del PIB de aquel año), stock de reservas internacionales en abril de 2002 un 55% inferior al nivel registrado en enero de 2001; pérdida total del crédito externo público y privado; (v) declaración del *default de la deuda pública (excluyendo la deuda contraída con los organismos internacionales); (vi) crisis del sistema* financiero con circulación de *cuasi* monedas (existencia de 14 emisiones de monedas diferentes circulando en 11 provincias), tasas de interés elevadas, imposición a fines de 2001 de la indisponibilidad de los depósitos bancarios (popularmente llamado "*corralito*") y control de cambios, lo que produjo manifestaciones y cacerolazos por parte de los sectores medios contra los bancos en reclamo de los ahorros incautados; (vii) devaluación del peso en 2002 y aumento de precios. La variación en el nivel de precios al consumidor entre 2001/02 fue del 26% y la del ítem "Alimentos y bebidas" del 35% (es la de mayor impacto sobre las condiciones de vida de los sectores más desfavorecidos). Esto trajo aparejado el consiguiente incremento del la población bajo la línea de pobreza e indigencia (véase nota 4).

En el contexto de este trabajo la administración Duhalde (2/1/2002 al 24/5/2003) es considerada como un periodo de transición. En respuesta a la crisis y las manifestaciones populares, establece, con apoyo del Banco Mundial, el Programa Jefes de Hogar (PJH), eje de su política social. Consistente en la asistencia a través de un subsidio monetario a quienes no tenían trabajo, constituyó la política de este tipo de mayor magnitud en el país. Fue puesto en marcha en mayo de 2002 como medida de emergencia, momento en que la tasa de desocupación abierta rondaba el 20%, llegando

---

[26] MECON, Secretaría de Política Económica, Informe Económico Trimestral: "La Economía Argentina durante 2002 y evolución reciente" (www.mecon.gov.ar/peconomica/informe/informe44, consulta: 1/5/2006).

a cubrir unos dos millones de personas. A sus beneficiarios se los incluye como "ocupados" en la medición oficial, lo cual ha generado críticas desde distintos sectores. A partir de 2003 el Instituto Nacional de Estadística y Censos comenzó a procesar información mostrando el impacto del Programa en las tasas: en 2003 incidió en un descenso del 5% de la tasa de desempleo, decreciendo su peso a medida que comenzó la recuperación del empleo. El PJH asume el discurso de la universalidad de los derechos, siendo promocionado en sus inicios como "derecho de inclusión social"[27]. Independientemente de su carácter declarativo de derecho universal la inscripción de beneficiarios se realizó entre abril y mayo de 2002, no admitiendo nuevos ingresos a partir de esa fecha.

El subsidio, a pesar de la inflación, se ha manteniendo en $150 mensuales desde su creación. A cambio requiere una contraprestación de entre 4-6 horas semanales en trabajo o capacitación. Esta última abarca dos modalidades: terminalidad de los estudios primarios y secundarios y formación profesional en oficios diversos. Según el dato disponible en el Ministerio de Trabajo, Empleo y Seguridad Social, el número de beneficiarios es de 1.472.187 y corresponde a octubre de 2005 (www.trabajo.gov.ar/jefes/infostats/ index.asp, consulta 17/8/07)[28]. Sin embargo en el padrón por el que se liquida el subsidio figuran 795.274 beneficiarios (MTSS, 2007). La necesidad de mantener el PJH muestra el reconocimiento oficial de la persistencia y gravedad de la situación social de una enorme parte de la población argentina. En febrero de 2006 se anunció una modificación de esta política, se volverá sobre ello más adelante.

2.1 La política social a partir de 2003[29]

En la revisión de la política social del gobierno del presidente Néstor Kirchner, interesa detenerse en la manera en que el discurso oficial propone diferenciar su política de la de la década larga. Para ello se reseñarán

---

[27] Con fuerte presencia mediática de Hilda de Duhalde, esposa del Presidente. En aquel momento la publicidad señalaba: "es tu derecho, ejércelo" y "no es un regalo, es un derecho". Frente a las críticas de favorecer el clientelismo que se han realizado a este tipo de programas, se puntualizaba que el derecho podía ejercerse sin ninguna intermediación.

[28] Para tener una idea de la depreciación del valor de compra del subsidio, basta señalar que el valor del Índice de Precios al Consumidor para Alimentos y Bebidas (el de mayor incidencia en los sectores de menores ingresos) era de 156 puntos en 2003, alcanzando a 204 en 2006 (www.indec.mecon.ar, consulta: 17/8/07).

[29] Se mantiene la estructura del texto original y se agrega información disponible del año 2006 a la fecha de la redacción de este trabajo.

muy sintéticamente algunas intervenciones de Alicia Kirchner, hermana del presidente y ministra de Desarrollo Social desde mayo de 2003, con un interregno fuera del cargo entre diciembre de 2005 y agosto de 2006, breve periodo en que asumió funciones como senadora electa en los comicios de aquel año.

Muy marcadamente el discurso oficial aparece preocupado por tomar distancia respecto de la década anterior. En esa línea el énfasis es puesto en la inclusión social —para ello la integralidad de las políticas es considerada un eje— y en el papel activo del Estado. Esta lógica de la diferenciación se centra sobre la crítica del "modelo neoliberal traducido en los ajustes estructurales", el cual produjo "el retiro de la intervención del Estado" e "implantó una determinada forma de políticas públicas que se tradujeron en la fragmentación y la exclusión permanentes de la sociedad". En ese marco las políticas sociales asistencialistas y focalizadas son consideradas la "contracara de la justicia social.

Frente a ello se propone: "trabajar desde una política social integral, desde un Estado en movimiento, con el centro puesto en la persona, no como un individuo aislado, sino como colectivos humanos y desde sus singularidades, atravesados por la trama social en la que están inmersos, buscando la construcción de un 'espacio inclusivo' que fortalezca los derechos ciudadanos políticos, económicos, sociales, culturales y la equidad territorial". La política social se preocupa de la "inclusión y la integración social" y se "prioriza la promoción de oportunidades para crear activos patrimoniales, familiares y comunitarios, fortaleciendo el capital social"[30].

En esos términos se definen como objetivos de la política social: "a) Promover el desarrollo humano enmarcado en un ideario social asociado a la equidad y los derechos. b) Instalar capacidades y herramientas para superar las carencias, no sólo materiales sino de oportunidades. c) Ejercitar la ética del compromiso desde un Estado que acompaña y articula la consolidación de la política con fuerte inversión social. d) Favorecer una gestión asociada entre el Estado, la sociedad civil y el sector privado" (A. Kirchner: "La caracterización de estas políticas", ídem anterior).

Para ello se reorganizaron los distintos programas existentes en el momento de asumir en tres planes nacionales que son considerados como los

[30] A.Kirchner: "Políticas sociales integradas" y "El desafío de las nuevas políticas sociales", en www.desarrollosocial, gov.ar, consulta: 17/2/06.

ejes de la política del Ministerio de Desarrollo Social: a) Plan de Seguridad Alimentaria "El hambre más urgente" que agrupa a las acciones de apoyo alimentario; b) Plan de Desarrollo Local y Economía Social "Manos a la obra" que busca "promover la inclusión social a través de la generación de empleo y de la participación en espacios comunitarios" y c) Plan Familias por la inclusión social, que apunta a transferir ingreso a las familias pobres, sin las contraprestaciones que exige el Programa J/JHD, demandando únicamente la realización de controles de la salud y asistencia escolar de los hijos.

Pasado el peor momento de la crisis, el PJH ha sido objeto de fuertes críticas. Desde la derecha por sus supuestos efectos de desestímulo a la búsqueda de trabajo. Desde el progresismo –sin entrar a abrir juicio sobre esta forma de denominar lo que en general, hasta unos años atrás, se denominaba "izquierda" en la Argentina– por su carácter asistencialista y los exiguos montos del subsidio. Desde ambas por el clientelismo, típico de las políticas asistencialistas focalizadas, que la masividad de este Programa ha acentuado. Como respuesta a estas críticas a fines de 2004 se abrió la posibilidad de traspaso optativo de los miembros del PJH con hijos hasta 18 años o discapacitados al Plan Familias. Esta medida fue acompañada con un aumento del subsidio de $ 25, proporcional al número de hijos a cargo. A partir de marzo 2006 los montos van de $150 para familias con un menor a cargo a $ 275 con seis o más menores a cargo. Cabe señalar que el monto de $ 25 por hijo, adicional al subsidio del PJH, resultaba muy inferior al salario familiar de un trabajador formal ($ 60). Cuando en octubre de 2004 se firmó el decreto de traspaso del PJH al Familias se esperaba que 750.000 madres fueran incluidas para fines de 2005, meta a la que aún no se llegó[31].

De acuerdo con la información oficial del Ministerio de Desarrollo Social con esto se "inicia la reformulación de los programas de ingresos sociales de acuerdo a criterios de empleabilidad y vulnerabilidad social, con el objetivo de sentar las bases para el diseño de una política social de mediano y largo plazo". El objetivo del Familias "es proteger e integrar socialmente desde la salud, la educación y el desarrollo de capacidades para el ejercicio de los derechos básicos a las familias en situación de vulnerabilidad o riesgo social con menores de 19 años a cargo".

[31] El proceso ha sido más lento y los resultados más modestos. Según la información disponible en el sitio del Ministerio: "El Programa Familias ha incrementado en más del 50% su alcance desde el año 2005. De 240.000 familias destinatarias en ese año, el Programa llegó a 454.000 y prevé alcanzar 700.000 familias a fines de 2007" (www.desarrollosocial.gov.ar/Planes/PF/default.asp, consulta 18/8/07).

Pueden optar por el traspaso al Familias los beneficiarios del PJH que no finalizaron el secundario y tienen dos o más hijos o menores a cargo. Se aclara que "en caso de que no haya mujer en el hogar, el hombre podrá optar por el traspaso y ser el titular del beneficio" (www.desarrollosocial.gov.ar/planes/pf/default.asp, consulta: 23/5/06). En febrero de 2006 otra reformulación del PJH fue anunciada por el presidente de la Nación. Continúa con el traspaso al Plan Familias e incorpora una nueva modalidad, el "Seguro de capacitación y empleo", que es de $ 225 pesos, estará bajo la órbita del MTEySS y al cual podrán acceder de manera optativa los beneficiarios del PJH. El Gobierno esperaba incorporar gradualmente a medio millón de personas a partir de abril de 2006[32]. Según consigna la página del MTEySS los beneficiarios deberán concurrir regularmente a oficinas de empleo, realizar capacitación y buscar trabajo. La incorporación en el seguro permite el acceso a servicios de: orientación laboral al desempleado y apoyo a la búsqueda de empleo; intermediación laboral que vincule las demandas de las empresas y las capacidades de los desempleados; formación y capacitación laboral y entrenamiento para los desocupados, finalización de estudios primarios y secundarios y apoyo a emprendimientos individuales y asociativos; derivación a servicios sociales. Un dato importante a tener en cuenta en términos de protección social es que el tiempo de permanencia en el Seguro es computable para la futura jubilación (www.trabajo.gov.ar/seguroc/index.asp, 20/5/06).

Como contexto de lo aquí presentado conviene detenerse en la situación socioeconómica post estallido. La Argentina lleva cuatro años de crecimiento muy fuerte del PBI, con disminución de tasas de desocupación y subocupación que, en términos históricos, a fines de 2006 sólo han logrado retrotraer la situación a los niveles de 1993. En lo que hace a la pobreza, la caída es fuerte frente al 57% de población pobre en el total de aglomerados urbanos en octubre de 2002, sin embargo para el segundo semestre de 2006, un 27% de la población, 6,4 millones de personas, estaba bajo la línea de pobreza y un 19%, equivalente a 2,1 millones, era indigente (INDEC; Información de prensa del 21/3/07).

A pesar de la mejoría en el empleo y la disminución de la pobreza, esto no es seguido de manera similar por los niveles de igualdad, lo que se relaciona con la evolución de los salarios, que no alcanzan la inflación y muestran gran disparidad por sectores: los únicos que han registrado me-

---

[32] En el sitio del MTEySS se sigue manteniendo este número como alcance esperable (www.trabajo.gov.ar/seguroc/ index.asp, consulta 18/8/07).

joras en el salario real, superando la inflación, son los trabajadores registrados del sector privado, estando muy rezagados los salarios de los trabajadores del sector privado no registrado y aún peor, los de los trabajadores
públicos. En términos de la brecha de ingresos (mediana del ingreso per
cápita familiar del primer y último decil), ésta era de 23 a fines de 2006,
situación similar a 1997, momento de fuerte recesión con altas tasas de
desocupación (INDEC: Evolución de la distribución del ingreso, 27/3/2007).

Para finalizar se presenta con mayor detalle el Plan de Desarrollo Local
y Economía Social "Manos a la Obra" lanzado en agosto de 2003. Es, sin
duda, la política más novedosa, la que más tiende a distanciarse del modelo anterior y la que más se acerca a los objetivos de la política social reseña-
dos más arriba. Según sus fundamentos "se orientó a mejorar el ingreso de
la población vulnerable; promover el sector de la economía social o solidaria y fortalecer a las organizaciones publicas y privadas, así como impulsar
espacios asociativos y redes para mejorar los procesos de desarrollo local".
Está dirigido a "prioritariamente a personas, familias y grupos en situación
de pobreza, desocupación y/o vulnerabilidad social y que conformen experiencias productivas y/o comunitarias (w.w.w.desarrollosocial.gov.ar, 7/
2/06)".
Cabe señalar que, si bien este Plan es la política nacional de mayor peso
en esta orientación, no es la única. Dentro del mismo Ministerio se encuentra el Instituto Nacional de Asociativismo y Economía Social (INAES) destinado al apoyo de cooperativas y mutuales. Y en diversas provincias y
municipios se están llevando a cabo actividades de promoción de la economía social tradicional (cooperativas, mutuales, asociaciones sin fines de
lucro), así como de las nuevas formas asociativas.
El Plan pone el acento en la cuestión del trabajo: "La cultura del trabajo
sólo se adquiere con el trabajo ya que no hay tecnología ni modernismo
capaz de equipararse a lo empírico. El eje liberador sin lugar a dudas es el
trabajo ciudadano, como derecho universal". Respecto de la Economía social señala que "`genera sociedad –como expresa la OIT– en la medida que
establece relaciones entre identidades, historias colectivas, diversas competencias y ámbitos que enlazan las actividades productivas con la reproducción social" (www. desarrollosocial.gov.ar/ site/Planes/DLES, consulta:
17/02/06). Básicamente brinda apoyo técnico y financiero a proyectos o
acciones socio-productivas que ya están en marcha o por comenzar, destinando herramientas, equipamiento, insumos y otras inversiones necesarias. Los proyectos pueden ser presentados vía municipios y ONG´s. Las
líneas son: (i) apoyo económico y financiero a emprendimientos producti-

vos, a cadenas productivas, a servicios a la producción y a los Fondos Solidarios para el Desarrollo; (ii) fortalecimiento institucional, tomando en cuenta el desarrollo de actividades productivas desde una perspectiva de desarrollo local en el marco de políticas sociales; (iii) asistencia técnica y capacitación para pequeñas unidades de producción y sus beneficiarios en los proyectos de desarrollo local y economía social

A continuación para aproximarse a un balance preliminar de esta política se hace un intento de sistematización de la información oficial (de circulación pública) referida al Plan. Desde el punto de vista metodológico debe quedar claro que las afirmaciones aquí sostenidas no son resultado de información primaria proveniente de estudios y evaluaciones propias, sino que es el resultado de analizar fuentes documentales y estadísticas generadas por el propio Ministerio de Desarrollo Social[33].

El cuadro 1 es un intento de síntesis que intenta apreciar el Plan en proyección anual. Como se verá resulta difícil llegar a conclusiones debido a que las fuentes no son coincidentes tanto en los valores como en las unidades de análisis utilizadas. La información brindada por el MDS en cada uno de los "Informes de ejecución presupuestaria" no mantiene categorías homogéneas, por lo cual es imposible hacer comparaciones estrictas. La información más detallada a la que se accedió se encuentra en el artículo de Rebón y Roffler, funcionarias de la Secretaría de Política Social y Desarrollo Humano, en una publicación de abril de 2006 del MDS.

---

[33] En cuanto a la cobertura poblacional y alcance del Plan se ha revisado la información que publica el MDS a través de su página web (Memoria 2004 y los Informes de ejecución presupuestaria 2004, 2005 y 2006), así como diversas publicaciones de la misma fuente.

Cuadro 1. Alcances del Plan Manos a la Obra 2003-2006

Unidades de medida (*)	Número	Personas alcanzadas	N° miembros (promedio)
Fuente de información A			
Año 2004			
- Emprendimientos productivos	31.500	410.000	13
- Cooperativas de Economía Social	1.700	28.000	16
- Organizaciones de microfinanzas	155		
- Proyectos especiales para discapacitados	74		
- Capacitación		27.300	
- Organizaciones sociales	2.420		
Año 2005			
- Capacitación		17.187	
- Consejos Consultivos	42		
- Proyectos	4.563		
- Materiales	119.572		
- Fondos	46		
Año 2006			
- Emprendimientos productivos	34.950	109.501	3
- Cooperativas de Economía Social	1.767		
- Capacitación		68.130	
- Proyectos productivos para jóvenes	117	4.805	41
- Monotributistas en Economía Social		24.800	
Fuente de información B			
Período 2003-2004			
- Emprendimientos productivos	33.823	430.000	13
Período 2003- 2005			
- Emprendimientos productivos	54.274	510.975	9
- Fondos de crédito y microcrédito	190		
Año 2005: Emprendimientos productivos	20.451	72.693	4
- con subsidio	8.000	36.076	5
- con financiamiento	12.140	36.617	3
Porcentaje de crecimiento de los emprendimientos productivos en 2005 (Año base 2003/2004 = 100)	*60 %*	*19%*	

(*) Los datos presentados y la denominación de las unidades de medida es la que aparece en las fuentes. Se incluyen las más significativas.

Fuente: Elaboración propia sobre la base de: Fuente A: Ministerio de Desarrollo Social: Informe de ejecución presupuestaria 2004 (/www.desarrollosocial. gov.ar/ pdf/INFORME _2004.pdf, 25/5/06), 2005 (www.desarrollosocial.gov.ar/ pdf/ INFORME_2005.pdf, 25/5/2006) y 2006 (www.desarrollosocial.gov.ar/pdf/INFORME_2005.pdf, consulta: 18/8/07). Fuente B: Rebón y Roffler, 2006.

Adicionalmente a lo ya señalado respecto de la disparidad en la presentación de la información que se observa en el mismo Ministerio, en el cual los datos para 2004 reflejan seguramente el acumulado desde la creación del Plan (tal como lo registra la fuente B) cabe destacar lo siguiente relacionando los datos del cuadro anterior entre sí, respecto de otros planes sociales e información de Rebón y Roffler no incluida en el cuadro:

a) En lo que hace al crecimiento del 60% del número de emprendimientos productivos y del 19% de los beneficiarios alcanzados (cuando se comparan los años 2003/4 con los datos de 2003/5), la lectura del cuadro relaciona la disparidad entre ambos porcentajes con el tamaño medio de los emprendimientos. Éste cae de 13 a 9 entre ambos períodos considerados, lo que a su vez tiene que ver con el drástico decrecimiento del tamaño de las unidades en 2005 (4 integrantes promedio). Situación que no es explicable con la información suministrada. En realidad podría deducirse lo contrario, cuando respecto de las cifras de 2005 Rebón y Roffler (2006) señalan: "se observa una disminución de los proyectos financiados respecto del año 2004, lo cual se debe a que los proyectos asistidos en la segunda etapa del Plan, iniciada en 2005 resultan más complejos, de mayor articulación de los grupos de emprendedores y de las unidades productivas a través de la conformación de incipientes cadenas de producción". De confirmarse la disminución observada en el tamaño promedio de las unidades, este es un dato preocupante en términos de la escala para enfrentar los problemas de producción y comercialización, evitar la competencia entre emprendimientos e incrementar el asociativismo. Los datos del "Informe de Ejecución Presupuestaria 2006" refieren a los casi 35.000 "emprendimientos productivos financiados, alcanzando a 109.501 pequeños productores", lo cual hace imposible saber si todos son nuevos o se suman a los anteriores (en el caso de las cooperativas se indica que son nuevas). De todos modos se mantiene la baja cantidad de miembros por emprendimiento recién mencionada.

b) Los datos del cuadro no dejan dudas respecto de que la acción numéricamente más significativa del Plan es la creación de emprendimientos. En primer lugar cabe señalar que el número de beneficiarios del Plan Manos a la Obra en emprendimientos productivos representaba el 35% de la población incluida en el PJH en 2005. Este es un dato apreciable si se compara el esfuerzo organizativo, de planificación y gestión que se moviliza en el apoyo a este tipo de emprendimientos respecto de la implementación de un programa de distribución de subsidios como es el PJH[34]. En segundo lugar, estos datos muestran la gran distancia entre esta acción y la llevada a cabo hasta el momento respecto de los proyectos de más envergadura, los denominados "proyectos estratégicos[35]. Según Rebón y Roffler (2006) durante 2005 un 10% de los proyectos financiados corresponden a este tipo, con un monto total de $ 10 millones, desagregados en: un 51% de "Servicios de apoyo a la producción"; 38% a "Cadenas productivas" (con una cobertura de 1.500 beneficiarios) y el 11% a los "Planes integrales de Desarrollo Territorial", con similar cobertura. Un año antes la Memoria Anual 2004 del MDS registraba 17 "Cadenas productivas" con 761 beneficiarios y 18 "Servicios de apoyo a la producción"; con 2.925 beneficiarios. (MDS: Memoria anual 2004, www.desarrollosocial.gov.ar/ pdf/ANEXO_MDS.pdf, 25/5/06).

c) Esto se refleja a su vez en la incidencia en las modalidades de financiamiento del Plan. El 73% de los recursos se destinan a subsidios a emprendimientos; el 17% a proyectos de crédito y microcrédito y el 10% a los proyectos estratégicos ya mencionados (Rebón y Roffler, 2006).

d) En relación con las organizaciones de microfinanzas, comparando con los datos de Rebón y Roffler se habría registrado un aumento del 23% entre 2004/05. Las autoras señalan que las entidades que mayor cantidad de recursos manejan son el Fondo de Capital Social/FONCAP (50% de los recursos asignados a esta finalidad) y los Fondos Solidarios para el Desarrollo/REDES (35%). No hay datos sobre esto en el Informe 2006.

Respecto de los emprendimientos productivos en Rebón y Roffler (2006) se hace mención a un "Estudio de evaluación del Plan Nacional Manos a la Obra" realizado por la Fundación de Investigaciones Económicas y Socia-

[34] Un 20% de los emprendimientos productivos subsidiados registrados en el 2005 correspondían a beneficiarios del Programa J/JHD, a través del componente "Herramientas por trabajo" del Plan Manos a la Obra (Rebón y Roffler, 2006).

[35] Los "proyectos estratégicos" abarcan "convenios específicos, servicios a la producción o de encadenamientos productivos", esta línea se orienta al "financiamiento de proyectos que se constituyen como un polo articulador de actividades productivas con un impacto potencial en términos económicos y sociales, trabajando sobre cadenas de valor agregado". Para la definición de los criterios para considerar estratégico un proyecto el Plan utiliza con una metodología realizada por el equipo de Responsabilidad Social Empresaria de la SPSyDH, de acuerdo con la cual se estarían financiando "experiencias que forman parte de planes de desarrollo local o bien están vinculadas con las actividades económicas de mayor potencial de la localidad".

les en agosto de 2005. A partir de una muestra de emprendimientos y sus integrantes[36] se señala la alta presencia femenina, una importante relación entre el conocimiento previo del oficio entre quienes integran los emprendimientos, aunado al interés por recibir capacitación de un tercio de sus miembros. Un dato interesante –que pone en cuestión la idea de transitoriedad con que los emprendedores asumirían este tipo de actividad– tiene que ver con que (a pesar de los niveles de ingresos obtenidos) la casi totalidad afirma tener expectativas positivas respecto del futuro del emprendimiento. Sobre los ingresos casi dos tercios se mueve en un rango de $ 300/ 500 inferiores a las necesidades del hogar, lo que se relaciona con la presencia de quienes tienen otro trabajo o buscan tenerlo para complementarlos. Para tener una idea de la significación de este rango de ingresos se lo puede comparar con el salario medio en el segundo trimestre de 2005. El más bajo correspondiente al sector privado no registrado era de $ 452 y el salario medio total ascendía a $ 784 (EPH/INDEC, en Informe Trimestral CENDA, N° 8, otoño 2006). Con relación a la capacidad de compra de este rango de ingreso, éste era cercano a la canasta alimentaria y aproximadamente a la mitad de la Canasta Básica Total de INDEC.

Si se acepta que el presupuesto expresa en recursos la significación de las políticas, para mostrar el peso relativo de la política de Desarrollo Local y Economía Social –como ya se dijo novedosa respecto de las de la década larga, pero también en lo que hace a las restantes del MDS– se cuenta con la siguiente información del "Informe de ejecución presupuestaria 2005". El presupuesto ejecutado del MDS se duplicó entre 2003-05. En ese marco los $ 110 millones destinados al Plan de Desarrollo Local y Economía Social en 2005 representaron el 4% del presupuesto ejecutado por el MDS, correspondiendo el 48% a pensiones no contributivas[37], el 25% a seguridad alimentaria, y el 21% al Plan Familias.

Para el año 2006 la relación es la siguiente: los $ 135 millones destinados al Plan de Desarrollo Local y Economía Social ese año, en términos

---

[36] Muestra aleatoria de 176 organizaciones que presentaron proyectos productivos, 301 emprendimientos productivos y 1.097 integrantes de dichos emprendimientos (Rebón y Roffler, 2006).

[37] Son las que no requieren de aportes o cotización para su otorgamiento, pueden ser asistenciales (destinadas a población vulnerable), graciables o para los incluidos en leyes especiales, como miembros de la iglesia, ex combatientes de Malvinas, etc. En el 2003 el MDS otorgaba 272.402 pensiones, en 2005, 407.666 y en 2006, 503.006, lo que implica un crecimiento del 185% tomando como año base el 2003 (MDS: Informes de ejecución presupuestaria 2005 y 2006).

relativos disminuyeron su representación al 3,4% del presupuesto del MDS. Las pensiones no contributivas llegaron al 53% y correspondió el 19% a seguridad alimentaria y el 22% al Plan Familias ("Informe de ejecución presupuestaria 2006").

Los datos anteriores muestran que la asistencialidad directa, con todos los riesgos de discrecionalidad que implica, se acentúa y que la intervención más innovadora es la que más peso pierde comparativamente. En el discurso oficial del MDS esto es justificado por la aún subsistente exclusión[38], lo cual es sin duda cierto. Sin embargo su incremento no es consistente con la disminución de la pobreza/indigencia que se reseñó anteriormente, por otra parte permanentemente remarcado por el Gobierno.

En relación con todo lo anterior, un llamado de atención sobre los riesgos que enfrentan las políticas socioproductivas en caso de no poder superar estos obstáculos son acertadamente señaladas por Clemente (2006) cuando afirma: "El desarrollo local y la construcción de un sistema de economía social debería ser el resultado de un pacto social más amplio, donde todos identifiquen la restitución de derechos y la justicia distributiva como un valor de interés colectivo; y en cada nivel de gobierno se asuman compromisos para apoyar al movimiento social y otras expresiones de la sociedad que actúen en ese sentido [..] en la medida que no existan condiciones para el desarrollo local y regional desde una perspectiva redistributiva y de integración, estos programas socioproductivos están expuestos a reproducir (si no media el apoyo externo adecuado) parte del problema sobre el cual pretenden actuar, que es la marginalidad y el aislamiento de las experiencias".

3. A modo de síntesis

En un intento de resumir y sistematizar lo expresado en las páginas anteriores, las políticas sociales en la Argentina actual son expresión de:

— la gestación durante buena parte del siglo xx de una ciudadanía ligada básicamente con la condición de trabajador (formal, con acceso a protección social), que aún sostiene la valoración colectiva del trabajo en relación de dependencia (incluso el no registrado), si bien

[38] Documento "Rendimos cuenta", referido a mayo 2005/2006 del MDS (www.desarrollosocial. gov.ar/ pdf/ RC_web.pdf, consulta: 17/8/07).

aparecen signos incipientes en lo que hace al reconocimiento del trabajo asociativo y autogestivo;

— la transición, durante los últimos treinta años, desde una relativa –pero, en todo caso, importante respecto de América Latina– protección de los derechos de los trabajadores, a la significativa pérdida de estos derechos y el predominio de la inseguridad en las condiciones de reproducción de la población, situación que se intensificó fuertemente en la década de los 90, en la cual las políticas de ajuste estructural del modelo neoliberal alcanzaron su máxima expresión y cuyo más notorio efecto social ha sido la exclusión;

— una fuerte fragmentación social producto tanto del disciplinamiento impuesto por la dictadura 1976-83 como por el neoliberalismo, pero a la vez con movimientos sociales con novedosas formas de resistencia y protesta social;

— condiciones estructurales que hacen altamente improbable el regreso a un modelo de Estado de Bienestar como el que conoció la Argentina varias décadas atrás;

— una coyuntura económica y social post crisis 2001/2002 con crecimiento económico, disminución de los niveles dramáticos de desempleo y desocupación de esos años pero que todavía siguen siendo críticos y sin mejoría generalizada en la distribución del ingreso ni avance claros en relación con un modelo que asuma y enfrente como cuestión social –no la pobreza– sino la desigualdad;

— políticas sociales que se definen –en el gobierno nacional– desde la diferencia con las asistencialistas focalizadas del modelo neoliberal. Y que –vistas en términos de sus rupturas y continuidades–, no muestran distancias polares sino transiciones tenues, tal como lo indican las acciones, pero sustantivamente los recursos destinados a intervenciones clásicamente asistenciales por el Ministerio de Desarrollo Social;

— la simultánea incorporación a la agenda pública de dicho gobierno de acciones de promoción del desarrollo local y de la economía social (temática que comenzó a ser discutida en el país con mayor intensidad al calor de la crisis y la ampliación de las actividades autogestivas y asociativas propiciadas por el incremento de la desocupación y la pobreza), con recursos asignados que muestran su escasa prioridad en el contexto de las políticas del MDS;

— el hecho de que, a pesar de las orientaciones definidas y de los esfuerzos por promover proyectos más amplios (encadenamientos productivos, servicios a la producción), dichas acciones se encuentran todavía fuertemente orientadas a atender situaciones de vulnerabilidad a través de la promoción de emprendimientos productivos, sin constituir una estrategia de más amplio alcance.

Todo ello configura un rico campo de experiencias, con sus limitaciones y potencialidades, que condiciona –pero a la vez posibilita– el horizonte en construcción de las políticas sociales del futuro.

Referencias

Coraggio, J.L. (1999) *Política social y economía del trabajo. Alternativas a la política neoliberal para la ciudad*, Buenos Aires, UNGS-Miño y Dávila.

Cortés, R.; Marshall, A. (1999) "Estrategia económica, instituciones y negociación política en la reforma social de los '90", *Desarrollo Económico*, Buenos Aires, IDES, N° 154, Vol. 39, julio-setiembre.

Danani, C.; Lindenboim, J. (2003) "Trabajo, política y políticas sociales en los '90: ¿hay algo de particular en el caso argentino?", en Lindenboim, J.; Dañan, C. (coord.) (2003) *Entre el trabajo y la política. Las reformas de las políticas sociales argentinas en perspectiva comparada,* Buenos Aires, Biblos.

Federico-Sabaté, A. M. (organizador) (2002) *Economía y sociedad en la región metropolitana de Buenos Aires en el contexto de la reestructuración de los 90*, Buenos Aires, Ediciones Al Margen- Universidad Nacional de General Sarmiento.

Grassi, E. (2003a) "Política, cultura y sociedad: la experiencia neoliberal en la Argentina", en Lindenboim, J.; Danani, C. (coord.) (2003) *Entre el trabajo y la política. Las reformas de las políticas sociales argentinas en perspectiva comparada*, Buenos Aires, Biblos.

_ (2003b) *Políticas y problemas sociales en la sociedad neoliberal. La otra década infame (I)*, Buenos Aires, Espacio Editorial.

Lindenboim, J. (2003) "El mercado de trabajo en la Argentina en la transición secular", en Lindenboim, J.; Danani, (coord.) (2003) *Entre el trabajo y la política. Las reformas de las políticas sociales argentinas en perspectiva comparada*, Buenos Aires, Biblos.

Lindenboim, J.; Graña, J.; Kennedy, D. (2005) "Distribución funcional del ingreso en Argentina. Ayer y hoy", Buenos Aires, *Centro de Estudios sobre Población, Empleo y Desarrollo (CEPED)*, Facultad de Ciencias Económicas, Universidad de Buenos Aires, Documento de Trabajo 4.

Lo Vuolo, R.; Barbeito, A.; Rodríguez Enríquez, C. (2002) "La inseguridad socioeconómica como política pública: transformación del sistema de protección social y financiamiento social en la Argentina", Buenos Aires, *Centro Interdisciplinario para el estudio de Políticas Públicas (CIEPP)*, Documento N° 33.

Oszlak, O. (1994) "Estado y sociedad: las nuevas fronteras", en Klisksberg, B. (comp.) (1994) *El rediseño del Estado. Una perspectiva internacional*, México, INAP/Fondo de Cultura Económica.

— (2000) "El mito del Estado mínimo: Una década de reforma estatal en Argentina", trabajo presentado en el *IV Congreso Internacional del CLAD sobre Reforma del Estado y de la Administración Pública*, Santo Domingo, República Dominicana, 24 - 27 de octubre.

Pautassi, L. (2002) "Políticas sociales ¿Fin del "modelo"?", en *Derechos Humanos en la Argentina. Informe 2002*, Buenos Aires, Centro de Estudios Legales y Sociales (CELS)-Siglo XXI eds.

Rebón, M.; Roffler, E. (2006) "Plan nacional Manos a la Obra: el camino de las políticas sociales y productivas", en Arroyo, Daniel (2006) *El desarrollo local en el eje de la política social*, Buenos Aires, Programa de Naciones Unidas para el Desarrollo (PNUD), Agencia Española para la Cooperacioìn Internacional (AECI) y Ministerio de Desarrollo Social de la Nacioìn.

Salvia, A.; Donza, E. (2001) "Cambio estructural y desigualdad social. Ejercicios de simulación sobre la distribución del ingreso 1990-2000", en Lindenboim, J. (comp.) *Crisis y metamorfosis del mercado de trabajo. Parte 2: Aportes metodológicos y otras evidencias*, Buenos Aires, Centro de Estudios sobre Población, Empleo y Desarrollo (CEPED), Facultad de Ciencias Económicas, Universidad de Buenos Aires, Cuaderno del CEPED N° 5.

El cooperativismo de trabajo y la promoción del empleo[39]

Mirta Vuotto
Universidad de Buenos Aires, Argentina
Facultad de Ciencias Económicas

Introducción

El texto brinda elementos para la comprensión de las dinámicas socioeconómicas y políticas en las que se inscribe el desarrollo del cooperativismo de trabajo entre los años 1990 y 2006. De manera específica, se trata de dar cuenta del alcance de los procesos que tienen lugar en este espacio de la economía social, así como del carácter de las iniciativas cooperativas y de los ámbitos e intervenciones que desde la esfera pública las visualizan como una herramienta adecuada en la lucha contra la pobreza, la exclusión y el desempleo.

1. Contexto

1.1 Contexto político global

Aunque el retorno a la democracia en los años ochenta permitió restablecer el funcionamiento de sus instituciones y la vigencia de los derechos humanos, no lograron generarse las condiciones sociopolíticas necesarias para resolver los problemas de una economía condicionada fuertemente por restricciones fiscales y externas y pujas sectoriales. Del mismo modo

[39] El texto fue elaborado en el marco del Proyecto UBACyT, "La eficacia de la gestión cooperativa: una aproximación empírica" 2003-2007. Facultad de Ciencias Económicas. Universidad de Buenos Aires.

que la mayoría de las economías latinoamericanas, en la primera mitad de la década del noventa, la economía de la Argentina experimentó un ciclo de recuperación y crecimiento que tuvo lugar en el marco de una profunda redefinición del papel del Estado y de los mercados. Para que este proceso tuviera lugar fueron necesarios –además de la vigencia de un particular orden internacional– cambios sustantivos en la organizacioìn de la economía nacional y en el comportamiento de los principales actores políticos y sociales.

Las presiones pro-reforma (privatizaciones y desregulaciones) basadas en el Consenso de Washington, e impulsadas por los organismos internacionales de crédito desde la década del 80, influyeron en el alcance y naturaleza de las políticas públicas y condujeron desde mediados de la década del 90, y más claramente hacia fines de la misma, a la declinación en la tasa de crecimiento del producto y a poner en evidencia el agravamiento de la situación social que se expresó en niveles inusitados de pobreza y desigualdad. De esta forma, en el plano político institucional, durante la década del gobierno de Menem, el Estado democrático fue vaciado de toda sustancia real, prevaleciendo la manipulación gubernamental y el clientelismo político, la subordinación del Poder Judicial al Ejecutivo, la desmovilización inducida de la ciudadanía, la desorganización y encuadramiento de partidos y sindicatos, intimidación a la prensa, corrupción gubernamental en gran escala y el gobierno por decreto (Borón, 1995).

El proceso político de fines de la década, durante la gestión gubernamental de Fernando de la Rúa, hizo manifiesta la incapacidad para revertir la situación anterior, sin poder impedir que el país llegara a una situación de virtual quebranto y al estallido de la crisis institucional en diciembre de 2001. El alto clima de conflictividad social, confluyó en movilizaciones sociales de distinta naturaleza que posibilitaron reafirmar en esta instancia una vocación democrática por parte de numerosos sectores de la población al exigir una mejora del andamiaje institucional y ratificar en sus prácticas la importancia de preservar y mejorar las formas democráticas de gobierno. En este contexto, los partidos políticos se ubicaron en el escalón de confianza más bajo, en relación con otras organizaciones sociales y políticas, y aún sigue pendiente la demanda de poner en forma una democracia institucional (Botana, 2005).

2.2 Contexto social y económico local

Las transformaciones ocurridas en el mercado de trabajo durante la década de 1990 configuraron un escenario signado por múltiples cambios entre los que se debe destacar la importancia del factor trabajo en los procesos productivos. Simultáneamente, la extensión de la economía informal y las condiciones precarias de inserción laboral, de cuyas características han dado cuenta algunos estudios (Monza 2002, Altimir *et al.*, 2002, Salvia 2002), se tradujeron progresivamente en empleos de corta duración, en puestos de trabajo inestables y en el aumento en la obsolescencia del capital humano. Distintos análisis indican que durante la década se ocupó capacidad instalada ociosa en algunos sectores y se modificó el aprovechamiento de la mano de obra ya empleada, ampliando la intensidad y la duración de la jornada.

En el mismo sentido operó la reestructuración productiva derivada de las reformas estructurales –apertura, desregulación, privatizaciones– que se tradujeron en un avance relativo de las actividades intensivas en capital, en insumos importados y en recursos naturales, y en un retroceso relativo de las actividades intensivas en trabajo, con la desaparición neta de numerosas empresas. A nivel de las unidades productivas, también se registraron procesos de racionalización de la producción ahorradores de mano de obra. De esta forma, los cambios producidos en las relaciones laborales, el funcionamiento de los mercados de trabajo y la distribución del ingreso, produjeron como resultante fracturas en las relaciones asalariadas y fragmentación de la fuerza de trabajo.

Estos fenómenos incidieron en el agravamiento de la exclusión social debido al aumento del desempleo y la ampliación de las desigualdades en la distribución del ingreso. El crecimiento de la desocupación abierta y en contrapartida una muy reducida expansión del empleo total durante la década se produjeron en un contexto de redimensionamiento sectorial que se expresó en la caída de la participación relativa de la actividad industrial con respecto al producto bruto y la disminución de la cantidad de establecimientos industriales y de la mano de obra ocupada .

Los problemas ocupacionales inducidos por estas transformaciones favorecieron, más que durante las décadas anteriores, el desarrollo del cooperativismo de trabajo al percibirse la potencialidad de esta herramienta para operar estrategias apropiadas frente a situaciones de crisis y ofrecer perspectivas de empleo, en especial a los grupos de desocupados de larga duración. Sin embargo, esta forma cooperativa fue visualizada desde la esfera pública, en general, como una solución temporal de emergencia.

Desde comienzos de la década del 90, la matriculación de cooperativas en las distintas provincias registró un crecimiento significativo aunque la tendencia de creación neta de cooperativas de trabajo no necesariamente reflejó el dinamismo del sector. Esto significa que el número de cooperativas de trabajo que registra la estadística oficial aparece sobreestimado debido a la cantidad de las que permanecieron inactivas al año de su creación, o bien que fueron disueltas –en especial en los primeros años de la década del 90– . Las asociaciones cooperativas activas en el primer trienio de la década representan menos del 50% de las matriculadas, y a este registro se añade el significativo porcentaje de entidades canceladas y el de aquéllas a las que se retiró la autorización para funcionar. En cuanto a la distribución regional de las cooperativas registradas, la mayor concentración se presenta en la región Centro-Litoral, que nuclea más del 50,% de las entidades, mientras que el resto se localiza por orden de importancia en el Noroeste (21,4%), Cuyo (9,7%) Nordeste (9,5%) y Patagonia (5,9%). Al comparar la evolución del número de cooperativas matriculadas por regiones entre 1990 y 2006, la tendencia de crecimiento desde el primer año es continua y se manifiesta en todas las regiones. Estas variaciones expresan en especial la errática trayectoria de las políticas relativas a la promoción y desarrollo del cooperativismo de trabajo impulsadas por la autoridad de aplicación del régimen legal de las cooperativas (Vuotto, 2004).

Respecto de los sectores de actividad en los cuales se crean cooperativas de trabajo, el más representativo es el de servicios y puede suponerse que al menos una parte de las cooperativas del sector industrial fue resultado del reciclamiento de recursos liberados a partir del proceso de reestructuración de la economía. En general, por tratarse de microempresas en segmentos vegetativos, no llegaron a tener un impacto macroeconómico apreciable. Se ha señalado que las limitaciones propias de estas organizaciones y los contrastes y contradicciones que se manifestaron en su desarrollo, son ilustrativos de los desafíos relativos a la supervivencia del sector, en especial el desempeño económico y su funcionamiento democrático. De forma paralela a los cambios en el contexto económico, que desde comienzos de la década de 1990 afectaron su desempeño, también se revelaron las limitaciones propias del conjunto de instituciones especializadas que durante esos años fueron responsables de su apoyo y promoción, en especial del organismo oficial que impulsó una matriculación de entidades cuya viabilidad y sustentabilidad fue escasa, así como la debilidad de las organizaciones de segundo grado que las representaron, la escasez de recursos para atender los requerimientos del sector por parte de las instituciones crediticias y distintas rigideces en cuanto al marco legal.

Al caracterizar las modalidades prevalecientes en la evolución del cooperativismo de trabajo durante la década del 90 (Vuotto, 2005), se diferenció el papel de los miembros de la empresa cooperativa en función de los derechos que involucra su condición de propietarios y trabajadores, para identificar cuatro tipos organizacionales: empresarial, equilibrado, simulado y reivindicativo. Independientemente del tipo prevaleciente, la incidencia del cooperativismo de trabajo fue relativamente poco importante respecto de las formas empresariales convencionales y aunque estas cooperativas contribuyeron a la creación de empleos, los mismos sólo representaron un porcentaje mínimo de las pérdidas de trabajo por despido. Estas cooperativas se ubicaron frecuentemente en sectores de actividad que potencialmente incorporan una tasa relativamente importante de mano de obra en el valor agregado producido, aunque su desempeño fue afectado por los avances tecnológicos, que implicaron a la vez una rápida obsolescencia del equipamiento y una descalificación persistente del empleo que condujo a la desaparición de numerosas entidades. Estas tendencias indican que, no obstante un rápido crecimiento nominal, el sector cooperativo de trabajo constituyó un segmento marginal de la economía argentina y en conjunto sólo representa un pequeño porcentaje de la producción, ventas y exportaciones del país, lo que hace evidente la brecha de productividad que lo separa de otras empresas de mayor tamaño.

Al mismo tiempo se debe destacar en cuanto a su funcionamiento la escasa división del trabajo que prevalece en numerosas organizaciones recientemente creadas; el predominio de tecnologías atrasadas o rudimentarias, aunque con una utilización intensiva de mano de obra; la insuficiente calificación de sus trabajadores; la baja productividad y el incumplimiento de las obligaciones, en muchos casos en materia laboral, fiscal, comercial y operativa. A la limitada formación de sus trabajadores y en ciertos casos las precarias condiciones de trabajo y los bajos retornos para sus asociados se agrega la baja calidad de los empleos que se manifiesta en características y condiciones como los horarios de trabajo y el acceso a los beneficios de la seguridad social.

También se debe subrayar el restringido acceso a las posibilidades de financiamiento, capacitación y mejora tecnológica de sus empresas y el hecho de que sólo un pequeño número está asociado con entidades de segundo grado, que generalmente brindan escasos servicios.

Los aspectos mencionados ponen en evidencia restricciones de distinto tipo que afectan el desarrollo del cooperativismo de trabajo, así como desequilibrios que impiden frecuentemente la consolidación de experiencias autónomas. Desde esta perspectiva podemos señalar que la política orientada al sector durante la década del 90 ha ocupado un lugar muy poco importante en la definición de la agenda pública y que, por otra parte, estuvo permanentemente sometida a los vaivenes de la coyuntura política, los cambios de estrategia económica y los conflictos entre distintos grupos de interés, traduciéndose en una gama de acciones de alcance limitado[40].

Específicamente, a partir del año 2003, el impulso a la creación de cooperativas de trabajo provino de la puesta en marcha de distinto tipo de programas impulsados por el gobierno nacional, y en algunos casos por gobiernos provinciales. Así, entre 2003 y octubre de 2006, fueron creadas 4.216 cooperativas de las que 10% están localizadas en la Ciudad de Buenos Aires y 43% en la Provincia de Buenos Aires[41].

3. El papel de los actores

3.1 Las iniciativas gubernamentales

Durante la década del 90, las políticas contra la pobreza extrema se limitaron al desarrollo de un conjunto de programas compensatorios focalizados en las familias o personas que vivían en situación de pobreza. Como consecuencia de la emergencia social, producto de la crisis, comenzó a gestionarse a principios de 2002 el Programa Jefes y Jefas de Hogar Desocupados (JJHD) para dar respuesta a la inclusión social de más de dos

---

[40] Al respecto es importante destacar la falta de continuidad en la gestión del organismo oficial ya que entre los meses de mayo de 1996 y julio de 2004 contó con seis presidentes. En cuanto a sus denominaciones, fue creado en 1996 (Decreto N° 420) como Instituto Nacional de Acción Cooperativa y Mutual (INACyM) como resultado de una fusión de los anteriores Instituto Nacional de Acción Mutual (INAM) e Instituto Nacional de Acción Cooperativa (INAC), y posteriormente, en septiembre de 2000 cambió su denominación por la de Instituto Nacional de Asociativismo y Economía Social (INAES).

[41] En noviembre de 2006, del total de 21.028 cooperativas matriculadas en el país, 52% (10.896) son de trabajo. De esas entidades de trabajo, 30% están localizadas en la Provincia de Buenos Aires (3.280) y 10% en la Ciudad de Buenos Aires (1.114).

millones de personas afectadas por la crisis. Su objetivo era asegurar un ingreso básico en cada hogar, y a la vez promover la reinserción social de los excluidos a través de la incorporación de los desocupados al trabajo y de los adultos mayores sin jubilación ni pensión, a un ingreso[42].

De manera simultánea a la aplicación de este subsidio de carácter transitorio en el marco de la emergencia social, el gobierno nacional reestructuró en 2003 gran parte de los programas sociales del ámbito del Ministerio de Desarrollo Social. De esta forma, a partir de la reformulación de los programas de ingresos sociales de acuerdo con criterios de empleabilidad y vulnerabilidad social, se introdujo como modificación que los beneficiarios con posibilidades de empleo podían continuar percibiendo sus beneficios en el ámbito del Ministerio de Trabajo y aquellos que no cumpliesen con los requisitos establecidos podían optar por el traspaso al Programa Familias por la Inclusión Social (MDS).

La respuesta gubernamental en los distintos niveles ha sido diversa, particularmente en lo referido al cooperativismo de trabajo concebido como herramienta de inclusión social y solución al problema del desempleo, la informalidad y la precariedad laboral.

3.1.1 El nivel nacional
Ministerio de Desarrollo Social de la Nación (MDS)

En el ámbito de la Secretaría de Políticas Sociales del MDS fue creado en 2003 el Plan Nacional de Desarrollo Local y Economía Social "Manos a la Obra", con el propósito de desarrollar una estrategia tendiente a mejorar la calidad de vida de las familias y generar condiciones favorables para la integración social a través del sistema productivo. Su implementación, coordinación y supervisión están a cargo de la Secretaría de Políticas Sociales. El plan fue concebido con el propósito de constituirse como un sistema de apoyo a las iniciativas de desarrollo socioeconómico local y destinado a los sectores de bajos recursos. Sus objetivos generales radican en contribuir a

---

[42] El programa otorgó una ayuda económica "no remunerativa" a cambio de una serie de contraprestaciones a realizar por los beneficiarios. El monto del beneficio era de $150 por cada titular y resultaba compatible con la percepción por parte de alguno de los miembros del grupo familiar de becas estudiantiles o transferencias de otro programa social, por montos menores o ayudas alimentarias. Los beneficiarios del plan se debían comprometer a controlar la salud de sus hijos y asegurar su escolaridad, además de incorporarse a actividades laborales, tanto productivas como de interés social y/o capacitarse en oficios o terminar su educación básica.

la mejora del ingreso de la población en situación de vulnerabilidad social en todo el país, promover la economía social mediante el apoyo técnico y financiero a emprendimientos productivos de inclusión social generados en el marco de procesos de desarrollo local, y fortalecer a organizaciones públicas y privadas, así como espacios asociativos y redes. Se propone mejorar los procesos de desarrollo local e incrementar el capital social, de modo de generar mayores capacidades y opciones para las personas, promoviendo la descentralización de los diversos actores sociales de cada localidad[43].

De manera específica, el Plan contempla como instrumentos los emprendimientos productivos y/o de servicios, unipersonales, familiares, asociativos y/o comunitarios, la constitución de fondos solidarios, el fortalecimiento de cooperativas y mutuales, el fortalecimiento de espacios asociativos, Consejos Consultivos[44] y organizaciones de la sociedad civil, la capacitación a equipos técnicos provinciales y municipales y la asistencia técnica y capacitación a beneficiarios para la formulación y ejecución de proyectos. Se promueve su implementación a través de procesos participativos e intersectoriales de nivel local con la intención de fortalecer los espacios multiactorales, partiendo de las potencialidades del territorio. La estrategia de intervención del Plan se orienta a la promoción de la producción y/o comercialización de bienes y/o servicios y al desarrollo de capacidades que permitan mejorar los ingresos y la calidad de vida de la población de manera sostenible y con niveles crecientes de equidad.

---

[43] Los componentes del plan consisten en el apoyo económico y financiero de emprendimientos productivos y/o de servicios a través del financiamiento de proyectos, ya sea en forma directa o en forma indirecta a través de la participación de organizaciones públicas, privadas y/o mixtas que apoyen los emprendimientos económicos priorizados en el marco del plan; el fortalecimiento institucional dirigido a fortalecer los espacios de concertación local: Consejos Consultivos Locales y Provinciales de Políticas Sociales, las organizaciones gubernamentales y no gubernamentales, los equipos territoriales y espacios de intercambio de la economía social en las localidades, provincias y regiones y la asistencia técnica y capacitación.

[44] Los Consejos Consultivos de las jurisdicciones nacional, provincial y municipal participan en la promoción y seguimiento de las prestaciones del Plan. Las acciones correspondientes son financiadas a través de las partidas presupuestarias asignadas al Programa 24 de Promoción del Empleo Social, Economía Social y Desarrollo Local y a través de otros recursos provenientes de organismos descentralizados y organismos internacionales.

Ministerio de Planificación Federal, Inversión Pública y Servicios (MINPLAN) - Secretaría de Obras Públicas

Con el objeto de promover políticas de inclusión social, este ministerio ha manifestado que la inversión en obra pública configura una herramienta primordial para el desarrollo de políticas que permiten generar puestos de trabajo y mejorar la calidad de vida. De manera concertada con el MDS y el Ministerio de Trabajo, Empleo y Seguridad Social (MTEySS), la Secretaría de Obras Públicas ha desarrollado programas de gobierno que atienden las problemáticas específicas para la construcción de nuevas viviendas y la provisión de servicios de agua potable mediante la conformación de cooperativas de trabajo integradas por beneficiarios del JJHD y desocupados sin cobertura del subsidio. De este modo, se destinan fondos –antes destinados a subsidios para desempleo en la emergencia– para la creación de un proceso social, productivo y participativo tendiente a la reinserción laboral de sectores excluidos.

a) Programa de Federal de Emergencia Habitacional (PFEH)

El Minplan concertó con el MDS y el MTEySS, la realización en 2003 del PFEH, orientado a solucionar la emergencia habitacional y laboral, incorporando a los beneficiarios de los planes JJHD organizados en forma de cooperativas de trabajo para la construcción de viviendas. Según este programa, las cooperativas deben constituirse por un mínimo de dieciséis personas y el requisito es ser titular de un subsidio de desempleo. Los desocupados no alcanzados por dicho plan, menores de edad o mayores que excedan la edad tope del subsidio, pueden formar parte de esta operatoria dentro de un cupo del 25% del total de los miembros previstos para la cooperativa y no puede integrar una misma cooperativa más de un integrante por grupo familiar. La cooperativa de trabajo, en su carácter de empresa social, retiene y tributa el aporte por monotributo de sus integrantes, descontando la parte proporcional del impuesto del adelanto de retorno sobre los excedentes repartibles estimados para cada miembro de la cooperativa. Debido a las características sociolaborales de la contratación y los límites presupuestarios estipulados por el PFEH, el adelanto fijado por los miembros de la cooperativa –de acuerdo con la labor realizada por cada asociado– no puede superar los $500 ni ser inferior a $350 como importe bruto por persona y por mes. La cooperativa contrata y paga una compañía de seguros por los riesgos de trabajo, descontando en forma proporcional los importes correspondientes de la retribución del asociado.

La obligación principal del contrato de construcción es la terminación de la obra incluyendo también la obligación de cumplimiento de las metas parciales previstas (certificados de obra) como avance de obra por el plan de trabajo. Dentro de los alcances del PFEH las cooperativas deben celebrar un contrato con un profesional responsable técnico de la obra y como personas jurídicas responsables, son depositarias de los útiles, máquinas, herramientas y equipos que se les asigna en forma de subsidio. Los miembros de la cooperativa son considerados como monotributistas sociales siendo efectores de los bienes y/o servicios ofrecidos[45]. Los beneficios del monotributista social consisten en la exención del componente impositivo y previsional −50% de reducción en el componente obra social que incluye al grupo familiar primario durante 24 meses a partir de su inscripción−. Las cooperativas, conforme a la normativa vigente, son responsables inscriptos ante el IVA[46].

El PFEH es financiado por el Minplan y se desarrolla a través de la acción coordinada de organismos a nivel nacional, provincial y municipal. En el convenio suscripto en 2003 con las provincias de Buenos Aires, Corrientes, Chaco Entre Ríos, Jujuy, Misiones, Tierra del Fuego y Tucumán, el Minplan, a través de la Subsecretaría de Desarrollo Urbano y Vivienda se comprometió a otorgar a las provincias signatarias y éstas a su vez a los municipios participantes un financiamiento no reintegrable de $124.160.000 destinado a la construcción de 6.208 unidades de viviendas y a proveer los equipos, herramientas y útiles necesarios para ejecutarlas. La coordinación con las partes intervinientes supone que el Minplan articule acciones con los organismos participantes, determin la elegibilidad de los proyectos para su financiamiento, audite el desarrollo de las obras y suspenda el financiamiento en caso de no cumplirse los objetivos del programa.

En cuanto a las responsabilidades que asumen los distintos ámbitos gubernamentales intervinientes en el marco del PFE, el MDS aporta los recursos humanos para la capacitación de los agentes locales que realizan

---

[45] El efector social es una persona física en situación de vulnerabilidad social o una cooperativa de trabajo cuyos integrantes se encuentran en idéntica situación, que reúnen las condiciones para inscribirse en el Registro de Efectores de Desarrollo Local y Economía Social.

[46] Como el objeto del contrato es la construcción de viviendas, en el monto contratado de la misma se encuentra incluida la cuota del 10,5 % que el tributo impone para estos casos, independientemente de la compra de materiales. La tasa que el impuesto prevé es del 21%.

el seguimiento y la evaluación del PFE en sus aspectos sociales[47]; el MTEySS desarrolla y controla los procedimientos que prevén la incorporación en todo o en parte de beneficiarios del JJHD en los proyectos, reconociendo esta actividad como contraprestación de dicho Programa; el pago de la ayuda económica durante un período de seis meses, a contar desde la fecha de firmado el contrato para la ejecución de un proyecto del programa e implementación de procedimientos para la obtención de la información relevante de los beneficiarios del JJHD que participen, así como también la articulación entre ambos programas durante el período en el cual los socios cooperativos continúen percibiendo la ayuda económica en su carácter de titulares de ese Programa[48]; los gobiernos provinciales participan a través de los institutos provinciales de vivienda[49]; los municipios intervinientes actúan como ejecutores[50] y la Subsecretaría de Desarrollo Urbano y Vivienda gestiona para cada proyecto los desembolsos por anticipado y

[47] Para ello aplica recursos técnicos y humanos de la Secretaría de Políticas Sociales y organismos descentralizados, como el Instituto Nacional de Asociativismo y Economía Social (INAES) para desarrollar acciones orientadas a la capacitación, promoción, registro y fiscalización de las organizaciones de trabajadores propuestas para participar en las obras de construcción de las viviendas. Las organizaciones deben estar estructuradas bajo la forma jurídica de Cooperativas de Trabajo para la Construcción. Por otra parte, a través de la Comisión Nacional de Tierras Fiscales "Programa Arraigo", determina las tierras de dominio fiscal nacional, aptas y disponibles, cuya utilización resulte factible y conveniente a los efectos del Programa.

[48] También tiene a su cargo implementar un mecanismo por el cual se operativizan las bajas de los beneficiarios del Programa JJHD una vez transcurrido un período de seis meses, a contar de la fecha de firmado el contrato para la ejecución de un proyecto. Efectúa el seguimiento de las actividades realizadas por los socios cooperativos beneficiarios del Programa JJHD consideradas como proyecto de contraprestación y de acuerdo con las pautas de monitoreo y fiscalización previstas en el mismo.

[49] Su responsabilidad consiste en administrar los recursos transferidos por la Nación para su aplicación a los proyectos, realizar las rendiciones por los pagos efectivizados, ante la Subsecretaría de Desarrollo Urbano y Vivienda, ejercer el control de gestión sobre los aspectos técnicos y económicos del programa, suscribir los convenios respectivos con los municipios, delegando y transfiriendo la responsabilidad operativa, adjudicar las viviendas a partir de las propuestas de los municipios, realizar las escrituras traslativas de dominio a favor de los beneficiarios e instrumentar el recupero de las cuotas que abonen los adjudicatarios para su reinversión en proyectos de viviendas de su jurisdicción.

[50] Sus funciones consisten en celebrar contratos con las cooperativas de trabajo participantes, según el modelo que les entrega la Subsecretaría de Desarrollo Urbano y Vivienda, realizar la entrega de tierras de su propiedad y/o de terceros cedentes, elaborar el proyecto urbanístico y el proyecto de las viviendas, aprobar en régimen de excepción eximiendo al proyecto del pago de las tasas municipales por derechos de construcción, sellados y otras tasas que pudieran existir, contratar las obras con las cooperativas de trabajo y realizar la capacitación técnica de los JJHD incorporados a las cooperativas, efectuar los pagos a las cooperativas y rendir cuentas de los mismos al Instituto Provincial de la Vivienda respecti-

procede a su liquidación una vez que aprueba las rendiciones de pago que le remiten los Institutos Provinciales de Vivienda, sobre las sumas giradas con anterioridad[51]. Realiza además las auditorias técnicas y financieras que considera necesarias para verificar el cumplimiento de los objetivos del PFE.

b) Plan "Agua + Trabajo"

Se inscribe en los programas desarrollados por el Ente Nacional de Obras Hídricas de Saneamiento y su objetivo consiste en la expansión de redes de agua potable y cloacas en núcleos urbanos a través de la formación de cooperativas de trabajo.

Ministerio de Trabajo, Empleo y Seguridad Social

El Programa "Trabajo Autogestionado"[52] surgió como respuesta a las demandas de apoyo de ex empleados de empresas y fábricas involucrados en procesos de recuperación de plantas productivas y fuentes de trabajo. Dicho Programa es ejecutado en el marco del Plan Integral de Promoción de Empleo "Más y Mejor Trabajo" de la Secretaría de Empleo. Su estrategia de acción se orienta específicamente a las iniciativas de trabajo autogestionado para brindar apoyo técnico y económico y su objetivo radica en contribuir a la generación y el mantenimiento de puestos de trabajo a través de la promoción y fortalecimiento de empresas o fábricas recuperadas por sus trabajadores, que se encuentren en funcionamiento o en proceso de reactivación.

Las principales acciones se orientan a fortalecer las iniciativas autogestionadas a través de un servicio de asesoramiento y orientación en temas laborales, legales y de organización, y el apoyo técnico y económico no reembolsable para la implementación de proyectos. El financiamiento se puede destinar a todas o algunas de las siguientes líneas:

---

vo, inscribir y seleccionar a los adjudicatarios de las viviendas, informar al MTEySS a través de sus oficinas territoriales, Gerencias de Empleo y/o Agencia Territorial, lo concerniente a la participación de beneficiarios del Programa JJHD en el Programa de Emergencia Habitacional conforme los procedimientos que a tal efecto establece dicho Ministerio.

[51] A los efectos de verificar los compromisos de inversión, los Institutos Provinciales de Vivienda deben llevar una contabilidad independiente para cada proyecto y abrir una cuenta bancaria específica para el Programa en la que ingresan los recursos girados por la Nación.

[52] La Resolución N° 203/04 MTEySS creó el Programa Trabajo Autogestionado en el marco del Programa Nacional de Promoción y Asistencia al Trabajo Autogestionado y la Microempresa. El programa fue reglamentado por la Secretaría de Empleo.

- Ayuda económica individual de hasta \$150 por trabajador, por un período máximo de 6 meses.
- Acceso a servicios especializados de asistencia técnica y/o capacitación.
- Reparación y/o adquisición de equipamiento, de materias primas o insumos.
- Reacondicionamiento de infraestructura e instalaciones.
- Actividades de comercialización, certificación de productos y habilitaciones.

El aporte económico es proporcional a la cantidad de trabajadores que integran la unidad productiva y puede ser de hasta \$500 por trabajador, con un monto máximo de \$50.000 por proyecto. Para acceder al apoyo técnico y económico, las unidades productivas deben presentar una propuesta al programa para dar cuenta de su historia y situación actual, del proyecto de reactivación o fortalecimiento, y de las condiciones favorables y dificultades para su concreción. Las presentaciones –para cuya elaboración cuentan con la asistencia necesaria por parte de los equipos técnicos del Ministerio– pueden ser realizadas por las fábricas o empresas de manera individual, o a través de entidades con personería jurídica que agrupen a varias de ellas.

A fin de acceder a los aportes financieros del Programa las unidades productivas autogestionadas deben inscribirse previamente en un registro de unidades productivas autogestionadas (RUPAT), habilitado por la Secretaría de Empleo a tal efecto. Es requisito contar al menos con la personería jurídica en trámite.

En el relevamiento y registros previos en que se basó el programa fueron identificadas 185[53] empresas y fábricas recuperadas, en funcionamiento o en proceso de reactivación, con un total aproximado de 8.500 trabajadores involucrados. De ellas 81 se encontraban en funcionamiento y 23 en proceso de reactivación. El 25% de esas iniciativas inició su actividad productiva entre 1992 y 2001 mientras que el 71% de las identificadas lo hizo entre 2002 y 2006. En su casi totalidad (93 casos) adoptaron la forma jurídica de cooperativa de trabajo y el 60,5% se ubicaba en los sectores metalúrgico, de alimentación, industria de la carne, salud, industrias gráfica, textil y metalmecánica.

---

[53] De este conjunto, 104 empresas/fábricas con 5.423 trabajadores se han inscripto en el Registro de Unidades Productivas Autogestionadas creado en el marco del Programa.

Ministerio de Economía y Producción - Instituto Nacional de Tecnología Industrial (INTI)[54]

El esquema organizativo definido por el INTI hacia fines de 2003 contempló líneas de administración y decisión transversales a la organización institucional formal para el desarrollo de proyectos o actividades críticas o sustantivas específicas. En esa estructura, los programas y las coordinaciones de centros constituyen instancias específicas en la planificación y supervisión de las distintas facetas de sus actividades. En este esquema fue creado el programa "Extensión" con la finalidad de planificar, organizar y/o supervisar las actividades de extensión en la economía formal, en la economía social y en la formación técnica de emprendedores y de personal.

En marzo de 2003 el INTI promovió la "Red de Apoyo al Trabajo Popular" a través de un área específica de su Unidad de Apoyo a la Generación de Empleo Sustentable.

Las líneas de acción que han consensuado los participantes de la Red son el autoabastecimiento alimenticio, el estímulo a la generación de pequeñas entidades productivas y sistema de capacitación, y las ferias de productores a las que el INTI brinda ayuda específica constituyéndose como un organismo de apoyo técnico para todas las organizaciones que así lo requieran. Las demandas que se reciben se responden con soluciones existentes, a través de un técnico capacitado o buscando a quienes conozcan del tema fuera del INTI.

En la Red de Apoyo al Trabajo Popular intervienen cerca de 300 organizaciones de tipos muy diversos (organizaciones religiosas, vinculadas con gremios, de base social y organizaciones de municipios que comparten un objetivo que es la generación de trabajo en la base social). El INTI es un miembro más de la Red como referente público de la asistencia tecnológica integral, y además brinda el servicio de coordinación para organizar el trabajo conjunto y hacer eficiente la articulación de esfuerzos.

---

[54] El INTI es un organismo autárquico que actúa en el ámbito de la Secretaría de Industria, Comercio y de la Pequeña y Mediana Empresa, del Ministerio de Economía y Producción. Es referente nacional en tecnología y líder en mediciones y ensayos de referencia con reconocimiento internacional. Para la prestación de servicios al sector productivo argentino, cuenta con una red de Centros de Investigación y Desarrollo distribuidos en todo el país.

3.1.2 El nivel provincial

Provincia de Buenos Aires

La provincia cuenta con antecedentes de programas impulsados desde 1992 desde distintas áreas de gobierno, en particular el Instituto Provincial de Acción Cooperativa (IPAC). Aunque los mismos intentaron estimular el desarrollo de cooperativas de trabajo, numerosas de las iniciativas creadas no lograron superar el estadio de supervivencia y consolidarse de manera autónoma. En general los programas concibieron a las cooperativas promovidas como productoras de bienes orientados a la demanda de los organismos públicos y por esa razón su desarrollo y consolidación permanecieron fuertemente ligados a las coyunturas políticas y los recursos de que disponía el Estado provincial. En la implementación en 1992 del programa "Manos Bonaerenses" por el Consejo Provincial de la Familia y Desarrollo Humano intervinieron el IPAC y el Instituto Provincial de Empleo. Su objetivo fue organizar microempresas familiares, en especial dirigidas a familias no integradas al mercado laboral que contasen con oficios o habilidades para llevar adelante un proyecto productivo. El área con mayor desarrollo fue la de confección textil, a través de los subprogramas "Guardapolvo" del Consejo Provincial de la Mujer desarrollado conjuntamente con el IPAC y Municipios, y "Camisas" del Consejo Provincial de la Mujer.

En 1996 se desarrollaron dos programas: "Primera empresa asociativa de jóvenes", a cargo del IPAC, con el objetivo de facilitar la inserción laboral mediante la asistencia financiera con dinero no bancario a una población de jóvenes de entre 18 y 25 años, y el programa "Generación de Empleo" (Unidad Generadora de Empleo) con la intervención del IPAC, Municipio, y cooperativas de Obras y Servicios Públicos. Este programa se desarrolló a través de cooperativas de obras públicas que ejecutaban las obras por cuenta y orden del municipio, con el aporte de mano de obra, en la mayoría de los casos, de cooperativas de trabajo creadas a este efecto. Por último en 1997 se impulsaron los programas de "Generación de empleo asociativo" y "Recuperar empresas en quiebra", con la finalidad de apoyar los emprendimientos que surgen de esas iniciativas, a través de apoyo crediticio, capacitación y asesoramiento.

En 2004 fue creado un cuerpo consultivo conformado por 23 federaciones cooperativas de la provincia que representan a las distintas ramas del cooperativismo, incluido el de trabajo, cuya finalidad consiste en contribuir a la implementación de políticas que fomenten la organización y desarrollo de las cooperativas. El Área Cooperativas del Ministerio de la Producción brinda además cursos gratuitos de capacitación que tienen como principal objetivo capacitar en las temáticas de Marketing, Costos y Planificación a los miembros de los Consejos de Administración y funcionarios de las cooperativas de la provincia.

Ciudad Autónoma de Buenos Aires

La Dirección General de Economía Social se estructuró en esta jurisdicción a partir de dos grandes objetivos que permitieron conformar las líneas de trabajo bajo las cuales se desarrollan los diferentes proyectos: Fortalecimiento de Unidades Productivas y Fortalecimiento Institucional y Promoción de la Gestión Asociada. Ambas líneas tienen como población destinataria a las personas desocupadas y subocupadas en situación de vulnerabilidad social interesadas en participar a través del trabajo asociativo en una unidad productiva. Se toma como destinatario la unidad productiva –constituida o a constituirse– conformada por un individuo, familias o grupo de personas nucleadas en torno a una actividad de producción de bienes y/o servicios. Estas unidades productivas deben desarrollar actividades que tengan como finalidad la autosustentabilidad, excluyéndose en los programas aquellos emprendimientos de tipo comunitario o netamente social que no tengan dicha finalidad. No se establece como requisito de ingreso la conformación jurídica de la unidad productiva.

Los proyectos de las unidades productivas son considerados en función de actividades económicas enmarcadas en sectores y actividades de producción, distribución y consumo (primarias, secundarias o terciarias) que ofrezcan condiciones para generar la autosustentabilidad, y en función de su orientación al desarrollo, de estrategias que les permitan insertarse en circuitos de comercialización en las economías pública, privada formal y social. Por otra parte se privilegia el desarrollo de actividades que generen un impacto social para contribuir a la solución de los problemas y/o demandas locales que mejoren las condiciones de vida, que contribuyan a la adquisición de habilidades, calificaciones y/o experiencia laboral para los integrantes de unidades productivas, que tengan la capacidad de producir efectos positivos sobre las oportunidades de creación, mantenimiento y autosostenimiento de empleo y que promuevan la construcción de lazos solidarios y de cooperación a través de formas autogestionarias y asociativas de trabajo.

En 2006, la Subsecretaría de Producción del Gobierno de la Ciudad ha desarrollado un tipo de intervención estratégica orientada a la inversión financiera, por medio de un aporte no reembolsable, en el caso de las cooperativas que presenten proyectos de mejoras dirigidos a la sostenibilidad y el fortalecimiento de los emprendimientos productivos. Con ese objeto se convocó un concurso dirigido a las empresas interesadas en participar en el programa de asistencia financiera para mejorar sus condiciones. El requisito principal es estar autogestionada por sus trabajadores e inscripta en el Registro de Empresas Recuperadas de la Ciudad de Buenos Aires. Cada cooperativa podrá solicitar hasta $200.000 para el financiamiento de sus proyectos y no se prevé la realización de un aporte de contraparte. El concurso cuenta con una partida presupuestaria de $2.000.000 y se pueden presentar proyectos que requieran financiamiento en diversos componentes.

3.2 Las iniciativas de la "sociedad civil", actividades y realizaciones

La crisis social de fines de 2001 y los espacios de movilización generados por diversas organizaciones sociales para responder a esa situación condujeron a la consolidación de espacios asociativos en varios municipios, como así también al desarrollo de líneas de trabajo conjuntas entre Estado y sociedad tendientes a realizar acciones para paliar los efectos de la crisis social. En cierto sentido, la participación de las organizaciones de la sociedad civil en el ámbito local y, en particular, en espacios como los Consejos Consultivos, permitió incorporar a la agenda pública la discusión en torno a la corresponsabilidad, Estado-sociedad, el control de las acciones de gobierno y la articulación del espacio público. En esos espacios de articulación entre los diferentes niveles del Estado, las organizaciones sociales y el sector privado, numerosos Consejos Consultivos representan una alternativa válida, debido al consenso que ha generado gestionar políticas sociales de modo eficaz y transparente. Si bien estos ámbitos deben perfeccionarse y consolidarse, permiten democratizar la discusión, la ejecución, el control y el monitoreo de la intervención social. En estos casos se debe destacar la pluralidad de las diferentes visiones y percepciones que los diversos actores tienen sobre el mismo problema. Esto implica un mayor potencial de desarrollo, puesto que estos ámbitos tienen como objeto una visión común a partir de las diferencias y las particularidades existentes (Arroyo, 2005).

Desde la óptica gubernamental se destaca que la generación de capital social a través de la asociatividad, las redes, los vínculos y la confianza, imprime a estos ámbitos mayor grado de legitimidad y consenso sobre las principales problemáticas a resolver, aunque se reconoce que el capital social por sí mismo es insuficiente ya que es necesario acompañar los proyectos que surgen con los recursos materiales para llevarlos a cabo, evitando la frustración y el descreimiento. Por ello se considera la responsabilidad del Estado para desarrollar lineamientos que produzcan una convergencia entre capital social y económico a través del fortalecimiento de espacios asociativos, con el objetivo prioritario de la resolución de problemas de orden local.

Un papel relevante en el marco de las iniciativas de la sociedad civil han jugado las universidades públicas interesadas en fortalecer la capacidad de los actores sociales y funcionarios públicos y en participar de manera coordinada en el diseño y gestión de políticas públicas orientadas al desarrollo local. De este modo, en particular desde 2002, se articularon y fortalecieron numerosas experiencias generadas por algunas universidades públicas interesadas en el desarrollo de sus regiones de influencia. Identificando los campos de cooperación posibles, se involucraron en el desarrollo de proyectos que facilitaron el surgimiento y consolidación de alianzas y mecanismos de coordinación y articulación de los programas y proyectos de desarrollo local en marcha.

Los diferentes proyectos permitieron valorizar el rol que puede cumplir la universidad en la promoción del desarrollo local, tanto en lo referido al fortalecimiento de las capacidades institucionales, capacitación de líderes de organizaciones de la sociedad civil, elaboración y difusión de diagnósticos confiables sobre la problemática local y promoción de debates sobre estos temas, facilitando el encuentro y la articulación de los actores locales e impulsando la formulación de iniciativas apropiadas al contexto. Las estrategias elegidas se apoyaron en el fortalecimiento de los recursos locales, entre los que se destacan la capacidad asociativa de las personas e instituciones de la región, tanto de la sociedad civil como del Estado.

A título de ejemplo se puede mencionar el proyecto para el fortalecimiento institucional de la red de investigadores en desarrollo regional de las Universidades Públicas en el marco del Plan Fénix (Facultad de Ciencias Económicas - UBA), la red de observatorios PyME conformada por un grupo de Universidades Nacionales en convenio con la Università di Bologna y la propuesta presentada desde la Red CIUN —conformada por ocho Universidades— y referida a la cooperación internacional y sus proyecciones en el campo del desarrollo.

La red –integrada por investigadores pertenecientes a 21 Universidades Nacionales de todo el país–, se propone acompañar y viabilizar el Programa de Fortalecimiento Institucional destinado a dotar de recursos operativos a los investigadores que en cada nodo actúan en la preparación de los Planes de Desarrollo Regionales. En el caso de los observatorios PyME, se trata de un conjunto de proyectos individuales con una unidad metodológica compartida que responde al concepto de "pactos territoriales", "alineado con el concepto de "densidad institucional" y cuya tarea consiste en producir información acerca de la realidad de las PyME, como base para las tareas de diagnóstico acerca de las problemáticas específicas que inciden sobre el desempeño competitivo de las empresas en diferentes contextos regionales.

4. Principales realizaciones y actividades desarrolladas

En cuanto a los resultados de los distintos programas públicos, el más relevante por sus características y alcance, "Manos a la Obra" (MDS) se extendió desde su creación a 56.000 unidades productivas en el ámbito urbano y rural en las que un total de 535.000 pequeños productores fueron beneficiados con una inversión de $300.000.000. Un 79% de los emprendimientos productivos financiados se realizó a través de crédito y microcrédito destacándose que el monto promedio de los créditos otorgados, en promedio superan los $30.000. El programa presenta un impacto territorial significativo, ya que fue ha aplicado en todo el país y llegó, con distintas características, a localidades de distinta dimensión (Roffler *et al.*, 2006).

A ello se añade el haber iniciado recientemente la participación del sector privado incorporando al empresariado, de modo de poner en práctica instancias de gestión pública-privada en el marco de las políticas sociales. En esta dirección fue creado el Consejo Empresario, cuyo objetivo es promover una sinergia que potencie los diferentes recursos y capacidades de cada localidad con el propósito de que los emprendimientos financiados por el Plan sean adoptados por las empresas como proveedores permanentes de bienes o servicios que se inserten en cadenas productivas o que conformen micro regiones. Hasta el momento han sido acompañados y asistidos el 40% de los emprendimientos estratégicos destacados y se han conformado una serie de acuerdos institucionales entre el Estado y las empresas en diferentes provincias para la realización de eventos, capacitaciones y otras actividades.

Se destaca además un número importante de proyectos estratégicos concebidos como una convergencia del desarrollo local y la economía social, que buscan la inclusión a través de la reconstrucción del tejido social y productivo, incorporando a todos los actores de la comunidad. El Plan produce por otra parte un paulatino proceso de descentralización de la intervención, lo que equivale a transferir fondos otorgando mayor protagonismo a la sociedad civil no sólo en el control sino también en la gestión de las políticas sociales. En este sentido es importante destacar las numerosas actividades de capacitación desarrolladas, que se extienden a beneficiarios integrantes de organizaciones no gubernamentales y de organismos públicos locales y provinciales.

Con la finalidad de mejorar las intervenciones concebidas a partir de este programa, el MDS está calificando a las organizaciones sociales para lograr su apoyo en cada uno de los territorios, de modo de descentralizar los planes y programas. Aunque el Plan Manos a la Obra se centralizaba en el orden nacional, se encuentra interesado en descentralizar a través de organizaciones administradoras, que el propio ministerio preparará y capacitará para encontrar su apoyo en este proceso. Esto no significa focalizar programa por programa, sino lograr que el programa esté inserto en una visión de desarrollo integral de la localidad o de la zona, de modo de evitar la implementación de programas que en el corto plazo puedan ser obsoletos y no tengan sustentabilidad.

Respecto del alcance de los programas y planes desarrollados por la Secretaría de Obras Públicas, dirigidos a la construcción de nuevas viviendas y la provisión del servicios de agua potable mediante la conformación de cooperativas de trabajo, aunque no existen evaluaciones sobre su implementación, la información existente desde su puesta en marcha consigna los siguientes resultados:

Programa de Federal de Emergencia Habitacional	Plan Agua más Trabajo (Construcción de Redes de Agua Potable)
17 provincias con obras en ejecución	197 obras
1.653 cooperativas	131 cooperativas formadas
26.448 asociados a las cooperativias	2.300 puestos de trabajo
3.186 viviendas terminadas	1.025 kilómetros de cañerías
5.078 viviendas en ejecución	95.825 conexiones domiciliarias
4.264 viviendas con convenio firmado	385.995 beneficiarios
358 millones de pesos de inversión total	

Fuente Secretaría de Obras Públicas 2006.

En cuanto al "Plan de Trabajo Autogestionado" (MTEySS), se debe señalar que desde su inicio y hasta el mes de marzo de 2005, contó con 104 empresas y fábricas registradas de las que 89 –en conjunto 5014 trabajadores– se encontraban asistidas o con convenio vigente. El monto total ejecutado en marzo de 2006 fue de $3.310.251 y la distribución de los aportes asignados en promedio se destinó a la ayuda económica individual y la inversión productiva en insumos, equipamiento e infraestructura. Para las cooperativas de trabajo los resultados obtenidos a partir de estos aportes se reflejaron en la incorporación de mejoras en la producción o prestación de servicios, el aumento de los volúmenes de producción o cantidad de prestaciones, en la etapa inicial de gestación del proyecto/consolidación del grupo, reinversión en bienes de capital, inicio del proceso productivo y puesta a punto de la planta para el inicio de la actividad.

Entre las acciones ejecutadas por el programa se debe mencionar la Primera Exposición Nacional de Empresas y Fábricas Recuperadas Autogestionadas por sus Trabajadores realizada a mediados de 2005 en el Centro de Exposiciones de la Ciudad Autónoma de Buenos Aires. En dicha exposición participaron en calidad de expositores, 92 empresas recuperadas de diversos sectores de actividad, localizadas en distintas regiones del país y 13 instituciones de los ámbitos público y privado. En este marco se organizaron paneles, en los que se trataron cuestiones relevantes para las relaciones y el desarrollo de las empresas y fábricas recuperadas y rondas de negocios que permitieron a las unidades productivas iniciar contactos y, en menor medida, establecer relaciones comerciales con clientes.

Por último se debe mencionar en el caso del INTI, en el marco de la "Red de Apoyo al Trabajo Popular", el desarrollo de diversas actividades relacionadas con la capacitación, la asistencia tecnológica y el financiamiento orientadas a las cooperativas de trabajo que participan en ella.

5. Conclusión

En una apreciación general sobre las políticas relativas al cooperativismo de trabajo vigentes desde 2003 se debe destacar, en contraposición a la década anterior, el interés en valorizar esta alternativa desde la esfera pública en el marco de los programas que introducen la opción cooperativa en los ámbitos de gestión de políticas vinculadas al desarrollo socioproductivo y la implementación de proyectos productivos locales, y en lo formal la modalidad "solidaria" de asociación. Aunque esto significa un reconocimiento a la potencialidad del modelo cooperativo al integrarlo en las estrategias para el desarrollo local, es necesario contar con elementos para apreciar la forma en que las metas específicas se pueden traducir en políticas de mediano y largo plazo que posibiliten alcanzar y articular efectivamente los objetivos definidos para el desarrollo sostenido del sector.

Conviene señalar que en circunstancias concretas, la evaluación de las políticas en cada una de las esferas públicas involucradas se expresa en el espacio de convergencia de las prácticas de cuatro actores: las propias cooperativas de trabajo constituidas, las instituciones gubernamentales, las organizaciones sociales y otras partes interesadas, y los factores externos, de allí que la evaluación sobre los procesos y realizaciones de cada uno de ellos en ese espacio es el indicador de la pertinencia y eficacia en la ejecución de la estrategia.

En esa dirección las evaluaciones deberían contemplar entre otros aspectos:

La eficacia en el grado de cumplimiento de objetivos y metas en cada situación específica. Esto equivale a contemplar el universo de personas en condiciones "objetivas" de incorporarse a los programas a través de la modalidad cooperativa vs. las personas que realmente acceden, así como el número de experiencias que pueden sostenerse en el tiempo, las principales restricciones que enfrentan y las herramientas que adoptan para enfrentarlas.

La eficiencia y productividad de las cooperativas que se crean en el marco de los distintos programas gubernamentales. Exceptuando el caso de aquellas a las que el Estado les otorga una cuota de acceso a la provisión de bienes y servicios públicos, el resto de las iniciativas debe competir en el mercado adaptándose por consiguiente a los criterios de costo usuales y a estándares de calidad aceptables. En este caso, deberían tomarse en cuenta las situaciones habituales en que se recurre a ellas para tercerizar la provisión de servicios, reteniendo los intermediarios una parte significativa del excedente económico que se sustrae del ingreso legítimo de los cooperativistas. Las numerosas realidades en que tienen lugar estas situaciones deberían llevar a considerar si la forma cooperativa de trabajo que se impulsa a través de los distintos programas es la opción organizacional más adecuada.

La equidad en las políticas públicas. En este ámbito debería examinarse el grado en que la asignación de los recursos públicos para promover estas experiencias se corresponde con la accesibilidad de los programas (en cuanto a la asistencia técnica, capacitación, financiamiento y el grado de apropiación por parte de las cooperativas de trabajo) y resulta eficaz para promover la institucionalidad, de manera directa o indirecta, asegurando una efectiva participación, y dotando de sostenibilidad las estrategias adoptadas.

Aunque al presente no existen indicadores suficientes que posibiliten avanzar en esta dirección se pueden realizar algunos señalamientos sobre los resultados de la política orientada al cooperativismo de trabajo:

Las intervenciones impulsadas por las distintas áreas gubernamentales en el marco de los programas mencionados refiere a las acciones de un gran número de instancias y estructuras mediadoras y a una multiplicidad de actores institucionales interesados en promover la reinserción de los individuos en el empleo a través de la fórmula cooperativa. Esta diversidad de intervenciones exige un importante esfuerzo de coordinación para mantener la coherencia y funcionalidad en los resultados y debería resultar eficaz en términos de los mecanismos de gestión de los múltiples niveles, ya que algunos programas tienen objetivos muy cercanos, aunque dependen de jurisdicciones diferentes. Al respecto, y según se desprende de evaluaciones parciales, es necesario avanzar en el mejoramiento de la articulación de las distintas instancias.

En lo que se refiere a la eficacia de los modos de intervención se han encarado iniciativas que buscaron ampliar la incorporación de vastos sectores de la población a este tipo de experiencias. Sin embargo, en una primera apreciación y debido al panorama considerablemente heterogéneo respecto de las características de los actores concernidos, se debe señalar que las numerosas instancias necesarias para mejorar el acceso y las posibilidades de estas experiencias están lejos de haber convertido la empleabilidad en "empleo" de calidad para los actores involucrados.

Respecto de la eficiencia, también existen indicadores acerca de la "fragilidad" de numerosas experiencias. Al respecto se deben mencionar los casos en que se las utiliza como "mano de obra barata" o que adoptan esta forma para reducir costos del sector formal de la economía, como también aquellos en que las limitaciones de las propias cooperativas en cuanto a capital, entrenamiento y liderazgo les impiden competir con las empresas de la rama o sector.

En cuanto a la equidad, aunque no se cuenta con datos que reflejen un análisis integral del presupuesto del Estado en los distintos niveles, existen elementos que permiten señalar los casos en que se produce una asignación de recursos a sectores que cuentan con mayores posibilidades que la población potencial en condiciones de acceder a ellos, de modo tal que se tiende a fortalecer la óptica de que las diferentes organizaciones (más o menos próximas a las esferas gubernamentales) son las que deciden quiénes pueden integrar las cooperativas que se constituyen, y cómo se deben organizar (Merklen, 2006). En este sentido, conviene advertir el riesgo de reforzar las prácticas de obtención y mantenimiento de cupos, generando fuerte dependencia de las organizaciones con el Estado, y la paradoja de consolidar la lógica de los planes sociales cuando la intención manifiesta consiste en revertirla.

Poder avanzar en los aspectos señalados supone recurrir a otros indicadores vinculados con la transparencia y *accountability* que permitan una evaluación sistemática de las políticas y programas, necesaria por un lado para que los diversos ámbitos gubernamentales lleven una coordinación y control continuo de su gestión como herramienta para mejorar la administración pública y distribuir sus recursos de manera adecuada (orientando su gestión al cumplimento y continuidad en los objetivos y metas propuestas), y por otro, para retroalimentar la planificación a partir del análisis y la medición de resultados y fundamentalmente para rendir cuentas a la ciudadanía y activar el control y la participación social.

Referencias

Altimir O.; Beccaria L.; Gonzalez Rozada M. (2002) "La distribución del ingreso en Argentina, 1974-2000", *Revista de la CEPAL*, N° 78, diciembre.

Arroyo, D. (2006) "Estrategias de intervención pública en el marco del desarrollo local y la economía social", en *Informe sobre Desarrollo Humano en la Provincia de Buenos Aires 2005-2006*, Buenos Aires, Eudeba - Banco de la provincia de Buenos Aires.

Borón, A.; Mora Araujo, M.; Nun J.; Portantiero, J. C.; Sidicaro, R. (1995) *Peronismo y menemismo. Avatares del populismo en la Argentina*, Buenos Aires, El cielo por asalto.

Botana, N. (2005) "Sobre la institucionalización de la confianza pública", Buenos Aires, *Barómetro de la Deuda Social Argentina, Boletín N° 6*, Universidad Católica Argentina.

Merklen, D. (2006) "Los pobres están condenados a la participación", Buenos Aires, Reportaje a Denis Merklen, *Página/12*, 23 de enero de 2006.

Ministerio de Desarrollo Social [en línea], Planes Nacionales. Disponible en: http://www.desarrollosocial.gov.ar/Planes/DLES/default.asp

Ministerio de Planificación Federal, Inversión Pública y Servicios (MINPLAN) [en línea], Cooperativas de trabajo. Disponible en: http://www.obraspublicas.gov.ar/cooperativas.php

Ministerio de Trabajo, Empleo y Seguridad Social (MTEySS) [en línea], Trabajo Autogestionado. Disponible en: http://www.trabajo.gov.ar/masymejor/autogestionado/autogestionado.htm

Monza, A. (2002) *Los dilemas de las políticas de empleo en la coyuntura argentina actual*, Buenos Aires, Fundación OSDE/CIEP.

Roffler E., Rebón M. "La experiencia del Plan Nacional Manos a la Obra en Argentina" [en línea], Banco Interamericano de Desarrollo (BID), 2006, disponible en: http://www.iadb.org

Salvia, A. (2002), "La estructura social del trabajo en Argentina: desempleo, subempleo y precariedad laboral", *Documento de Investigación AE/Notas/SL01*, Área Económica, Departamento de Investigación Institucional, Universidad Católica Argentina, mayo.

Vuotto, M. (2004) "El cooperativismo de trabajo y la promoción del empleo en la Argentina", en *II Congreso Nacional de Sociología*, Buenos Aires, Facultad de Ciencias Sociales, Universidad de Buenos Aires, 20-23 de octubre.

— (2006) "Las expresiones del cooperativismo de trabajo en Argentina durante la última década", Buenos Aires, *Revista del Instituto de la Cooperación*, Idelcoop, N° 169, mayo.

Modelo para armar. La intervención estatal en el campo del desempleo en la provincia de Córdoba

Nora Britos y Rubén Caro
Universidad Nacional de Córdoba, Argentina
Escuela de Trabajo Social

Introducción

Como una forma abreviada de aproximarnos a la compleja trama de intervención estatal en la "nueva cuestión social", abordaremos las dos modalidades de intervención estatal en materia de desempleo, desarrolladas desde la Gerencia de Promoción de Empleo del Ministerio de Producción y Trabajo en la provincia de Córdoba.

1. Las políticas de empleo en Córdoba: distintos abordajes

La primera modalidad de intervención estatal la constituye el conjunto de programas de 'remercantilización administrativa', que abarcan distintos segmentos de la población económicamente activa (PEA) y tienen por objetivo mejorar las condiciones de empleabilidad de las personas desocupadas, incorporándolos en empresas a través de dos modalidades: permitiendo su reentrenamiento y actualización de sus saberes, capacidades y aptitudes (BECA); o subsidiando la contratación de trabajadores bajo la figura de Contrato de trabajo por Tiempo Indeterminado (CTI); ambas por un período de 12 meses. Los programas se denominan *Primer Paso* (orientado a jóvenes entre 16 y 25 años en búsqueda de su primer empleo), *Programa Recuperación Productiva- Volver al Trabajo* (para mayores de 45 años y hasta

65 años, con beneficios hasta lograr la edad jubilatoria); *Programa Edad Productiva* (para desempleados en edad central, entre 25 y 44 años) y Programa Primer Paso Profesional (programa para profesionales universitarios jóvenes en búsqueda de su primer empleo).

Denominamos estos programas *remercantilización administrativa* siguiendo a Claus Offe[55], en tanto entendemos que se trata de políticas sociales cuya característica principal es brindar subsidios de desempleo condicionando a los receptores a incorporarse a empresas para obtener el beneficio. La remercantilización administrativa constituye, según este autor, una estrategia estatal de intervención directa en la relación entre capital y trabajo. Ilustra las tensiones a que se ve expuesta la intervención estatal en el capitalismo ya que se remercantilizan relaciones sociales a través de la creación de valor por medios estatales o ajenos a la lógica mercantil.

Lo que se pone de manifiesto en este tipo de programas es la idea de las políticas 'activas', como preocupación estatal que consiste en maximizar las oportunidades de intercambio bajo la forma mercantil del capital y la fuerza de trabajo.

"Por medio de estas políticas, se pagan salarios con fondos fiscales y se exime a las empresas del pago de cargas sociales, todo ello por un tiempo determinado. La puesta en contacto administrativo de capital y fuerza de trabajo favorecería (según la perspectiva de quienes diseñan los programas) la creación de nuevos empleos, ya que una vez finalizado el período subsidiado, las empresas incorporarían a estos trabajadores en tanto éstos hayan demostrado sus condiciones para el puesto y su conformidad con las tareas asignadas y con el salario propuesto. Una condición para la remercantilización consiste en que las poblaciones puedan ser empleables por la industria, el comercio o los servicios mercantiles. De allí que, complementariamente, las estrategias de formación de jóvenes con pasantías en empresas tiendan a ajustar a las necesidades empresariales los perfiles de la fuerza de trabajo"[56]. En este texto y como ejemplo de este tipo de modalidad, abordaremos el *Programa Primer Paso* (PPP).

---

[55] Una interesante discusión sobre desmercantilización y remercantilización administrativa puede encontrarse en Claus Offe (1991): *Contradicciones en el Estado del bienestar*, edición de John Keane, Alianza, Madrid.
[56] Nora Britos; Rubén Caro (2002): "Workfare, sufrimiento social y disciplinamiento laboral", en *Primer Congreso Nacional de Políticas Sociales*, Quilmes, publicación en CD.

La segunda modalidad de intervención estatal está constituida por los Centros de Desarrollo Regional. Estos Centros (en adelante Ce.De.R) tienen como objetivos programar y coordinar la realización de cursos para reinsertar laboralmente a las personas desocupadas; favorecer el desarrollo de microemprendimientos, vincular entidades representativas para el desarrollo regional; conectar a las pequeñas y medianas empresas con organismos oficiales para potenciar su desarrollo y fortalecer su identidad en concordancia con la realidad regional. Están *implicados* en el entramado socio productivo local, y su tarea intenta lo que consideramos una *doble vía de inserción* de las personas: inserción laboral e inserción social.

Sobre el tipo de tarea compleja que requiere esta doble inserción, Robert Castel reconoce "que hay un lazo muy fuerte entre inserción en el trabajo e integración social, lo que, por otra parte, es algo que atraviesa la historia (…) Si uno retoma la pregunta hoy se puede constatar que la precarización del trabajo pone en duda la integración social de los individuos. Es cierto que esta correlación no actúa de una manera totalmente mecánica, y se puede, en cierta medida, compensar con una inscripción comunitaria lo que se pierde en integración por el trabajo. Pero es muy difícil. Me parece que aún no se han instituido alternativas sólidas para reemplazar el trabajo en la función fuertemente integrativa que ha tenido. En verdad, existen iniciativas que no son para nada desdeñables, como la economía informal o, lo que se llama en Europa el tercer o cuarto sector, pero no hay —me parece— una alternativa clara y global al empleo asalariado que reemplace la función de integración social que ha tenido, al menos, en sociedades como Francia", Levin (2000).

2. Condiciones de contexto

Desde mediados de 1990 hasta fines del año 2001 los indicadores del mercado de empleo fueron deteriorándose a la luz del proceso de crisis progresiva de la economía argentina. Luis Beccaria (2005) señala dos fases recesivas de la economía en dicho período, una ubicada en 1994-1995, y la otra, abarcando los años 1998 hasta 2001, año en que se produce la crisis final del plan económico de convertibilidad.

El desempleo se convirtió en la principal manifestación de la cuestión social en nuestro contexto. Desempleo, precarización laboral, pobreza, informalidad, exclusión en la sociedad, son algunos de los términos que más utilizamos para referirnos a las consecuencias sociales de la que ha sido caracterizada como "la otra década infame" Grassi (2003).

Surgieron asimismo movimientos sociales de trabajadores desocupados y como señala Maristella Svampa (2005), "la acción piquetera nació allí donde se desarticularon los marcos sociales y laborales de manera brusca y vertiginosa, allí donde la experiencia de la descolectivización adquirió un carácter masivo, afectando a trabajadores calificados que contaban con carreras laborales estables, e incluían familias y hasta generaciones completas socializadas en le marco de la estabilidad y el bienestar social; allí donde el desarraigo tanto como la desocupación reunieron en un solo haz un conglomerado heterogéneo de categorías sociales".

Hacia fines de la década de 1990, precisamente a fines de 2001, tuvo lugar una crisis institucional sin precedentes, basada, entre otros factores, en la crisis del empleo como vector de integración social. Para el país, las cifras oficiales relativas al desempleo y subempleo durante la década (cuadro 1) ilustran el avance de la desocupación y la subocupación que llegó a afectar una parte muy significativa de la fuerza de trabajo. Asimismo, es menester señalar que se estima que el 50% de la población que cuenta para la tasa de empleo se encuentra en condiciones de informalidad laboral, careciendo de cobertura social y con salarios muy inferiores a los vigentes en los convenios colectivos para la rama de actividad de que se trate.

Cuadro 1. Tasas de actividad, empleo, desocupación y subocupación (1990-2001)

Tasas	Años (al mes de mayo)							
	1990	1993	1996	1997	1998	1999	2000	2001
Actividad	39,1	41,5	41,8	42,1	42,4	42,8	42,8	42,2
Empleo	35,7	37,4	34,0	35,3	36,9	36,6	35,8	34,5
Desocupación	8,6	9,9	17,1	16,1	13,2	14,5	15,4	16,3
Subocupación	9,3	8,8	13,6	13,1	13,7	13,7	14,5	14,9

Fuente: Noemí Giosa Zuazúa (2004).

Es importante señalar que durante la década de 1990 se produjeron importantes modificaciones regresivas en la legislación laboral y en la protección social para los trabajadores. La *Ley Nacional de Empleo* 24013/91 (LNE, en adelante) estableció en su propia formulación distinciones en lo referido a la protección social de los trabajadores desempleados, al crear un seguro de desempleo restringido a los trabajadores regidos por la Ley de Contrato de Trabajo (LCT) y programas de empleo para los grupos que se denominaron con "dificultades de inserción laboral" y los desempleados sin cobertura social (desempleados procedentes del empleo informal). Además, se incluyeron formas de empleo 'promovidas', como el contrato de aprendizaje y las pasantías. Estas medidas complejizaron significativamente el mundo del trabajo e incidieron en la relación salarial, generando una vasta gama de trabajadores *atípicos*.

A partir de la sanción de la LNE, se habilitó al Ministerio de Trabajo de la Nación a la creación de múltiples programas sociales orientados a intervenir sobre el desempleo. La duración, destinatarios, prestaciones y requisitos para acceder a los programas fueron variando a lo largo de la década, al mismo tiempo que aumentaban drásticamente las tasas de desempleo abierto y subempleo en el país.

En la provincia de Córdoba, debido a la profunda crisis de diciembre de 2001, aumentó de manera inédita la cantidad de personas desocupadas o subocupadas en condiciones de exclusión y marginalidad, ampliándose los planes sociales e incrementándose el trabajo no registrado de manera significativa. En la provincia, si bien durante la década de 1990 algunos programas nacionales tuvieron implementación local, el gobierno provincial sólo comenzó a desarrollar sistemáticamente programas propios de la modalidad *remercantilización administrativa* en el período comprendido por la gestión de Unión por Córdoba (coalición centrada en el Partido Justicialista) iniciada en 1998 y que dura hasta la fecha.

Por otra parte, los Ce.De.R (los Centros de Desarrollo Regional correspondientes a la modalidad b), fueron organismos creados en 1997, por un gobierno provincial a cargo del partido Unión Cívica Radical, a partir de las estructuras de los Centros Nacionales de Educación Técnica que dependían del Estado nacional y fueron transferidos a las provincias. Estos centros tuvieron un rol muy relevante en la ejecución de los programas nacionales, como ámbitos de consulta de los distintos organismos interesados en participar en programas sociales de empleo, y en la asistencia técnica local para el desarrollo de estos programas. Entre los principales programas nacionales que se ejecutaron con participación de los Ce.De.R se encuentra el Programa Trabajar I, II y III y el Programa Servicios Comunitarios I y II.

3. ¿Remercantilización administrativa o inserción laboral y social?

Como ya señalamos, el Programa Primer Paso (PPP) basa su estrategia en el contacto entre capital y trabajo, en la dotación de salarios (denominados becas) que liberan a las empresas del pago de estos trabajadores, y en la elusión de la relación de dependencia típica del derecho del trabajo a través de la fórmula del 'reentrenamiento'.

Este programa incorporó anualmente aproximadamente 12.500 jóvenes en estas becas temporarias, habiéndose cumplido cinco etapas: I (1999/2000), II (2000/2001), III (2001/2002), IV (2002/2003) y V (2004/2005). Para la VI etapa (2005/2006) el cupo es de 10.000 jóvenes. Cabe señalar que el monto mensual de la beca fue de \$140 en las primeras 5 etapas y actualmente fue ajustado a \$200[57]. En todas las etapas se incluyeron discapacitados de hasta 40 años de edad, y el cupo fue de 1000 personas en cada etapa.

Entre otras características, la beca tiene una duración anual, no es renovable, y los jóvenes deben identificar empresas u organizaciones no gubernamentales interesadas en incorporarlos por dicho período. Estas empresas y organizaciones tienen ciertos requisitos para acceder al programa: no pueden haber producido despidos masivos en los últimos 6 meses, no pueden sustituir trabajadores permanentes por jóvenes becarios durante el tiempo que dure su adhesión al programa y deben respetar un cupo máximo de jóvenes ingresados bajo la modalidad de beca (no más del 10%) para las empresas con más de 50 trabajadores y hasta un 20% del plantel en el caso de las empresas que cuentan entre 10 y 50 trabajadores.

Los jóvenes bajo programa deben realizar su 'práctica laboral' en las empresas y organizaciones de la sociedad civil durante 20 horas semanales (y con un tope de 4 horas diarias), y las empresas deben acreditar al finalizar el período, que los jóvenes han realizado esta formación en el trabajo. Los jóvenes cuentan con cobertura de seguro por riesgos del trabajo financiada por el programa. No se realizan aportes previsionales durante el período de beca, no contando tampoco como años de servicio ya que explícitamente se plantea que la relación establecida *no configura una relación laboral*.

[57] A partir de enero de 2002, \$140 equivalen a aproximadamente U\$D45 por mes, y \$200 equivalen a aproximadamente U\$D 65 por mes. Hasta esa fecha, la paridad cambiaria distintiva del Plan de convertibilidad tornaba equivalentes por ley la moneda local con el dólar estadounidense.

Los Centros de Desarrollo Regional (Ce.De.R.) fueron creados por Resolución 426/97, con el objetivo de organizar, generar y evaluar acciones de formación, reconversión y capacitación que promuevan el desarrollo personal de los ciudadanos de la provincia de Córdoba, favoreciendo el ingreso al mundo del trabajo, y en especial, aportando a la formación de competencias para el trabajo de los sectores más desfavorecidos.

Cada Ce.De.R. está implantado en una localidad (hay más de 20 en toda la provincia), y el perfil de cada centro está ligado a las características productivas y sociales de la localidad. Los centros organizan cursos de formación en oficios luego de realizar apreciaciones diagnósticas sobre las potenciales áreas de inserción de los trabajadores que atienden. Asimismo, son el espacio institucional en el que crecientemente, la población alcanzada por programas de asistencia debe concurrir para formarse.

Actualmente, los centros están transitando desde un rol de oferentes de formación profesional a un papel más complejo de articulación multiactoral en torno a los problemas de empleo local. Se pretende reorientar su papel como impulsores del desarrollo local en su región, promoviendo la actividad de las micro, pequeñas y medianas empresas y facilitando la creación de nuevos empleos.

4. Evaluación de las políticas y políticas de evaluación

La evaluación es un componente silenciado en las políticas estudiadas (Hintze, 2005). El PPP cuenta con un pequeño equipo que eventualmente monitorea los lugares de trabajo de los jóvenes y atiende consultas y reclamos de los jóvenes o de las empresas. No se cuenta con información sobre condiciones de trabajo de los becarios, porcentaje de jóvenes que transitan al empleo formal luego de la experiencia del PPP, empresas que incorporan a los jóvenes una vez concluido el período de beca. El público, a su vez, no accede a información sobre cuáles son las empresas y organizaciones de la sociedad civil que se han visto beneficiadas con la incorporación de estos trabajadores, ni cuántos trabajadores ingresaron en cada empresa.

Tampoco se accede a listados de jóvenes a fin de poder contactarlos para indagar sobre su experiencia en relación con el programa. Por otra parte, la información estadística es escasa y no se encuentra actualizada. La información pública más actualizada consiste en un *Informe Estadístico Setiembre 2003*. En dicho Informe, podemos observar algunos aspectos relevantes sobre la distribución de los beneficiarios en las empresas: el 30,5% se ubicaron en ese período en el comercio, y el 30,2% en los servicios. Es importante señalar que, según el tamaño de las empresas, las que más absorbieron jóvenes becarios fueron las empresas pequeñas (1-10 empleados), en un 45% de los casos. Siguen en orden de importancia las empresas con más de 50 empleados, que absorbieron el 26,2% de jóvenes en tal período.

En la provincia, los servicios tienen una participación de 55% en el Producto Geográfico Bruto, seguido por la industria (21%) y el sector primario (19%),(Aparicio et. al, 2006). El 60% de los jóvenes se vincularon a empresas de servicios y comercio, frente a un escaso porcentaje en el sector secundario, siguiendo la misma distribución relativa.

La información disponible sobre la escolaridad alcanzada por los jóvenes (el 15,3% sólo alcanzó el nivel primario y el 19% el ciclo básico, sin terminar sus estudios secundarios) sugiere un probable círculo vicioso de escaso desarrollo de competencias como punto de partida de los jóvenes, así como la inclusión en prácticas laborales que no favorecen el desarrollo de dichas competencias. Esto se produce en especial en el caso de las actividades del comercio y estimamos que también en el caso de servicios cuando se trata de servicios de escasa complejidad, sector probablemente que capte esta forma de inserción (bares, restaurantes, centros de entretenimiento). Es importante señalar que el mismo informe daba cuenta, para el año 2003, de un total de 12.302 beneficiarios, de los cuales el 94,9% se hallaban bajo la modalidad beca, y sólo el 5,1% restante había sido incorporado bajo la modalidad contrato por tiempo indeterminado (Informe estadístico 2003).

Aunque la información disponible no permite realizar un análisis exhaustivo sobre los logros/ dificultades del programa, es preciso llamar la atención sobre el significativo silencio de los actores sindicales frente a este tipo de intervenciones, que favorecen el establecimiento de condiciones diferenciadas de trabajo y remuneración en los propios ámbitos laborales y con apoyo estatal.

En el caso de los Ce.De.R., un núcleo problemático central es que los trabajadores que deben encargarse de una cuestión social crecientemente compleja, son en su mayoría docentes contratados por hora para dictar cursos de formación profesional. Su inestabilidad laboral configura un importante dilema para quienes se hallan a su vez impelidos por imperativos de articulación y vinculación con el medio local. Esta paradoja permite identificar un *déficit* en la política pública, en tanto sólo un voluntarismo extremo puesto en práctica por estos trabajadores precarizados puede aportar al cumplimiento de estas orientaciones emanadas principalmente de la jurisdicción nacional.

Así, la política de empleo transita entre reconocer la relevancia de los ámbitos de articulación y el esfuerzo por el desarrollo local en torno del 'trabajo decente', y el no reconocimiento de sus propios trabajadores y agentes públicos en este campo.

5. ¿Hay formas institucionales que favorecen la coproducción de políticas?

A partir de la sintética presentación sobre las grandes líneas de abordaje institucional del desempleo en la provincia de Córdoba, podemos realizar algunas observaciones no concluyentes en relación con una eventual expansión de la gestión pública hacia ámbitos no estatales.

En el primer tipo de intervención abordado, el PPP, no se advierte un esfuerzo en dirección a la discusión de la política con actores implicados, ni a su evaluación a partir de diferentes perspectivas, al desarrollo de una institucionalidad compleja que recupere aportes y demandas de distintos actores no gubernamentales. Tampoco se observan avances en la necesaria participación de otras agencias al interior del propio Estado provincial: si el desempleo es un asunto complejo, multideterminado y con un enlazamiento estrecho con la protección social, las intervenciones quizá deban recuperar una perspectiva transversal *también* en relación a las áreas y ministerios que permiten unificar una 'división del trabajo' que ya no puede funcionar sin crear a su vez lagunas crecientes en la integración social.

La posibilidad de co-producir políticas supone algunas precondiciones: una *institucionalidad estatal* permeable a la participación de actores no gubernamentales sin cooptación, con capacidad para construir (y sostener) compromisos sobre futuros deseables, pero también sobre la construcción participativa de reglas de juego que otorguen sentido a la participación. Entre otras cuestiones, la publicidad y el acceso a información de calidad para todos los actores son elementos centrales para co-producir acciones. La co-producción puede implicar negociación, convergencia y cooperación, así como disidencia y conflicto.

Al mismo tiempo, sería necesario que los actores no gubernamentales desarrollaran en este campo capacidades de crítica, control y propuesta. En el caso del PPP, por ejemplo, el significativo silencio de los sindicatos sobre esta política, equivale en cierto sentido a una defección por parte de esas organizaciones. Si, como señala CELS, "el nexo entre ciudadanía y trabajo constituyó una de las instituciones sociales, políticas y jurídicas más importantes de la modernidad que, como la nacionalidad y en modo más general, la cultura, sobredeterminaron un 'derecho a tener derechos', el trabajo efectivizó el reconocimiento social para los habitantes de nuestro país, aún cuando éste no haya consolidado una democracia social fuertemente institucionalizada. Actualmente, garantizar una *ciudadanía social* en condiciones de ausencia de pleno empleo constituye el desafío mayúsculo de las sociedades post Estado de bienestar. Un desafío encuadrado, entonces, en el pasaje desde una *ciudadanía laboral* a una *ciudadanía universal*" (CELS, 2005).

En la garantía de la ciudadanía social y en la discusión sobre el lugar del empleo en la integración social, la co-producción de políticas puede representar una promisoria reorientación de la institucionalidad pública si favorece modificaciones significativas en la orientación de la vida social, en especial, gracias a la ampliación de actores implicados en esa orientación, y en particular, de los sectores más afectados por los procesos de descolectivización implicados en el desempleo.

Ahora bien, esta afirmación representa una paradoja, o al menos, devuelve un interrogante adicional: si la acción colectiva es de por sí un resultado altamente costoso y nunca autoevidente en materia de cooperación, lo es más para los sectores más desfavorecidos, y más aún para quienes se ven crecientemente excluidos *en* la sociedad. Una co-producción que modifique asimetrías sociales tiene que ser no sólo *para* ellos, sino *con* ellos. Y esa igualdad debe construirse, con frecuencia, contra la institucionalidad existente.

Referencias

Aparicio, G.; Veritier, G.; Caro, R. (2006) *Módulo Vinculación con el contexto socioproductivo*, Córdoba, Programa de Calidad del Empleo y la Formación Profesional, Ministerio de Trabajo, Empleo y Seguridad Social.

Beccaria, L. (2005) "El mercado laboral argentino luego de las reformas", en Beccaria L., Maurizio, R. (editores) (2005) *Mercado de trabajo y equidad en Argentina*, Buenos Aires, Prometeo - Universidad Nacional de General Sarmiento.

Beccaria L.; Maurizio, R. (editores) (2005) *Mercado de trabajo y equidad en Argentina*, Buenos Aires, Prometeo - Universidad Nacional de General Sarmiento.

Britos, N.; Caro, R.; Frávega Ibáñez, S.(2005) *Políticas de empleo en Argentina. El discurso jurídico- político de la gestión estatal*, informe final de investigación, Programa de Promoción de la Investigación, Escuela de Trabajo Social, Universidad Nacional de Córdoba.

Britos, N.; Caro, R. (2002) "*Workfare*, sufrimiento social y disciplinamiento laboral", en *Primer Congreso Nacional de Políticas Sociales*, Quilmes (CD).

Centro de Estudios Legales y Sociales (2005) *Informe 2005. Derechos Humanos en Argentina*, capítulo XII, "Protesta social. El retorno del conflicto laboral y la disputa por el espacio público", Buenos Aires, Siglo XXI Editores.

Danani, C. (2004) *Política social y economía social. Debates fundamentales*, Buenos Aires, Altamira.

Giosa Zuazúa, N. (2004) "La evolución del empleo en el corto plazo. ¿Recuperación o nuevo patrón de crecimiento?", *Serie análisis de coyuntura*, Buenos Aires, Centro Interdisciplinario para el Estudio de Políticas Públicas (CIEPP), N° 3. Junio.

Grassi, E. (2003) *Políticas y problemas sociales en la sociedad neoliberal. La otra década infame (I)*, Buenos Aires, Espacio Editorial.

Hintze, S. (2005) "La evaluación de políticas sociales en la Argentina: reflexiones sobre el conflicto y la participación", en Andrenacci, L. (compilador) (2005) *Problemas de política social en la Argentina contemporánea*, Buenos Aires, Universidad Nacional de General Sarmiento, Prometeo libros.

Levin, S. (2000) "Entrevista a Robert Castel. La inclusión social frente a los mandatos de la globalización", *Sociales, Revista Latinoamericana de Política Social*, N° 2, Mayo.

Ministerio de Producción y Trabajo de la Provincia de Córdoba (2003) Área Estudios, Estadísticas y Gestión de Información de la Coordinación de Empleo y Formación Profesional, *Informe Estadístico Setiembre 2003*, Córdoba.

Offe, C. (1991) *Contradicciones en el Estado del bienestar*, edición de John Keane, Madrid, Alianza.

Svampa, M. (2005) *La sociedad excluyente. La Argentina bajo el signo del liberalismo*, Buenos Aires, Taurus.

Una política de Estado Municipal: el Plan Integral de Promoción del Empleo Local en la Municipalidad de Córdoba

Marina Assandri[58]
Municipalidad de Córdoba, Argentina
Secretaría de Planeamiento, Finanzas y Desarrollo Económico,
Subdirección de Promoción de Empleo

Objetivos

Con el Plan Integral de Promoción del empleo Local (PIPEL), se pretende implementar localmente un sistema de instrumentos y programas a través de los cuales la Municipalidad interviene en el mercado de trabajo de la Ciudad de Córdoba. La justificación de esta intervención reside en la necesidad de corregir fallas de mercado, asimetrías en la información y promover la creación de empleo a través del apoyo a la generación de microempresas.

El PIPEL se propone atender el problema del deterioro de las condiciones de vida de los habitantes de la ciudad de Córdoba como consecuencia del alto desempleo, la elevada presencia de puestos de trabajo de baja productividad, las malas condiciones laborales, la insuficiencia de empleos de buena calidad, la desarticulación entre la oferta y demanda laboral y el bajo nivel de calificación de la mano de obra. Como objetivo general plantea mejorar las condiciones de empleabilidad y facilitar el enlace entre trabajadores y puestos de trabajo en el mercado laboral de la ciudad de Córdoba, a personas que actualmente están desocupadas, subocupadas y beneficiarios de planes sociales. En su diseño, instrumentación y puesta en funcionamiento fue concebido como un sistema integrado por los siguientes componentes:

[58] Colaboración: Ivanna Dépalo, Fernanda Cordón, Diego Hiablochnick y María Laura Oldrino.

- Reinserción Laboral
- Terminalidad Educativa Nivel Primario
- Creación y Consolidación de Microempresas
- Infraestructura Comunitaria y Mejoramiento del Hábitat[59]
- Formación Profesional
- Observatorio del Mercado Laboral
- Proyectos Productivos y de Servicios Asociativos[60]

El PIPEL ofrece a la población beneficiaria la posibilidad de acceder a un sistema de distintos servicios, integrados en componentes que intentan fortalecer las características de su empleabilidad. El plan articula un entramado de instituciones del sector público y privado con el fin de lograr mayor eficacia en los servicios ofrecidos y asegurar la capacidad operativa y funcional. Sus servicios se desarrollaron en base al diagnóstico y estudio profesional de la temática. El acceso al plan se realiza en las Oficinas de Servicios de Empleo (OSE) mediante una entrevista personalizada en la que se confecciona una historia laboral del postulante. El personal de las OSE está integrado por oficiales que atienden a los postulantes y promotores que visitan empresas relevando "vacantes" de la demanda laboral. Tanto las historias laborales como las demandas de las empresas se ingresan en un software específico operado desde el Observatorio del Mercado Laboral quien realiza el cruce de variables que posibilita el encuentro de oferta y demanda. Desde la oficina de coordinación del PIPEL se realiza el control de calidad de la respuesta considerando las necesidades de las empresas y las expectativas de los postulantes. Todas las derivaciones de postulantes a los servicios se realizan a través de procedimientos que garantizan rapidez y transparencia. Las principales derivaciones pueden ser hacia los componentes de terminalidad educativa, creación y consolidación de empresas, proyectos productivos, formación profesional o infraestructura o mejoramiento del hábitat.

En términos generales la población a la que se dirige el proyecto es la de desocupados, subocupados y beneficiarios de planes sociales en la ciudad de Córdoba. En términos particulares algunos componentes del plan se concentran en la población objetivo específica constituida por los beneficiarios del Plan Jefas y Jefes de Hogar de la Ciudad de Córdoba (JJHC), que en el mes de Junio de 2003 representaba el 2,9 % del total de beneficiarios en el país (50.729 jefas y jefes de hogar).

[59] El componente dejó de mantenerse en 2006.
[60] En 2006 fue integrado al componente Creación y Consolidación de Microempresas.

Contexto

La ciudad de Córdoba se encuentra inmersa, por segunda vez en su historia, en un proceso de planificación estratégica participativa. En esa dirección, el Plan Estratégico de la Ciudad (PECba) está orientado a generar condiciones de desarrollo económico y social para mejorar la calidad de vida de los ciudadanos y permitir, al mismo tiempo, la construcción de un modo alternativo de gestionar la ciudad. En diciembre de 2003 la identificación del problema fue el primer paso dado en ese sentido por los ciudadanos, representantes institucionales, funcionarios y técnicos municipales, para establecer acuerdos colectivos sobre la interpretación de la realidad de la ciudad, la situación deseada y las principales líneas de acción estratégicas, respecto de algunos temas críticos.

Durante el mes de abril de 2004 se llevaron a cabo talleres participativos de diagnóstico e identificación de acciones estratégicas, uno de ellos sobre "Inserción laboral: empleo, autoempleo y otras alternativas de ocupación, microempresas, cooperativas, empresas recuperadas". Del análisis de problemas relacionados con la temática fueron identificados como nudos críticos la desarticulación entre la oferta y demanda laboral, el bajo nivel de calificación de la mano de obra, el escaso espíritu y cultura asociativa, la desarticulación entre empresas y Estado y entre los distintos niveles, la ausencia de una oferta integral que vincule educación y trabajo y se oriente al desarrollo de emprendimientos y nuevas alternativas de ocupación. Finalmente se identificó como problemática la escasa información sistematizada relativa a estos temas.

Entre mayo-agosto de 2004 fue creado un equipo de trabajo interdisciplinario con la finalidad de realizar un análisis de los problemas y nudos críticos: viabilidad –FODA y formulación del proyecto. Entre septiembre y octubre de ese año se realizó la selección, entrenamiento y capacitación de los recursos humanos de las OSE del Plan, capacitándose 62 oficiales y promotores pertenecientes a los equipos de trabajo de cada OSE. La capacitación se organizó en 9 jornadas de 3 horas y se brindó en forma rotativa en diferentes sedes de los Centros de Participación Comunal (CPC)[61]. Se

---

[61] En estos centros los vecinos pueden realizar los trámites administrativos que antes se encontraban centralizados, además de participar en actividades culturales, sociales, deportivas y vecinales. Los 10 CPC existentes son: Argüello, Centro América, Pueyrredón, Villa el Libertador, Empalme, Avenida Colón, Ruta 20, Monseñor Pablo Cabrera, Rancagua y Mercado de la Ciudad, además del SubCPC de Guiñazú.

realizó un ciclo de tres talleres de intercambio con todos los directores y subdirectores de los CPC, y un grupo de docentes de la Universidad Nacional de Córdoba capacitó a 12 tutores para las OSE.

En noviembre de 2004 se realizó la instalación y logística de los aspectos técnicos y edilicios (software para la carga de datos y procesamiento de información de oferta y demanda laboral, instalación de equipos y conexiones a red interna, telefonía y acondicionamiento de 12 oficinas) y en diciembre de 2004 se produjo el lanzamiento y puesta en marcha del Plan con la apertura de 10 OSE, 1 Oficina de Coordinación y 1 Observatorio de Empleo para atención a la población beneficiaria.

El desempleo en el Gran Córdoba en 2003

En mayo de 2003, el Gran Córdoba (Córdoba Capital, Saldán, La Calera, Villa Allende y Guiñazu) contaba con una población de 1.431.613 habitantes. La población económicamente activa era de 584.293, de los cuales 487.959 eran ocupados y 96.334 desocupados. Un total de 50.700 personas eran beneficiarios del plan JJHC. De acuerdo con estas cifras, cerca de 150.000 personas integraban el conjunto de la comunidad del Gran Córdoba demandante de empleo. La distribución de los desempleados según condición etaria (cuadro 1) permite visualizar en el total de desocupados la importante proporción de población joven.

Cuadro 1. Distribución del desempleo en el Gran Córdoba

	PEA	Desocupados	Tasa desocupación
Jóvenes	130.273	47.367	36,36
Adultos	426.875	45.975	10,77
Mayores	27.145	2.992	11,02

Fuente: INDEC Base EPH mayo 2003, procesamiento propio.

Si se considera la condición de jefe de hogar, se registran diferencias entre la tasa que corresponde a los no jefes (19,6%) y la de los jefes (13%). Con respecto al nivel educativo (cuadro 2) se deben destacar las mayores tasas de desempleo en el caso de la población analfabeta (50%) y en aquella que cuenta con estudios primarios incompletos comparativamente con la de mayor nivel de educación formal.

Cuadro 2. Distribución del desempleo según nivel de instrucción

Nivel educativo	PEA	Desocupados	Tasa desocupación
Analfabetos	1.424	714	50,0
Primario incompleto	38.209	3.623	9,5
Primario completo	98.162	22.154	22,6
Secundario incompleto	123.581	27.840	22,5
Secundario completo	133.297	14.511	10,9
Sup./Univ. incompleto	98.257	19.521	19,9
Sup./Univ. completo	91.359	7.971	8,7
Total	584.289	96.334	16,5

Fuente: INDEC Base EPH mayo 2003, procesamiento propio.

En cuanto al desempleo de acuerdo con el tamaño de las empresas de la última ocupación (cuadro 3) se aprecia que las empresas de menor tamaño eran comparativamente los sectores más expulsores de mano de obra.

Cuadro 3. Distribución del desempleo según el tamaño del establecimiento en su última ocupación

Tamaño del establecimiento	Desocupados	% Desocupación
Nuevos trabajadores	16.481	17,11
1 empleado	27.554	34,51
2 a 5 empleados	32.432	40,61
6 a 15 empleados	3.208	4,02
16 a 25 empleados	3.231	4,05
26 a 50 empleados	808	1,01
51 a 100 empleados	3.933	4,93
101 a 500 empleados	3.800	4,76
501 a mas empleados	3.271	4,10
N / S	1.616	2,02
Total	96.334	100

Fuente: INDEC Base EPH mayo 2003, procesamiento propio.

Por último en cuanto a la distribución del desempleo según la categoría ocupacional se debe destacar que cerca del 45% de los desocupados eran obreros y empleados, un 38% trabajadores por cuenta propia y el 17% nuevos trabajadores. En el conjunto, 26% no tenían calificación específica, 49% presentaban calificación operativa y el 8,3% calificación técnica y profesional. En cuanto a la calificación del último trabajo, más del 42 % de los desocupados eran nuevos trabajadores o no tenían calificación.

Los grupos de desempleados

A partir de un estudio de correspondencias múltiples se construyeron tipologías de desempleados basándose en la información de la Encuesta Permanente de Hogares (EPH), onda mayo de 2003. Los tres perfiles o grupos de desempleados en el Gran Córdoba con atributos similares se caracterizaron de la siguiente forma:

> El primer grupo representa el 36,4 % de los desempleados (35.066) y está constituido por trabajadores varones adultos cuya categoría ocupacional anterior fue trabajador por cuenta propia o changas, con un nivel educativo bajo. Los integrantes del grupo expresan que no encuentran ocupación por falta de trabajo, en particular en su especialidad.
> El segundo grupo representa el 46,5 % de los desempleados (44.795) y está integrado por trabajadores varones y mujeres, adultos y jóvenes, cuya categoría ocupacional anterior fue obrero o empleado, presenta nivel educativo medio y medio alto, salió del mercado de trabajo fundamentalmente por despido y no encuentra trabajo por su especialidad o por la oferta de trabajos con insuficiente remuneración.
> El tercer grupo representa el 17,1 % de los desempleados (16.473) y está integrado por los nuevos trabajadores, varones y mujeres, jóvenes, solteros, sin experiencia laboral y sin vinculaciones. Su nivel educativo es medio bajo.

La población Jefas y Jefes de Hogar desempleados

En el conjunto de la población de JJHD (50.729) el 68,4 % son mujeres. Los tres perfiles o grupos identificados con atributos similares, también en el mes de mayo de 2003 son tres. El primero representa el 49 % de los beneficiarios JJHD. Está integrado por mujeres, no jefas de hogar que realizan como contraprestación tareas no calificadas. No buscan otra ocupación, tienen un nivel educativo bajo (nivel primario incompleto / completo), realizan contraprestación en el sector privado y en su gran mayoría son pobres. El segundo grupo representa el 4 % de los beneficiarios JJHD. Sus integrantes son mujeres, jóvenes, no jefas de hogar, la tarea que realizan como contraprestación es sin calificación, no buscan otra ocupación, tienen nivel educativo bajo (nivel primario y secundario incompleto) y son indigentes. El tercer grupo representa el 47 % de los beneficiarios JJHD, está compuesto por mujeres y varones adultos, jefes de hogar, con calificación operativa. Buscan otra ocupación, tienen nivel educativo bajo (nivel primario, secundario incompleto) y son indigentes y pobres.

El análisis comparativo 2003-2006

El último trimestre de 2006, la PEA del aglomerado Gran Córdoba cuenta con 610.977 personas de las cuales el 43,5 son mujeres. El incremento de esta franja poblacional fue de más de 26.600 personas y según datos de la EPH del 2º trimestre de 2006 el total de hombres ocupados es de 317.754 mientras que el de mujeres 241.865. La tasa de desempleo es del 8,4% presentado diferencias según sexo (9% para las mujeres y 8% para los hombres). Esa tendencia a la disminución del desempleo refleja la ocurrida a nivel de nación en que los datos relativos al empleo presentan 47 meses consecutivos de crecimiento según la encuesta de Indicadores Laborales (EIL) del Ministerio de Trabajo de la Nación, acumulando desde 2002 un crecimiento de 29,2%.

La tasa de desempleo en Córdoba registra una evolución favorable a través de los trimestres, en especial si se compara con el año 2003, en que alcanzó un valor del 23,6%. Sin embargo, el elemento desfavorable en la evolución del mercado laboral es el paralelo aumento en la tasa de subocupación, que alcanza un valor del 13,3% en el segundo trimestre del 2006. La comparación de los datos de 2006 respecto del año 2003, refleja los signos de mejoría del mercado laboral, con una mayor tasa de empleo junto con menores tasas de desocupación. Sin embargo sería necesario alcanzar mayores progresos en cuanto a las tasas de desempleo y subempleo para aminorar los problemas laborales de los cordobeses. Así, por ejemplo, la suma de ambas tasas para el primer trimestre del 2006 refleja que un 21,7% de la PEA del Gran Córdoba enfrentaba problemas laborales.

Tanto en 2003 como en 2006 la mayor parte de los desocupados presenta como máximo nivel educativo alcanzado el primario completo, mientras que en el caso de los ocupados, la mayor parte completó la educación superior. De esto se desprende que un mayor nivel educativo resulta una condición importante a la hora de conseguir empleo. Así, en ambos años, en cuanto al nivel de educación de los ocupados sobresalen aquellos que tienen estudios de nivel superior completos, seguido por los que cuentan con escolaridad primaria completa.

Algunos resultados del PIPEL

Desde el inicio del plan se debe mencionar entre los principales resultados alcanzados[62] el haber brindado soluciones laborales[63] a 9.107 personas (16,4% del total de desocupados del primer semestre de 2006). Entre otros resultados, el 31% de los postulantes derivados consiguió empleo; 2.027 vacantes de puestos fueron obtenidas luego de las entrevistas a empresas y la creación de autoempleo incluyó a 2.572 personas titulares de empresas asociativas. Un total de 3.418 personas dejaron de estar desempleadas, lo que en conjunto refleja el impacto relativo del plan en la reducción del desempleo en la ciudad de Córdoba.

Los actores

La propuesta del PIPEL articula un entramado de organismos internacionales, organismos gubernamentales nacionales y municipales, universidades, entidades mixtas y del sector privado, orientadas al logro de mayor eficacia en los servicios ofrecidos y al aseguramiento de una capacidad operativa y funcional tendiente a conseguir la sostenibilidad del plan. El plan integra una red de actores vinculados a la temática de empleo, con quienes actúa y gestiona de manera asociada. Participan de los servicios integrados en los diferentes componentes las siguientes instituciones: Banco Interamericano para el Desarrollo (BID), Youth Foundation, Organización Internacional del Trabajo (OIT) Programa AREA, Ministerio de Trabajo de la Nación, Ministerio de Desarrollo Social de la Nación, Gerencia de Empleo de la Provincia de Córdoba, Consejo Consultivo de la Ciudad de Córdoba y Facultad de Ciencias Exactas, Físicas y Naturales (UNC), Secretaría de Extensión de la Universidad Nacional de Córdoba (UNC), Secretaría de Graduados de la Universidad Nacional de Córdoba (UNC), Consulado General de Chile, Instituto de Investigación y Formación en Administración Pública de la Universidad Nacional de Córdoba (UNC) , Universidad Siglo 21, Agencia para el Desarrollo Económico de Córdoba (ADEC), Foro Productivo Zona Norte, Fundación Incubadora de Empresas, Microcrédito para el Trabajo, Escuela Municipal del Trabajo, Unión Obrera Metalúrgica (UOM),

---

[62] Los datos mencionados surgen del análisis del Observatorio del Mercado Laboral de la Municipalidad; los datos de autoempleo provienen de la Fundación Incubadora de Empresas, Micro crédito para el Trabajo y de la Subdirección de Promoción de Empleo.

[63] Se entiende como soluciones laborales al acceso a algún servicio del plan que haya mejorado la empleabilidad del postulante.

Unión Obrera de la Construcción de la República Argentina (UOCRA), Asociación Mutual Israelita Córdoba (AMIA),

Realizaciones y actividades desarrolladas en el marco del PIPEL

Desde su implementación, el plan ha llevado a cabo diversas acciones tendientes al logro de los objetivos establecidos en la etapa de diseño. Los servicios que brinda se integran a diversos componentes, integrados a la vez por subcomponentes a través de los cuales se desarrollan las actividades planificadas desde la coordinación del programa.

La intermediación entre los postulantes en condiciones de ocupar puestos de trabajo vacantes y la demanda de vacantes existentes en las empresas se realiza por medio del componente reinserción laboral. La información de oferta y demanda ingresada en cada OSE es el insumo básico para la Oficina de Coordinación y el Observatorio del Mercado Laboral que se encarga de vincularla con los datos e informaciones de los componentes y de redistribuirla en el sistema de información interna del plan.

Em cuanto al servicio de Reinserción Laboral, los habitantes de la ciudad involucrados en un proceso de búsqueda laboral y registrados en alguna de las OSE[64]. Las OSE brindan servicios tanto a los beneficiarios como a las empresas. La OSE de la Subdirección de Promoción del Empleo tiene a su cargo la tarea de apoyo a la gestión de las OSE de los CPC, la relación con el sector empresario y la generación de redes institucionales. Los promotores de las OSE tienen a su cargo las tareas de relación con el sector empresario, atención y contención del beneficiario, realización de entrevistas y seguimiento de los casos de reinserción. Como beneficiarios de reinserción laboral quedan incluidas las personas que presentan condiciones de empleabilidad adecuadas para conseguir trabajo, aquellas que por sus condiciones están en riesgo de mantener su situación de desempleo en el mediano o largo plazo y los jóvenes sin experiencia laboral anterior (con

---

[64] Las OSE brindan servicios tanto a los beneficiarios como a las empresas. La OSE de la Subdirección de Promoción del Empleo tiene a su cargo la tarea de apoyo a la gestión de las OSE de los CPC, la relación con el sector empresario y la generación de redes institucionales. Los promotores de las OSE tienen a su cargo las tareas de relación con el sector empresario, atención y contención del beneficiario, realización de entrevistas y seguimiento de los casos de reinserción. Como beneficiarios de reinserción laboral quedan incluidas las personas que presentan condiciones de empleabilidad adecuadas para conseguir trabajo, aquellas que por sus condiciones están en riesgo de mantener su situación de desempleo en el mediano o largo plazo y los jóvenes sin experiencia laboral anterior (con y sin formación).

y sin formación) ubicada en los CPC, participan en la búsqueda de recursos humanos de las empresas que solicitan personal al PIPEL. Por medio de una entrevista el beneficiario ingresa en el plan, se le brinda información sobre las características del mismo y se registran historias laborales y demandas de empleo. Dentro de las actividades que se han realizado se debe destacar la atención de 21.235 consultas en las OSES, 31% de los postulantes derivados que consiguieron empleo y 447 empresas visitadas por los promotores. De acuerdo con las informaciones que brindaron las empresas, un 98% expresó su conformidad con el servicio brindado, 38% contrataron empleados y 98% manifestó que volvería a utilizar los servicios del PIPEL.

En el Servicio de Talleres de Orientación Laboral se desarrollan actividades dictadas por psicólogos laborales del Centro de Empleo Universitario de la Universidad Nacional de Córdoba. En ellos participan en promedio 20 postulantes y su objetivo consiste en favorecer el desarrollo de las actitudes y aptitudes que exige el mercado de trabajo de la ciudad para la obtención de un empleo, haciendo foco en la definición del perfil de los postulantes y trabajando sobre las competencias que poseen y las habilidades a adquirir para su desarrollo personal. A través del servicio se busca potenciar el proceso de búsqueda laboral de los postulantes, ya que se trabaja sobre diversas temáticas vinculadas con el mercado de trabajo, elaboración de *curriculum vitae* y definición de perfiles laborales, entre otras. Más allá de los servicios prestados en forma regular y permanente por este componente, también se desarrollan acciones específicas en función de los diagnósticos realizados por la Oficina de Coordinación y las necesidades relevadas en el mercado, teniendo en cuenta los informes de coyuntura del Observatorio del Mercado Laboral. En el ciclo para mujeres "Fraguas para la Vida" se desarrollan encuentros destinados a mujeres inscriptas en el plan que tengan entre 35 y 45 años de edad, con experiencia laboral y que se encuentren sin trabajo hace dos años como mínimo. Las jornadas de capacitación para jóvenes se destinan a personas de entre 18 y 25 años, con estudios secundarios completos. Se los orienta a encontrar recursos y herramientas que les permitan alcanzar una situación estable en su vida a través de un camino de trabajo y nuevo desarrollo. Por último, las jornadas de reflexión y debate para empresas intentan constituir un ámbito a través del cual los representantes de las empresas registradas participan en jornadas de capacitación y debate sobre temas de actualidad empresaria, siendo ésta una herramienta de fidelización para el PIPEL. En el servicio de talleres se incluyen los componentes de Terminalidad educativa y de Creación y consolidación de empresas. El primero brinda la posibilidad de finalizar los estudios primarios y de realizar la escuela primaria con certificación oficial con metodologías adaptadas y en horarios acordes con la población adulta. La incorporación a las clases se realiza luego de un diagnóstico y puede concretarse en cualquier momento de desarrollo del año escolar. En materia de creación y consolidación de empresas se desarrollan actividades de asistencia técnica, capacitación, asesoramiento y financiamiento para proyectos de autoempleo o empresas en marcha. Se brindó asistencia técnica a 2.572 personas para que desarrollen su propia empresa y fueron destinados $ 2.760.794 para el financiamiento de proyectos productivos.

El Servicio Manos a la Obra, a través del plan Manos a la Obra del Ministerio de Desarrollo Social de la Nación, ofrece a los emprendedores locales la posibilidad de acceder a financiamiento para poner en marcha un emprendimiento particular o asociativo. Para ello se trabaja con tres tipologías diferentes: REDES (Fondo solidario para créditos), Emprendimientos productivos (Subsidio para emprendimientos asociativos de desempleados) y tipología 6, que provee insumos y herramientas (subsidios para emprendimientos asociativos entre jefes y jefas de Hogar desempleados). A través de este servicio se financian proyectos productivos a microemprendedores de la ciudad de Córdoba.

El Plan Servicio Asistencia técnica para emprendedores y pequeñas empresas brinda asistencia técnica de manera personalizada y gratuita a aquellos emprendedores que desean formular un proyecto para obtener financiamiento o realizar su propio plan de negocios. La Municipalidad de Córdoba cuenta con un gabinete de asesoramiento que realiza en forma permanente visitas y consultoría a proyectos ya financiados del componente Emprendimientos Productivos, como parte de la aplicación de herramientas para el control de calidad del PIPEL. El fin de las visitas no consiste solamente en verificar la existencia y el funcionamiento del emprendimiento, sino en realizar encuentros a través de los que se brinda asistencia técnica en aspectos fundamentales para el desarrollo del negocio como la gestión, la planificación y la comercialización.

Con el esfuerzo conjunto del PIPEL y la Agencia de Desarrollo Económico de la ciudad de Córdoba (ADEC), a través de diferentes programas de asistencia y desarrollo de cadenas productivas financiadas por instituciones como el Banco Interamericano de Desarrollo (BID) y el Centro de Comunicación, Investigación y Documentación Europa - América Latina (CI-

DEAL) se desarrolló la primera cadena de emprendedores textiles y marroquineros de la ciudad de Córdoba, que en la actualidad está integrada por
más de 40 microemprendimientos.

Entre los principales logros de esta cadena, se destaca la realización de
la Primera Expoferia de Emprendedores Textiles y Marroquineros, la participación en la Edición 2006 de la Feria de las Artesanías de Córdoba, la
participación en la Expo Feriniños, la compra para uso conjunto de una
máquina bordadora de última tecnología y la realización de diferentes cursos y talleres de capacitación en comercialización, costos, plan de negocios, moldería y diseño de moda.

El Servicio Capacitación consiste en el desarrollo de un ciclo permanente de talleres para emprendedores que se llevan a cabo en todos los
CPC. Los talleres están diseñados para realizar un acompañamiento integral al emprendedor que desea armar su propio proyecto de autoempleo y
sus temáticas son: generación de la idea, costos, comercialización y el paso
de la idea a un proyecto.

En cuanto al servicio Micro crédito para el trabajo, a través de una entidad mixta público/privada se ofrece crédito a las micro y pequeñas empresas, con una rentabilidad razonable, de modo de garantizar su permanencia y sustentabilidad, con un margen de acción exento de restricciones
presupuestarias externas, fruto de la generación de ingresos propios. Los
productos son crédito empresarial (microcréditos y pequeños créditos),
crédito estacional y crédito automático.

El Servicio Pago Único por Desempleo se vincula con el programa del
Ministerio de Trabajo de la Nación y permite al beneficiario del seguro por
desempleo obtener en un solo pago el doble de las cuotas que resten por
cobrar, con el requisito de utilizar ese dinero para la creación de su propia
empresa o para asociarse a una ya existente. La Subdirección de Promoción de Empleo actúa como organismo que brinda asistencia técnica en
caso de que los proyectos lo requieran.

Para aquellos emprendedores de perfil tecnológico, el servicio Incubadora de Empresas ofrece una base de apoyo para la solución de los problemas de las empresas en las primeras etapas de su desarrollo: asesoramiento
legal, económico y financiero, módulos para la instalación de la empresa
(de 16 a 55 metros cuadrados), disponibilidad de sala de reuniones, aulas,
vestuarios y servicios comunes, apoyo tecnológico, gerencial y capacita-

ción empresarial, acceso a redes de información nacional e internacional, asesoramiento sobre registros de marcas y patentes, información sobre líneas de financiamiento y asesoramiento en estrategias de comercialización.

El componente Formación Profesional está integrado por dos servicios: Escuela Municipal del Trabajo (EMT) y Entra 21. El primero tiene por objeto la formación sociolaboral a través del desarrollo de cursos cortos de oficios que demanden las empresas. Está destinado a personas desocupadas provenientes de familias de escasos recursos, con entre 16 y 35 años de edad y que cuentan con el nivel primario aprobado. El segundo servicio Entra 21 se ejecuta a través de ADEC. Se capacita a jóvenes de entre 18 y 25 años para la incorporación de competencias en tecnologías con el fin de la inserción laboral. El programa interviene en la capacitación e inserción laboral de jóvenes desfavorecidos (desempleados provenientes de hogares de recursos reducidos) que utilizan como estrategias las alianzas institucionales entre el empresariado, la sociedad civil, la academia y el sector público municipal y/o provincial.

Por último, el componente Observatorio del Mercado Laboral suministra información para la toma de decisiones y realiza el análisis de la información sobre los postulantes registrados en la base del PIPEL. Los instrumentos y procedimientos del observatorio están diseñados para relevar y relacionar demanda y oferta de empleo. Las tareas principales son el análisis y seguimiento de oferta y demanda del mercado de trabajo por sectores económicos, el procesamiento y administración de la información relevada por las oficinas de servicios de empleo, el diseño de perfiles laborales según competencias relevadas por las OSE y el diseño e implementación de herramientas de monitoreo.

Sostenibilidad del Plan. Concertación

El PIPEL está integrado por un conjunto de componentes –programas–, diseñados para orientar a la población de la ciudad de Córdoba que se encuentra desocupada, subocupada o en riesgo de desocupación y mejorar su nivel de empleabilidad. Su diseño e implementación se inscribe en el marco del Plan Estratégico de la ciudad de Córdoba –PECba– que refleja el compromiso social y la voluntad política de la Municipalidad de Córdoba, las instituciones de los ámbitos vecinales, sociales, académicos, empresariales, religiosos, sindicales y de la ciudadanía en general, para concretar un proyecto de ciudad que, de manera participativa e integral, se oriente a generar condiciones de desarrollo socioeconómico que mejoren la calidad de vida de la población e instale un modo alternativo de gestionar la ciudad. Este importante entramado institucional, con presencia del Estado, de la sociedad civil, del ámbito académico y del mercado, a través de las empresas, nos permite pensar en su sostenibilidad, ya que se trata de un plan consensuado con diversos actores institucionales.

Distribución territorial

La ciudad de Córdoba presenta rasgos y características que hicieron necesario planificar procesos de cambios estratégicos, encarando acciones que permitan anticiparse a efectos perjudiciales difíciles de solucionar en el futuro y a la vez potenciar una serie de fortalezas y oportunidades. En la década del 90 se inició el proceso de revisión, análisis y reflexión sobre las formas de implementar políticas que promuevan el desarrollo de la ciudad. En este sentido se destaca como característica el importante tamaño de su población, resultado de un gran crecimiento demográfico en los últimos 30 años y su dimensión territorial fuertemente extendida, siendo éste uno de los mayores ejidos urbanos de América Latina. Sin lugar a dudas, el factor más importante que se intentó revertir fue la excesiva concentración funcional. Un indicador relevante del grado de concentración urbana surgió de las estadísticas elaboradas por la Municipalidad de Córdoba. También se observó que el 93 % de los usuarios del servicio público de transporte se trasladaba diariamente hasta el centro de la ciudad. Este elevado grado de centralidad producía efectos muy negativos en términos de eficiencia en el uso de los recursos municipales y, además, atentaba contra la equidad en su distribución incrementando los problemas ambientales urbanos en el área central.

Entre otros factores que impulsaron la descentralización se debe mencionar la totalidad de tramitaciones que se realizaban en el Palacio municipal, produciendo una demora importante, fruto de la aglomeración de público y la cantidad de gestiones; la distancia inadecuada entre municipio y vecinos dada la estructura del tejido urbano existente, que generaba la imposibilidad de conocer la problemática de los barrios de la ciudad y la insuficiencia de canales de comunicación que permitieran incrementar la participación de la comunidad en el quehacer ciudadano. Por estas razones el gobierno comunal decidió actuar y emprender un ambicioso programa de descentralización a efectos de minimizar esta problemática.

El PIPEL ha podido capitalizar las políticas de Estado adoptadas en la década del 90 para lo cual realizó una distribución territorial de sus OSE a fin de optimizar sus recursos y procesos. La estructura está organizada a partir de una instancia de Coordinación ubicada en el Palacio 6 de Julio y OSEs ubicadas en los diez CPC de la ciudad. El personal de contacto, integrado por oficiales y promotores brinda servicios de atención e información general sobre el plan, sus componentes y programas, entrevista a los postulantes para completar las solicitudes con sus historias laborales que son incorporadas a la base de datos, registra la información obtenida en las entrevistas a los postulantes, entrevista a empresas a fin de relevar puestos vacantes, registra empresas y vacantes en el sistema, informa, orienta y deriva a los beneficiarios a los diferentes servicios o programas del plan y convoca a los postulantes para que asistan a los talleres de orientación laboral.

Enfoque sistémico, transferibilidad

El PIPEL esta diseñado sobre la base de un enfoque sistémico con organización de tipo matricial, que le otorga la flexibilidad necesaria para incorporar nuevos instrumentos, programas y componentes. Su diseño o modelo tiene como característica el poder transferirse a contextos diversos. Fue criterio de diseño la movilidad, amplitud y autonomía de las estrategias y componentes, suficientes para ser aplicadas o reconfiguradas en función de los nuevos contextos de actuación. La transferibilidad del proyecto puede darse en distintos niveles de complejidad, ya sea para el modelo completo como sistema o para la aplicación o desarrollo de los diversos componentes que lo integran de manera individual.

Herramientas de gestión. Seguimiento y monitoreo del plan

Para la gestión de calidad de los procesos en la atención a los beneficiarios de distintos componentes y el entrenamiento continuo de tutores, promotores y oficiales, se han desarrollado las siguientes herramientas: manual de procedimientos de oficiales y promotores, flujograma del proceso del observatorio laboral, coordinación de las oficinas de servicio de empleo, afiches de difusión para empresas y postulantes, formularios para postulantes y empresas, cursos de capacitación de promotores, oficiales y tutores, informes de publicación mensual desarrollados en la oficina de coordinación con los insumos relevados en los componentes del PIPEL, seguimiento de las oficinas de servicio de empleo a través de tutores, evaluación de datos cualitativos y cuantitativos, análisis e interpretación para la toma de decisiones de los datos contenidos en los informes bimestrales del observatorio del mercado laboral, encuestas realizadas a las empresas solicitantes de postulantes acerca de los servicios brindados por el plan, con el objetivo de medir el grado de satisfacción de los empresarios, y llamados a postulantes a fin de monitorear la calidad del proceso de intermediación y mantener actualizados sus datos personales.

Impacto social y económico

Una de las facetas más recientes de la exclusión en el país está representada por la situación de los jóvenes y adultos que intentan ingresar en un mercado de trabajo que cada vez ofrece menos posibilidades. Esta difícil inserción laboral representa uno de los problemas sociales más acuciantes. En Córdoba, la diferencia de oportunidades educativas y laborales y la inequitativa distribución del ingreso impiden la integración social. A este trasfondo de exclusión se suma una nueva realidad, marcada por la globalización y los procesos de apertura económica que refuerzan la segmentación social. El PIPEL brinda a la población beneficiaria la posibilidad de acceder a un sistema orientado a fortalecer las características de su empleabilidad. El impacto social del plan, además de la importante contribución a la mejora de la calidad de vida de las personas en situación de desempleo y subempleo, se manifiesta en efectos indirectos más amplios como el fortalecimiento y crecimiento de las entidades capacitadoras y la articulación intersectorial entre diversos actores vinculados con la problemática. Estos aspectos permiten atender integralmente a la población objetivo y establecer además una complementariedad entre la educación formal y la no formal.

En cuanto al impacto económico, en materia de creación de empresas y generación de empleo, el plan contribuye con la reactivación económica local y la generación de empleos en el marco de la creación de empresas y la asociatividad. En cuanto a los ingresos, posibilita a los habitantes con iniciativas de autoempleo financiadas incrementar sus ingresos y disponer de recursos. Respecto de los recursos municipales, el municipio se ve beneficiado con un sistema de oficinas, y una estructura rica en recursos técnicos y humanos que podrá ser utilizada o replicada para otros planes o programas complementarios. Cabe señalar que por primera vez se utiliza un enfoque sistémico en la articulación entre diferentes planes y programas de desarrollo.

Algunas limitaciones

Así como se visualiza la articulación interinstitucional como una fortaleza del plan, la relación entre los niveles gubernamentales nación-municipio es compleja. La espera para la llegada de los fondos de Nación se prolonga cuando se trata de brindar los servicios financieros del componente creación y consolidación de empresas, entorpeciendo por un lado la relación con las personas que cumplimentan los requisitos para acceder a un préstamo y por otro agudizando su situación de vulnerabilidad. Otra de las limitaciones consiste en la no aceptación de vacantes por parte de las empresas. En relación con el servicio de intermediación laboral en la fase de la búsqueda de vacantes en empresas, aunque algunos empresarios consideran novedoso el servicio que brinda el municipio, no siempre creen que el mismo va cumplir con las expectativas de eficiencia y eficacia, rechazando la entrevista que posibilita iniciar el proceso de intermediación.

Por otra parte, la creciente demanda de mano de obra formada en oficios por parte de las empresas no permite cumplimentar los tiempos necesarios de formación en el caso de las personas inscriptas. Asimismo, los planes de capacitación propuestos por el Ministerio de Trabajo de la Nación son prolongados y exigen a la persona dedicación horaria para su entrenamiento de modo que durante el proceso de formación no perciben una contraprestación monetaria, optando las personas en muchos de los casos por acceder a changas en lugar de completar la formación.

La contracara de la posibilidad de autoempleo a través de financiamiento, capacitación y asistencia técnica, es la sostenibilidad de estos proyectos. Cuando concluyen las posibilidades de asistencia técnica y no son incorporados a otros programas de desarrollo sectorial, como el planteado con el programa de CIDEAL, la alta vulnerabilidad de los proyectos está latente y se incrementa frente a las turbulencias del contexto político y económico de nuestro país.

Conclusión

El plan se encuentra en funcionamiento desde diciembre de 2004 y pueden destacarse entre sus aspectos innovadores la visión y pensamiento sistémico implícitos en el diseño y ejecución, la incorporación a los servicios de las nuevas posibilidades que ofrecen las tecnologías de la información y la forma descentralizada para brindar los servicios en los CPC con el fin de adaptarlos a las necesidades propias de cada área o territorio de la ciudad vinculando las necesidades del mercado y la participación del sector privado. Se ha reforzado la vinculación entre las instituciones públicas y privadas mediante la conexión de sus servicios y la construcción de redes de información de modo tal que se trata del plan que articula más áreas y sectores del municipio. Otra característica innovadora es la implementación de estrategias preventivas que tratan de reducir el desempleo de larga duración mediante la intervención de los servicios que ofrece y mediante la orientación laboral.

Estos aspectos permiten concluir que el PIPEL constituye una política activa real, continua y exitosa en la medida que ha podido alcanzar en diferente grado los objetivos y metas planteados. Aunque se requiere profundizar la segmentación de servicios para los distintos grupos demandantes, y fortalecer la red interinstitucional de modo de conseguir la sustentabilidad del plan más allá de un período de gobierno, el principal objetivo es haber logrado un tránsito correcto "de la teoría a la práctica"[65].

Referencias

Municipalidad de Córdoba, Informes de Coyuntura [en línea]. Disponible en: http://www.cordoba.gov.ar/cordobaciudad/principal2/default.asp?ir=37_4_1
Municipalidad de Córdoba, Plan Integral de Promoción del Empleo Local (PIPEL) en Cifras [en línea]. Disponible en: http://www.cordoba.gov.ar/cordobaciudad/principal2default.asp?ir=37_11
Municipalidad de Córdoba, Resultados Plan Integral de Promoción del Empleo Local (PIPEL) [en línea]. Disponible en: http://www.cordoba.gov.ar/cordobaciudad/principal2/default.asp?ir=37_8
Organización Internacional del Trabajo (OIT), Programa Area, Experiencias destacables, Para el desarrollo y el empleo [en línea]. Disponible en: http://www.programa-area.org/mejores-practicas/1/empleo-y-empleabilidad/s-_s/pipel-plan-integral-de-promocion-del-empleo-local/

---

[65] En mayo de 2006 el Senado de la Nación entregó una distinción a la Municipalidad de Córdoba, por el diseño, ejecución y monitoreo del Plan Integral de Promoción del Empleo Local en "Reconocimiento a la Buena Gestión Municipal 2005".

Intervenciones sobre la pobreza: Estado local y organizaciones de la sociedad civil en la ciudad de Tandil

Silvia Fernández Soto
CONICET - Universidad Nacional del Centro de la Provincia de Buenos Aires,
Argentina

Introducción

El capítulo analiza los procesos de intervención social implementados para enfrentar la pobreza en el ámbito local/municipal, tomando en cuenta la participación y dinámica de las instituciones estatales y las organizaciones de la sociedad civil, en un contexto de transformaciones sociales generales regresivas para los intereses de los sectores populares. Se considera la dinámica de los programas sociales de asistencia alimentaria, dirigidos durante la década del 90 y hasta el presente, a los "pobres" en Tandil, una ciudad intermedia del interior de la provincia de Buenos Aires. Al mismo tiempo se analiza la configuración y dinámica de las organizaciones de la sociedad civil, señalando el estado de situación actual de este universo organizacional. Se ha elegido para desarrollar el estudio de caso el interior de la provincia de Buenos Aires, dada la ausencia de investigaciones sobre la temática, ya que la mayoría de los estudios se concentran en la problemática de la Ciudad de Buenos Aires y el conurbano bonaerense.

El trabajo presenta los principales rasgos socioeconómicos que caracterizan el contexto local para identificar y definir luego al actor político gubernamental estatal, ubicando la asistencia alimentaria como una de las mediaciones institucionales estatales prioritarias de enfrentamiento a la pobreza. En este contexto define la dimensión organizativa municipal en el marco de la provincia de Buenos Aires, particularizando el proceso de implementación de políticas alimentarias en las últimas dos décadas. Por último se describe y define a los actores no gubernamentales en el ámbito local/municipal, reconstruyendo la fisonomía y dinámica de las organizaciones de la sociedad civil[66].

1- Contexto local: Tandil y su creciente problemática social

El partido de Tandil está situado en el área sudeste de la provincia de Buenos Aires —la más extensa, poblada y urbanizada de la Argentina[67]— y forma parte del interior o *resto de la provincia*. La ciudad de Tandil se caracteriza por ser una ciudad intermedia[68] con un crecimiento poblacional constante, conformando un centro urbano dinámico. Desde la década de 1940 hasta la actualidad ha experimentado un aumento poblacional persistente, siendo la población que reside en la zona urbana el componente ascendente de este dinamismo, mientras que la población rural ha ido decreciendo paulatinamente.

Hacia fines del siglo xix, la ciudad de Tandil fue un clásico exponente de las ciudades del interior de la región pampeana, dedicadas preponderantemente a la producción agropecuaria, especialización que se profundizó con la llegada del ferrocarril hacia la década de 1880. También las nuevas vías de comunicación con Buenos Aires posibilitaron el crecimiento de la industria extractiva de la piedra que se destina a la construcción, basándose en el trabajo sobre las sierras que se encuentran en el partido.

El perfil productivo de Tandil comienza a cambiar hacia mediados del siglo xx acompañando el cambio estructural del capitalismo argentino que tiene lugar, básicamente, debido a las transformaciones a las que induce la crisis mundial de 1930. En ese contexto, el surgimiento de industrias sustitutivas de importaciones comienza a perfilar una situación que permite el crecimiento de numerosos centros urbanos alrededor de nuevas industrias.

[66] Para el desarrollo del estudio de caso fueron utilizadas diferentes fuentes de datos: datos censales provenientes de los censos nacionales de población y vivienda (CNPV), datos primarios del Censo de Organizaciones de la Sociedad Civil de Tandil, documentos institucionales provinciales y del municipio de Tandil.

[67] Buenos Aires es la única provincia argentina que por razones históricas utiliza la denominación partido en lugar de departamento en su división administrativa primaria.

[68] Se considera en la Argentina como ciudades de tamaño intermedio a aquellas que cuentan entre 50.000 y 500.000 habitantes.

Así, la ciudad de Tandil en el último medio siglo ha combinado la tradicional producción primaria con una extensa producción secundaria, lo que le otorgó a la ciudad un perfil industrial en el contexto de la región pampeana, una de las zonas de tierra más ricas del país.

Las transformaciones producidas desde mediados de la década del setenta han erosionado este perfil industrial y las principales manifestaciones han sido relativas a la reducción entre 1974 y 2004 del número de establecimientos (en un 40%) y de la cantidad de obreros (50%).

Estas tendencias son similares a las que pueden observarse a nivel más general para el total del país o la provincia. La consecuencia se manifiesta en una pérdida de importancia del sector industrial en la producción total, reemplazándose por un sector agrícola en expansión volcado a la especialización en determinados cultivos, y el creciente protagonismo del sector servicios.

En el año 2001, el 20,2% de la PEA en Tandil se encontraba desocupada (cuadro 1) mientras que en 1991 esa proporción era de 5,1%. Al medir ese impacto desde los hogares, el cuadro se agrava, dado que en el tercer trimestre de 2002 el 21,5 % de los hogares tenía ambos jefes de familia desocupados, agudizándose la crisis de algunos hogares, que caen por debajo de la línea de pobreza e indigencia.

Cuadro1. Población económicamente activa según sexo y ocupación. Tandil, 2001

| Sexo | Población de 14 años o + | Población económicamente activa | | | | | | |
| | | Ocupada | | | | Desocupada | | |
		Total	Sólo trabaja	Trabaja y estudia	Trabaja y percibe jub. o pens.	Sólo busca trabajo	Busca trabajo y estudia	Busca trab. y percibe jub. o pens.
Varones	39911	28638	20.333	1.291	949	4.647	1.066	352
Mujeres	43977	20.338	11.706	1.333	933	4.703	1.267	396
Total	83888	48.976	32.039	2.624	1.882	9.350	2.333	748

Fuente: Censo Nacional de Población y Vivienda 2001.

En los últimos 20 años la involución de los ingresos y el deterioro de la ocupación de sectores que históricamente gozaban de cierta estabilidad laboral introduce en el campo de la pobreza un nuevo fenómeno[69]: la

---

[69] Esto se relaciona con los fenómenos analizados sobre la modificación en la composición de la PEA por categoría ocupacional, donde se registra la disminución de la población

pauperización de grupos de trabajadores que no acceden (por su situación de desocupación o precariedad laboral) a la línea de ingresos mínimos (cuadro 2). Con este fenómeno, el sistema previsional a partir de los deterioros sufridos en los haberes mínimos, se constituyó entre otros en una importante variable de incorporación de sectores nuevos de la población en el universo de la pobreza. Si consideramos que en marzo de 2003 se registraba en Tandil un 19% de desocupación y que para la misma fecha en los comedores barriales populares se asistía alimentariamente a 20.000 personas aproximadamente (19% del total de la población), podemos señalar que el cuadro de pobreza tomó en la ciudad un alcance inédito y significativo tanto por su magnitud como por su intensidad.

Cuadro 2. Población con necesidades básicas insatisfechas (NBI). Provincia de Buenos Aires, Tandil. 1980/1991/2001

	Año 1980			Año 1991			Año 2001		
	Población	P. NBI N°	%	Población	P. NBI N°	%	Población	P. NBI N°	%
Provincia Bs.As.	10865408	2607922	24,0	12482016	213435	17,1	13708902	2166007	15,8
Tandil	91873	14257	15,5	100232	983	9,8	108109	8865	8,2

Fuente: Dirección Provincial de Estadísticas de la Provincia de Buenos Aires.

Por otra parte es necesario destacar que los salarios reales se encuentran muy deprimidos con respecto a décadas anteriores, profundizándose aún más la regresividad en la distribución del ingreso. Esto no responde a una fluctuación coyuntural, sino que como ha sido expresado en diversos estudios, corresponde a una involución de carácter estructural. Si a esto se agrega el impacto del ajuste en la calidad y extensión de la intervención del Estado en sus diferentes niveles jurisdiccionales —nacional, provincial, municipal—, así como en materia social, educación, salud, vivienda y asistencia social, encontramos que la pobreza no es sólo un problema que se expresa en la carencia de determinadas necesidades básicas, sino que constituye un fenómeno multidimensionado, donde participan en su producción y reproducción una variedad de aspectos interrelacionados.

---

ocupada, se mantienen prácticamente en los mismos valores TCP y TF y disminuye la categoría de obrero o empleado.

Desde mediados de la década del setenta el país atravesó una significativa involución económica y social que contribuyó a la cristalización de un nuevo tipo de estructura social, mucho más polarizada que la precedente. El significativo aumento de la pobreza que se produjo desde mediados de la década del 70 y se profundizó en la década del 80, hasta llegar a valores inéditos en los primeros años de la década de 2000, pone en evidencia los cambios profundos que acontecen tanto en la sociedad argentina en su conjunto como en las diferentes regiones y subregiones que la componen. Esta involución social, que se ve acentuada en las últimas décadas, generó procesos de empobrecimiento de vastos sectores sociales que engrosaron el universo de la pobreza. En la actual situación socioeconómica el aumento de los pobres se explica principalmente por el crecimiento de estos segmentos de población "pauperizada" y "empobrecida". En este sentido, para analizar la situación local es necesario considerar los profundos procesos de transformación macro que en sus diferentes niveles de concreción, generan situaciones de exclusión y vulnerabilidad social en amplios sectores de la ciudad de Tandil.

Desde una perspectiva analítica se considera que la ciudad es producto de procesos sociales y económicos, lo que conlleva a reconocer el multidimensionamiento e integralidad de la problemática local y la historicidad (participación de variables temporales y espaciales) de los procesos de producción, consumo y acceso a los bienes y servicios sociales básicos de su espacio. La desigualdad para acceder a los equipamientos y servicios sociales básicos instaura en la construcción histórica de la ciudad una dinámica urbana de segregación territorial y social. En este sentido se observan procesos desiguales de apropiación, por parte de la población, de los servicios y bienes sociales, los cuales también se presentan en la dinámica social de una manera estratificada, expresando el resultado combinado de una oferta y apropiación de la misma altamente segmentada y desigual. La constitución de estos espacios sociales diferenciales hacia la periferia son expresión de la disparidad en la provisión pública de servicios e infraestructura: el agua corriente, la disponibilidad de pavimento, la asiduidad en los arreglos de las calles, la calidad y cantidad del alumbrado público, el suministro de cloacas, entre otros.

Estos procesos ponen en crisis los criterios básicos de integración social de la ciudad, y se ven reforzados por la retracción de la intervención estatal desde el nivel central que se produce en la década del noventa y que desliga al ámbito municipal mediante procesos de transferencia, de hecho o de derecho, de responsabilidades históricas. Cabe agregar en relación con la problemática de la pobreza en la ciudad que los procesos de empobrecimiento y movilidad descendente contribuyen a la generación de nuevas problemáticas y conflictos urbanos en las áreas centrales, participando dichas tensiones en la constitución de un espacio que aparece cada vez más conflictivo y disputado[70].

2. El Estado en el ámbito municipal. Definición de problemas, estrategias y políticas

2.1 La asistencia alimentaria, respuesta estatal al problema de la pobreza

En el marco precedente, los programas sociales que brindan asistencia alimentaria a los sectores sociales denominados pobres han adquirido desde la década del ochenta un protagonismo fundamental. Al mismo tiempo, cabe señalar que una de las características esenciales del patrón de transformaciones se encuentra en la tendencia descentralizadora: el ámbito territorial central de estas políticas sociales es el provincial y progresivamente municipal. De esta manera, la intervención social del Estado en la Argentina contemporánea queda conformada por una trama de múltiples programas específicos (principalmente temporarios) financiados por los Estados nacional y provincial y por los organismos internacionales, e implementados por el municipio. La focalización en la política social se orientó a la provisión selectiva de ciertos bienes y servicios para alcanzar umbrales mínimos de satisfacción de la población en condición de pobreza, siendo poco relevantes hasta el 2001 las acciones dirigidas a la posesión y/o desarrollo de activos físicos y humanos, como la garantía de niveles mínimos de ingreso. Los programas focalizados o asistencialistas definen a su población objetivo como "destinataria" de una redistribución de bienes y servicios, en función de la caracterización de la población sobre la base de algún tipo de medición de las condiciones de vida. La lógica de funcionamiento y los criterios selectivos de atención están definidos desde la oferta

---

[70] Al mismo tiempo aparece como fenómeno novedoso en los últimos años el proceso de desplazamiento de los sectores de mayor nivel adquisitivo y su concentración en ciertos lugares de la periferia, lugares elegidos estratégicamente por la tranquilidad y por los panoramas turísticos. Uno de los formatos de asentamiento que se empieza a registrar en Tandil en la década del 90 es el de los "country" (barrios residenciales cerrados con vigilancia privada y extensos espacios verdes).

estatal, esto es, desde la provisión de ciertos bienes y servicios a un sector de la población definido institucionalmente por la carencia.

La preocupación por la cuestión alimentaria en la agenda política argentina se instaló durante la década del 80 no obstante que diferentes estudios permitieron constatar que la problemática alimentaria en la Argentina no depende de la producción o disponibilidad interna de alimentos, sino que deriva de la accesibilidad a los mismos. Empleo, ingresos y precios constituyen aspectos centrales de la producción de la crisis alimentaria de importantes sectores poblacionales, crisis que se sostiene y se agudiza en los noventa. El esquema focalizado de políticas sociales propuesto en esa década no garantiza la seguridad alimentaria, entendida como la posibilidad efectiva de toda la población al acceso de los alimentos básicos imprescindibles para la salud.

La respuesta del estado provincial durante la década del noventa se concretó a través de la oferta de servicios por parte del Consejo Provincial de la Familia y Desarrollo Humano (CPFDH)[71]. Una batería de políticas alimentarias constituye el núcleo central de su intervención social en la década e insume el grueso del presupuesto para atender las necesidades alimentarias de diferentes grupos-meta: mujeres embarazadas, mujeres amamantando, niños menores de 6 años a través del Plan Vida, niños escolarizados mediante el Servicio Alimentario Escolar, niños de 2 a 5 años en situación de riesgo por medio de un Programa de Comedores infantiles, niños de 6-13 años en riesgo mediante el Programa Casa del Niño y niños de 0-5 años a través del Programa de Jardín Maternal. Este tipo de propuestas (de carácter básicamente alimentario nutricional dirigidas a la población materno-infantil) se refuerzan según el escenario particular con programas de otros niveles gubernamentales (nacional, municipal), como también con programas implementados por ONGs.

Los criterios de focalización de los destinatarios de los programas sociales implementados en el ámbito local por la Secretaría de Bienestar Social de la Municipalidad de Tandil durante la década del 90 corresponden tanto a la planificación provincial como municipal, hacen referencia pre-

---

[71] En la década del noventa, la provincia de Buenos Aires se caracteriza por un lado, por una gran inestabilidad institucional, la creación de nuevas estructuras burocráticas y la desaparición de otras, el cambio de denominación de las instancias gubernamentales responsables de los planes sociales y la concentración de poder y recursos por parte de las áreas bajo control de la esposa del gobernador de la provincia, Hilda González.

dominantemente a la población con NBI y a las "personas en situación de riesgo social" orientándose a cubrir "niveles mínimos" de necesidades alimentarias, una de las más básicas para garantizar los procesos de reproducción social.

Esto expresa que las formas institucionales y los mecanismos de regulación propuestos participan en forma restringida en uno de los aspectos que definen la garantización del consumo. Dicha participación se reduce a promover mínimamente posibilidades de acceso a ciertos bienes alimentarios, limitados a determinados grupos de la población excluidos del mercado de trabajo o insertos de una manera precaria, definidos por la programática oficial por las carencias manifestadas en la esfera del consumo y por sus situaciones de vulnerabilidad.

2.2 Dimensión organizativa-institucional del Régimen Municipal en la Provincia de Buenos Aires

La nación argentina se organiza a través de la forma federal de Estado y la Constitución Nacional prevé tres niveles de gobierno: la nación, las provincias y los municipios. El municipio constituye la unidad política-administrativa más pequeña de organización estatal[72].

Con respecto a la provincia de Buenos Aires la concepción de municipio y el nivel de autonomía están definidos por la Constitución Provincial y por la Ley Orgánica de las Municipalidades. La reforma de la Constitución Provincial, efectuada con posterioridad a la de la Constitución Nacional, conserva idéntico el capítulo correspondiente al régimen municipal de la anterior Constitución Provincial, que, no incluye los conceptos de gobierno y autonomía locales e identifica al municipio como administrador y prestador de servicios locales[73].

[72] En la Argentina no existe un único tipo de municipio, por el contrario, la Constitución Nacional designa a las provincias la responsabilidad de establecer los respectivos regímenes municipales. Este elemento explica el carácter heterogéneo y ambiguo del municipio en el país, al mismo tiempo que su vínculo histórico de dependencia con las provincias.

[73] Al respecto la Constitución de la Provincia de Buenos Aires incluye un capítulo titulado "Del Régimen Municipal", que abarca los artículos comprendidos entre el 190 y 197. El artículo 190 define que "La administración de los intereses y servicios locales en la Capital y cada uno de los partidos que formen la Provincia, estará a cargo de una municipalidad...". En el artículo 192 se definen las atribuciones inherentes al Régimen Municipal. Con relación a la cuestión económico-financiera señala en el artículo 193 inciso 2 que "Toda creación de impuestos o contribución de mejoras, necesitan ser sancionados por mayoría absoluta de votos de una asamblea compuesta por los miembros del Concejo Deliberante y un número igual de mayores contribuyentes de impuestos municipales". Este artículo, aparte de su anacronismo, expresa la permanencia de valores oligárquicos que distan mucho de concepciones democráticas sobre la definición presupuestaria.

La Ley Orgánica de las Municipalidades (Decreto Ley 6769/58 y sus modificatorias) pone el acento en el cumplimiento de aspectos jurídico-institucionales más que en la consagración de principios que garanticen la autonomía de la gestión municipal. En otras palabras, predomina una visión administrativista y formalista de la acción municipal, que identifica al municipio con la ejecución de decisiones que se toman en el nivel provincial. Una de las derivaciones más trascendentes de esta visión es la limitación de los recursos de los municipios. El esquema resultante es el siguiente: al no constituirse en un nivel estatal con facultades importantes no le incumben recursos significativos[74], como consecuencia, los recursos con los que cuenta son los imprescindibles para encarar las tareas de administración. De este modo se completa una lógica que aprisiona al municipio entre la incapacidad para encarar políticas activas y genera un cuestionamiento social ante su incapacidad para dar cuenta de las demandas de los diversos sectores y grupos sociales.

2.3 Las políticas alimentarias en el ámbito local en las últimas dos décadas: de la hiperfocalización en los noventa a la masificación de la asistencia en 2000

El municipio de Tandil posee una unidad técnico-administrativa dedicada especialmente a la atención de la cuestión social en el partido de Tandil. En las últimas dos décadas ha cambiado en reiteradas oportunidades de nominación y organización: hasta 2003 fue la Secretaría de Bienestar Social y a partir de 2004, con la actual gestión municipal se definió como Secretaría de Desarrollo Social. Esta instancia constituye el ámbito institucional gubernamental local central de procesamiento de las demandas sociales y de implementación de dispositivos técnico-institucionales para atender diversas manifestaciones de la cuestión social.

La intervención de los municipios, en la esfera social, históricamente se ha definido como de competencia suplementaria a las demás esferas de gobierno. En las décadas analizadas no supera su carácter de subordinación, aunque paradójicamente se requiere de este ámbito mayor protagonismo y capacidad para resolver los problemas de la población, potencián-

---

[74] Se puede señalar la existencia de una autonomía municipal restringida, no sólo porque no se reconocen en el marco jurídico normativo todos los componentes, sino también porque, de los dos que se reconocen (autonomía política, autonomía administrativo-funcional), poseen niveles ambiguos de explicitación junto con la participación de mecanismos restrictivos de los mismos.

dose de esta manera las tensiones en el ámbito local/municipal. Las funciones instituidas de esta área especializada en la atención social son diversas aunque su actividad principal es la articulación del municipio con los sectores de menores ingresos a través de múltiples prácticas de asistencia social que se proponen el enfrentamiento de la pobreza.

El financiamiento de la Secretaría de Desarrollo Social es un mix que integra aportes municipales –sobre todo para gastos en personal y demás gastos para el funcionamiento operativo general de la institución–, recursos del nivel provincial referidos a los contenidos de los bienes que se distribuyen en los programas –becas, subsidios, alimentos secos, leche– y recursos del nivel nacional.

Desde la década del noventa y los años transcurridos durante el año 2000 se pueden distinguir dos momentos, uno que remite al escenario previo al 2001 y otro que se desarrolla posteriormente. En el primero, que se afianza desde 1991 durante toda la década, se aprecia una concepción residual y de emergencia de la intervención social municipal, en el marco de un contexto provincial cuya política social se caracterizó por acciones contra la pobreza bajo un perfil asistencial, personalizada en la figura de la esposa del gobernador Hilda González de Duhalde quien presidió el principal órgano provincial en materia de política social, primero denominado Consejo de la Mujer y luego a partir de 1995 Consejo Provincial de la Familia y Desarrollo Humano. El dispositivo institucional que más prevalece en el período es el Plan Vida.

El Plan Vida[75] conforma desde fines de 1994[76] el eje de la política social del Consejo Provincial de la Familia y Desarrollo Humano[77]. Se establece sobre la lógica de una estrategia de focalización territorial. Se implementa

[75] La información utilizada como fuente para esta caracterización proviene de entrevistas institucionales aplicadas a cuadros técnicos del nivel provincial y de los siguientes documentos del Consejo Provincial de la Familia y Desarrollo Humano: "VIDA. Programa Materno-Infantil de la provincia de Buenos Aires. Documento Base"; La Plata (s/f); "VIDA. Programa Materno-Infantil de la provincia de Buenos Aires. Memoria del Primer Encuentro Interdistrital de Equipos Locales"; La Plata (s/f); y "VIDA. Programa Materno-Infantil de la provincia de Buenos Aires. Memoria del Segundo Encuentro Interdistrital de Equipos Locales"; La Plata (s/f); "Programas: Modelo de gerenciamiento social de la Provincia de Buenos Aires" La Plata (s/f), "VIDA. Programa Materno Infantil -Gacetilla Informativa", La Plata (S/f).
[76] El programa, según la información provista por una de los técnicos entrevistados, comenzó en octubre de 1994 en Florencio Varela.
[77] Sucede a las experiencias provinciales de política alimentaria Plan Eva y Plan País, y a nivel nacional el PAN. Expresa una continuidad de los procesos de selectividad y focalización de éstos en un contexto de profundización del proceso de descentralización de la

en radios censales de la provincia de Buenos Aires en los que se registra un porcentaje de hogares con NBI superior al 40%. Al interior de esas áreas ("barrios carenciados") se detecta a través de censos zonales[78] a los hogares que cuentan entre sus miembros a mujeres embarazadas y/o a niños de 0 a 5 años, quienes pasan a integrar el universo receptor del Plan. En el año 2000, 51 distritos municipales de la provincia de Buenos Aires implementaban el Plan en los barrios con alta incidencia de población NBI, seleccionando como población beneficiaria a mujeres embarazadas y que amamantan, niños de 0 a 5 años y trabajadoras vecinales (mujeres voluntarias que participan como gestoras del plan).

Este programa se inscribe dentro de los denominados "combate a la pobreza" y se orienta a cubrir necesidades básicas insatisfechas de carácter nutricional del grupo materno-infantil. Se asienta y ejecuta sobre un modelo de gestión basado en la "organización comunitaria"; la cual supone una estructura de trabajadoras vecinales (manzaneras) que son seleccionadas por las organizaciones intermedias gubernamentales y no gubernamentales de cada localidad[79]. Las mismas deben poseer un perfil solidario que les permita desarrollar una tarea "voluntaria" y "desinteresada". A través de ellas el gobierno de la provincia pretende tender una red mediante la cual se ejecute y operativice la política social. A esas trabajadoras les compete la distribución diaria de los alimentos contenidos en el programa cubriendo un radio de hasta cuatro manzanas.

Desde su implementación, se ha registrado el incremento progresivo de los beneficiarios del plan, triplicándose la cantidad de población incluida en el mismo, alcanzando hacia fines de 1999 aproximadamente un millón de personas en toda la provincia, distribuidas en los "barrios

---

política asistencial. Sobre los programas de asistencia alimentaria en la provincia de Buenos Aires en el primer quinquenio de la década del noventa, véase Fernández Soto, S. 1998 "Política social, municipio y pobreza: la matriz asistencial como propuesta de intervención en la cuestión social. Análisis de una ciudad intermedia de la provincia de Buenos Aires" en VV AA la política social a nivel local, UNRC, FCE, Inst. de Desarrollo Regional.

[78] El censo en la ciudad de Tandil fue realizado basándose en la utilización de la red de salud primaria. El instrumento utilizado (planilla diseñada a nivel gubernamental provincial) sólo registra los nombres de los beneficiarios, los documentos y las "categorías" de los beneficiarios. No se registran datos económicos y sociales de la población.

[79] Junto a las Trabajadoras Vecinales, se elige otra mujer con "perfil solidario", denominada Comadre. La misma debe desarrollar tareas de detección de embarazo y situaciones de riesgo, "contención" y "concientización" sanitaria. La Comadre tiene a su cargo 25 mujeres embarazadas. Las mismas desarrollan su tarea en 25 distritos de la provincia. En la ciudad de Tandil sólo se definieron Trabajadoras Vecinales.

pobres" de los 51 distritos seleccionados. Junto con el incremento de la población beneficiaria, aumentó también progresivamente el número de trabajadoras vecinales.

Esta modalidad de gestión de la política pretende "involucrar a la gente" apelando a modalidades de participación individualizadas por parte de "agentes comunitarios" que intervienen en la implementación del plan. Para ello se despliega un conjunto de dispositivos técnico-profesionales de capacitación orientados a figuras claves del programa (trabajadoras vecinales y comadres). Estos dispositivos no sólo intentan moldear la participación dentro de límites muy claros, sino que pretenden generar por parte de los involucrados una identidad con el programa. Estas cuestiones se presentan como innovadoras en relación con los programas anteriores, así como también respecto a la lógica clientelar tradicional.

En Tandil, el Plan Vida comenzó a implementarse en 1996, abarcando 12 barrios periféricos de la ciudad de Tandil, en la que se concentra la mayor incidencia de población con NBI (cuadro 3).

Cuadro 3. Evolución de los beneficiarios del Plan Vida en Tandil. 1996-2006

Años	1996	1997	1998	1999	2001	2006
Beneficiarios	3431	4192	4402	4052	3998	5.400
Trabajadores vecinales	68 t.[a]	68 t.	69 t.	77 t.	77 t.	83 t.
	67 s.[b]	68 s.	69 s.	77 s.	77 s.	65 s.
Totales	3566	4328	4540	4206	4152	5548
Indice base 1996	100	121,5	127,5	116,3	116,5	156

Fuente: Elaboración propia en base a datos del CPFDH de la provincia de Buenos Aires.
t.[a]: titulares; s.[b]: suplentes.

Los barrios donde se implementa el plan están ubicados en la zona periférica de la ciudad. En general la población que los habita carece de servicios de agua corriente, gas natural y red cloacal aunque todos disponen de tendido eléctrico. Hay pocas calles asfaltadas, principalmente las que se constituyen como acceso a rutas o calles centrales que conectan los barrios con el casco urbano de la ciudad. Generalmente por los accesos de asfalto de los barrios circula el transporte público urbano, llegando en algunos casos hasta las escuelas y/o centros de salud. Las casas en general son precarias, construidas en mampostería con partes sin revocar, o mezclas de material, madera y chapa. Los terrenos están cercados con alambrados.

2.4 Escenario local actual: la masificación de la asistencia alimentaria

Basándose en los aspectos anteriores, para apreciar las modalidades políticas de enfrentamiento de la pobreza en ámbitos locales a través de la asistencia alimentaria, seleccionamos un conjunto de dimensiones analíticas que permiten comprender la dinámica que se concreta en esta esfera. Estas dimensiones representan constructos teórico-metodológicos sintéticos que permiten evaluar para el caso en estudio las redefiniciones en las formas de intervención del Estado en un campo social específico, en el contexto de transformaciones estructurales generales regresivas que hemos señalado.

En este sentido construimos una matriz de datos que permite organizar la información suministrada por el área de Política alimentaria de la Secretaría de Desarrollo Social de la Municipalidad de Tandil. Los ítems que la organizan posibilitan realizar un estudio comparativo entre los diferentes programas de atención a la pobreza, captando por una parte la diversidad constitutiva de los mismos, sus lógicas planificadoras, sus marcos institucionales, y objetivos y estrategias de acción. En conjunto y desde la perspectiva de un proceso se trata de identificar los rasgos centrales de la intervención estatal en relación con la pobreza a través de la asistencia alimentaria.

Las principales dimensiones seleccionadas son el inicio de los programas, sus objetivos, las entidades involucradas en su instrumentación, la definición de destinatarios y criterios de selectividad, la inserción institucional y sus diversas formas organizativas; la relación Estado-sociedad civil en las iniciativas de intervención que despliegan, los bienes y servicios que implican, las fuentes de financiamiento que garantizan la continuidad de los servicios y el grado de participación de los usuarios y agentes comunitarios en estas políticas.

Estas dimensiones permiten conocer el entramado institucional que se constituye en el ámbito municipal para dar respuesta al problema de la pobreza a través de la asistencia alimentaria. Para poder observar la constitución de dicho entramado es necesario comprender las múltiples dimensiones intervinientes que señalamos: las transformaciones contextuales que definen a lo largo de las últimas décadas una nueva orientación de intervención social del Estado, la inscripción de lo local/municipal en una determinada estatalidad, la correlación de fuerzas desplegadas y las disputas de sentidos en la definición y propuestas de solución de los problemas, la tradición institucional y el marco jurídico legal.

En el cuadro 4 se sintetizan los principales datos relativos a las diferentes estrategias locales dirigidas a enfrentar la pobreza a través de la asistencia alimentaria, y con el objeto de promover la satisfacción de esta necesidad básica.

Cuadro 4. Programas de asistencia alimentaria dirigidos al enfrentamiento de la pobreza. Tandil 2006

NOMBRE DEL PROGRAMA / PROYECTO EN MARCHA	INICIO	DESTINATARIOS	CANTIDAD DE BENEFICIARIOS	BIEN O SERVICIO QUE PRESTA	FRECUENCIA DE LA ENTREGA	ORIGEN DE LOS RECURSOS
Programa Local de Producción *Proyectos de producción de alimentos* (8) Producción Horticola Producción Panificados	2004	Flias. con ingresos económicos insuficientes para la satisfacción de la necesidad alimentaria. Niños menores de 18 meses, 6 años, menores de 14 años Embarazadas Desnutridos y obesos (niños y adultos) Diabéticos, hipertensos, oncológicos, celíacos (CAPS)	3.000 beneficiarios 600 flias. (valores aprox.)	Asistencia directa de alimentos Autoproducción *Verduras Panificados Pastas frescas Hamburguesas soja* Educación Alimentaria	Semanal	-Plan Nacional de Seguridad Alimentaria Ministerio de Desarrollo Social de la Nación -Recursos Municipales
Programa Nutricional Municipal	2004	Flias. con ingresos económicos insuficientes para la satisfacción de la necesidad alimentaria	31.500 beneficiarios 6.300 flias.	Asistencia directa de alimentos	Mensual	-Fondo de Fortalecimiento de Programas Sociales y Asistencia directa– MDH- de la Provincia de Buenos Aires -Recursos Municipales
	2004	Organizaciones publicas estatales y no estatales *Infancia, adolescencia, tercera edad. Comedores y merenderos comunitarios*	30 organizaciones	Asistencia directa de alimentos Pago de Servicios Vinculación de Planes de Empleo	Mensual y diaria	

Programa						
Programa de Atención Integral a Flias. Vulnerables	2006	Flias. vulnerables con menores de 14 años	1.000 beneficiaros 163 Flias.	Componente de seguridad alimentaria Asistencia directa de alimentos (carne, leche, alimentos secos, verduras, etc.) Autoproducción Educación Alimentaria Componente de fortalecimiento del espacio social Componente educativo	Semanal	-Programa UDI-ANF -MDH- de la Provincia de Buenos Aires -Fondo Fortalecimiento Programas Sociales -Recursos Municipales
Plan Más Vida	1995	Flias. con niños menores de 5 años y embarazadas domiciliados en los Barrios Vida.	6.500 beneficiarios (niños, embaraz.) 18.000 beneficiarios (todos los miembros) 3.500 Flias.	Asistencia directa de alimentos (secos y leche en polvo)	Mensual	Recursos Provinciales y Municipales (distribución)
Unidades de Desarrollo Infantil	Anterior a 1999 Centro de Atención Integral Mater Guardería Trompita 2004 Jardín Maternal (JM) Cocomiel JM Manantiales	Niños menores de 5 años	250 niños	Atención Integral Eje nutricional Eje pedagógico Eje familiar Eje comunitario	Diario	Recursos Provinciales y Municipales

De acuerdo con los datos construidos a partir de la matriz, se desarrollan en el municipio de Tandil cinco programas alimentarios, que contienen una diversidad de proyectos y acciones. Todos se articulan diferencialmente con distintas instancias del gobierno provincial y nacional (entre otras con el Plan Nacional de Seguridad Alimentaria del Ministerio de Desarrollo Social de Nación y con el Fondo de Fortalecimiento de Políticas Sociales y Asistencia Directa del Ministerio de Desarrollo Humano, el Programa de Unidad de Desarrollo Infantil del Ministerio de Desarrollo Humano y la unidad de coordinación provincial del Programa Vida).

Por su parte, el municipio aporta recursos municipales para garantizar la operatoria de los programas. Aunque en algunos programas es posible observar una recreación local, las orientaciones y planificaciones generales obedecen a las instancias provincial y nacional. El sujeto destinatario de las diferentes modalidades asistenciales es el de los sectores pobres, con bajos ingresos e insuficiencia para garantizar la canasta alimentaria de los hogares. De aquí se derivan los criterios de selectividad de los programas.

En cuanto a la orientación de los programas definidos en el nivel gubernamental provincial y los definidos en la instancia nacional se deben mencionar algunas diferencias:

Los programas definidos en el ámbito nacional se orientan prioritariamente a generar procesos de producción de alimentos a través de la organización comunitaria, para lo cual se subsidian insumos y máquinas para garantizar el desarrollo de proyectos con este fin. En Tandil se han financiado durante el año 2004 ocho proyectos alimentarios productivos referidos a producción hortícola y panificación y elaboración de pastas.

Los programas provinciales centralmente participan en la distribución directa de alimentos para diferentes categorías de sujetos vulnerables. En relación con la cantidad de beneficiarios atendidos por los diferentes programas que implementa el municipio, se puede observar en comparación con la dinámica registrada en la década anterior, que a través de la participación en el ámbito local de los recursos de los tres niveles de Estado, se produce un proceso de masificación de la asistencia alimentaria, en contraposición a la retracción residual registrada en los noventa.

La totalidad[80] de los programas incluye a 42.250 beneficiarios, lo cual representa el 76,9% de población de las zonas geográficas programáticas de acción social municipal. Considerando la población total eso equivale al 40%. Si tenemos en cuenta los hogares, significa un tercio del total del partido[81].

Por último, los suministros de bienes que implican son profundamente heterogéneos y no resuelven el problema de la seguridad alimentaria de la población involucrada sino que participan parcialmente en la satisfacción de esta necesidad básica, teniendo un impacto significativo en términos relativos en los hogares pobres.

---

[80] No estamos considerando el componente organizacional del Programa Nutricional Municipal, porque la unidad de registro de la que disponemos es "organizaciones" a las cuales el municipio les entrega alimentos para desarrollar diferentes modalidades de asistencia alimentaria. No aparece el registro de población y hogares que implica esta modalidad.

[81] Estos números pueden estar sobrevaluados por superposiciones de individuos o de hogares en la percepción de planes alimentarios. Aun así, el proceso de masificación de la asistencia alimentaria en el universo de la pobreza se constata. Si establecemos un límite mínimo dado por el programa alimentario más masivo que llega a 31.500 personas y abarca 6.300 familias, y consideramos que la diferencia de 10.750 personas en relación con el total de beneficiarios indicado están contemplados porque participan en el plan, nos da que el 30% de la población total de la ciudad de Tandil recibe asistencia alimentaria. Y si se lo calcula sobre el total de población de barrios periféricos, implica el 57% de la población. Datos que son muy significativos.

3. Dinámica heterogénea de las organizaciones de la sociedad civil: la densa trama de las prácticas de emergencia, particularismos y experiencias de colectivización

En los últimos años, junto con las transformaciones regresivas generales del Estado y de sus procesos de intervención social se han multiplicado, se han hecho visibles y se han densificado las acciones de las organizaciones de la sociedad civil. En este contexto se produjeron profundos cambios en torno de los procesos de integración social y satisfacción de las necesidades de la población. En función de la constitución de este universo organizacional y las complejas y cambiantes relaciones con el Estado, se fue configurando un mosaico diversificado de acciones sociales, de "problemas" y de procesos de interlocución.

En las décadas de erosión de lo público y ensanchamiento de la mercantilización social, se fue produciendo una construcción heterogénea de organizaciones en la sociedad civil, las cuales sobre una base territorial desplegaron múltiples acciones asociativas con el objeto de dar respuesta a la satisfacción de necesidades básicas. En relación con esto, consideramos que el estudio de la denominada problemática de la sociedad civil no puede adquirir una autonomía que la despoje del contexto sociohistórico en el cual se concreta. En este sentido parece necesario para comprender la problemática actual de la sociedad civil definirla históricamente, es decir despojarnos de visiones románticas y abstractas y analizarla con relación a la constitución de un nuevo régimen de sociedad. El mismo se configura desde mediados de la década del 70 y contiene un proceso constante de descalificación del Estado como ámbito público, erigiéndose al mercado como espacio social privilegiado de resolución de la cuestión social. Este régimen defiende la idea del "Estado mínimo" argumentando la necesidad de instaurar la eficiencia y eficacia, sin explicitar las intenciones político-económicas de fortalecimiento de un régimen de acumulación flexible apoyado en los procesos de desregulación de acción estatal, que erosiona derechos y garantías sociales. Esto implica que la sociedad civil no se debe comprender como una realidad unívoca sino como una realidad heterogénea; no es posible hablar sólo de "un papel" desempeñado en el proceso de reforma estructural, sino de papeles, alguno de los cuales resulta contradictorio y opuesto a los demandados instrumentalmente por los rumbos políticos dominantes. En este sentido los papeles de la sociedad civil se expresan en el desarrollo de respuestas de urgencia al mismo tiempo que procesos de protesta y reivindicación social[82].

[82] En este trabajo compartiremos la propuesta de elaboración de un Censo de organizacio-

La dirección dominante que adquiere el nuevo régimen, interpela a la sociedad civil, promoviendo la construcción de una lógica sociocéntrica, acorde a los procesos que se pretenden imponer. En esa dirección, se erige a la sociedad civil para ocupar un lugar protagónico en la resolución de la cuestión social, participando en los procesos de subsidiaridad del Estado y en los procesos de focalización y selectividad social. Como antes señalamos, la sociedad civil representa un universo heterogéneo de organizaciones que se posiciona diferencialmente con relación a la dirección hegemónica del régimen liberal asistencial. Al respecto es posible identificar un papel funcional a los procesos de mercantilización social, así como también la acción a través de organizaciones de resistencia, protesta y propuesta desmercantilizadora. En este sentido se debe señalar la existencia de un movimiento presente en la sociedad civil, con un fuerte contenido emancipador y democratizador cuyas prácticas de intervención pretenden superar los procesos circunscriptos a la preocupación por la contención social.

Estos posicionamientos político-sociales diferenciales no son novedosos para las organizaciones de la sociedad civil. Es necesario adoptar una perspectiva de análisis histórica, que observe el movimiento y las tensiones que presenta la constitución y desarrollo de estos sujetos colectivos. Esto pone en evidencia que el desarrollo de "actividades en el campo social, cultural y político de las organizaciones no gubernamentales" no es un fenómeno novedoso y reciente; de allí que recuperar y reconstruir esa historia es un camino ineludible en el proceso de conocimiento y comprensión del papel que adoptan, recrean y construyen dichas organizaciones en la sociedad actual. En torno de estas organizaciones se fueron agrupando diferentes sectores de la sociedad que expresaban múltiples intereses, estableciéndose concepciones de la acción social que se correspondían y/o se disputaban los fundamentos y estrategias que constituyen la intervención social del Estado. Así se conformó un denso y diversificado tejido institucional de la sociedad civil.

---

nes de la sociedad civil en la ciudad de Tandil llevada a cabo en los años 2003- 2004, ya que la misma se enmarca en un proceso de construcción de conocimiento científico socialmente relevante sobre el universo de las organizaciones de la sociedad civil, el cual se constituye en información fundamental para la definición de estrategias políticas de acción. Se censaron a partir de una cédula organizacional basada en un conjunto de dimensiones de análisis 260 organizaciones de la sociedad civil, permitiendo configurar la trama compleja de este universo organizacional. Retomo acá una síntesis de resultados publicados en *Características, prácticas y representaciones de las organizaciones sociales locales*. S. Fernández Soto (dir.), N. Martignoni, P. Rodríguez, C. Terencio, M. Roigé, M. Tomellini. REUN/ UNCPBA, 2005.

En esta malla asociativa imbricada en las relaciones de poder constituidas en la sociedad se van definiendo distintos sentidos de la acción organizacional, es decir, se expresan distintas lógicas de acción, que responden a objetivos sociales distintos como a principios ético-políticos también diferentes. Podemos reconocer organizaciones con perspectivas de acción universalistas y organizaciones orientadas hacia una perspectiva de focalización y selectividad. Se observa en el contexto actual, principalmente a partir de la década del noventa, la multiplicación de este segundo tipo de organizaciones, preocupadas y movidas por dar respuesta a problemas específicos, muchas veces hasta preconstruidos y definidos por el Estado, quien al mismo tiempo define políticas de intervención del sector, condicionando su instrumentación a través de las acciones de transferencia financieras. Al mismo tiempo observamos organizaciones que se articulan con el Estado a través de esta mediación institucional individualizante y la recrean con otros principios y otra lógica, resignificando los recursos estatales a partir de un proceso de colectivización.

En el universo organizacional de Tandil predominan las organizaciones que hemos denominado "islas", es decir aquellas que no dependen de otra organización y que no tienen organizaciones a su cargo. En segundo lugar, sobresalen aquellas que dependen de una sede central ubicada fuera de la ciudad de Tandil. Esta diferenciación nos permite el conocimiento de las relaciones que las organizaciones construyen en los procesos de institucionalización que cristalizan en sus propias estructuras. Estos rasgos junto con la baja participación de las organizaciones en espacios y mecanismos permanentes de articulación —redes o foros— (el 82 % de las organizaciones declara no participar en este tipo de estrategias de articulación) señala la existencia de una matriz institucional local fragmentada, y marca cierta debilidad política en términos de construcción de demandas públicas y en la participación de la definición de políticas locales.

Con respecto a la situación jurídica predominan las organizaciones que poseen personería jurídica (75%). Si a esto agregamos el número de las que está tramitando la personería jurídica (5,5%) y el de aquellos que utilizan transitoriamente la personería de otra organización (4%), encontramos un total de 84,5% de organizaciones reguladas, de alguna manera, por un marco normativo. Este hecho resulta significativo desde el punto de vista de la legitimación de las propias organizaciones en el escenario social y da cuenta además de cómo las iniciativas de personas particulares que surgen del campo público no estatal se van normatizando y adquiriendo un estatuto acorde con la legislación existente. Esto se debe en gran parte a que los organismos financiadores (públicos y privados) tienen entre sus exigencias este aspecto legal, y por ello muchas organizaciones se ven obligadas a la tramitación de la personería jurídica de modo de mejorar sus condiciones formales para acceder a los fondos que requiere su mantenimiento.

Esta condición acerca de la situación jurídica de las organizaciones de la sociedad civil es contraria a la creencia habitual de que en general se trata de grupos que no cuentan con personería jurídica, sobre todo cuando surgen en períodos de crisis o para atender situaciones puntuales. Si bien esta situación puede producirse en el origen, las organizaciones no sólo buscan rápidamente institucionalizarse como parte de un proceso de integración a la trama social sino que también, en algunos casos, generan procesos que les otorgan sentido social más allá de las circunstancias que le dieron origen, es decir algunas sufren transformaciones en relación con sus objetivos fundacionales y amplían sus horizontes de intervención.

La dimensión de análisis histórica pone de manifiesto los procesos de creación e institucionalización de las organizaciones en relación con los contextos en los cuales surgieron. El primer rasgo a destacar en este sentido se relaciona con el proceso mismo de construcción del universo de organizaciones de la sociedad civil, cuyos orígenes se ubican a fines del siglo XIX y principios del XX, incrementándose significativamente en las décadas del 30 y del 40 y aún más en el período posperonista (1955-1976). En este último período se duplica la cantidad absoluta de organizaciones surgidas con anterioridad (surgen 56 organizaciones que representan un 22% del total relevado). Durante la última dictadura militar (1976-1982) se desacelera su ritmo de crecimiento, para cobrar sólo renovado impulso en el período que va desde la apertura democrática hasta nuestros días, donde surge cerca del 50% del total de organizaciones. En este último período las instituciones que se construyen presentan un carácter más asistencial, y se encuentran preocupadas por dar respuestas a demandas básicas insatisfechas de vastos sectores de la población. Esto refleja la construcción de iniciativas puntuales en la sociedad civil ante los procesos de profundización de la pobreza de los sectores históricamente relegados de los mecanismos de integración social y la extensión de los procesos de pauperización de las capas medias de la sociedad, junto con la retracción y ausencia estatal en materia de garantías sociales.

Teniendo en cuenta los objetivos principales de las organizaciones predominan los asistenciales o de servicio; en segundo lugar se destacan los relacionados con la promoción y el desarrollo; luego los relacionados con procesos de reclamo o reivindicación, siendo el Estado el principal actor de interpelación; y por último, objetivos de autoayuda o contención. Este predominio indica la supremacía de las organizaciones particularistas, tal como fueron definidas. Al respecto, también se puede establecer el área y el alcance en que las organizaciones desarrollan su accionar. En líneas generales, predominan aquellas cuyo accionar no trasciende los límites de lo local municipal. Dentro de esa mayoría, existe un grupo minoritario de organizaciones que no particularizan su accionar en una zona específica del municipio y otro cuantitativamente más significativo que delimita su accionar territorialmente y cuyo alcance no supera el espacio barrial. Es decir, para estas organizaciones el barrio se constituye como ámbito principal de su accionar, lo que se vincula principalmente con las organizaciones de carácter socio-asistenciales.

En relación con esos aspectos, el análisis de los datos refleja el despliegue y combinación de una gama de modos de accionar de las organizaciones, que cubre desde la prestación de diversos servicios sociales, acciones de asesoramiento, asistencia técnica y capacitación, acciones de asistencia directa (sólo la entrega de recursos), hasta las acciones guiadas por la defensa y reivindicación de derechos.

La problemática de los recursos de las organizaciones constituye un aspecto sensible a los procesos de construcción organizacional. En cuanto a los recursos financieros, un porcentaje importante declara administrar un presupuesto integrado por fuentes de ingresos propias y/o externas. Si bien las organizaciones construyen variadas estrategias de generación de ingresos propios (cuotas y actividades económicas y sociales propias), existe una participación importante de alguno de los niveles gubernamentales estatales como fuente de recursos externos de las organizaciones. En relación con la situación sobre los recursos humanos, es significativa la movilización de personal voluntario (76,3% sobre el total), es decir personas que desarrollan tareas permanentes en la organización sin percibir ninguna remuneración. En el caso de aquellas que perciben algún ingreso observamos la prevalencia de situaciones precarias e inestables.

Desde la perspectiva de las relaciones que las organizaciones construyen, establecen y mantienen entre sí y con otros actores del contexto social, en relación con su vinculación con el Estado, el 76% lo hace con diferentes organismos estatales y de ellas sólo un 6% lo hace en situaciones ocasionales. Esto marca una fuerte presencia del Estado como interlocutor en los procesos de gestión institucional. Los motivos de vinculación principales que mencionaron las propias organizaciones en orden de importancia son el intercambio de servicios y recursos; el trabajo y seguimiento conjunto; la capacitación-asesoramiento y el financiamiento.

En lo que se refiere al trabajo asociativo y las relaciones que las organizaciones pueden establecer entre sí mediante su participación en redes o foros, se constató, como señalamos anteriormente, que predominan los casos donde no existen mecanismos estables de integración. Así, el 82% de las organizaciones no participa en redes o foros, lo cual indica la ausencia de integración a escenarios de gestión que superen la organización misma.

Para apreciar "la mirada de la organización" respecto de la realidad en el ámbito local según lo expresado por sus informantes clave, buscamos responder a la siguiente pregunta: ¿qué lectura construye la organización de la realidad y de los problemas sobre los cuales interviene? En este sentido se intentó rescatar las evaluaciones que las organizaciones hacen de la política social local y respecto de ellas; las conclusiones extraídas arrojan en general una evaluación altamente negativa.

Las tres características de la política social local, mencionadas en orden de importancia, son las siguientes: ineficaz, insuficiente, inexistente. Estas respuestas suman el 74% de las evaluaciones realizadas por las organizaciones y ponen en evidencia su mala evaluación del desempeño del municipio como actor central en el ámbito local, es decir, se expresa un cuestionamiento hacia las políticas y prácticas instituidas en torno de la resolución de problemáticas y demandas sociales. Esto se presenta en un marco histórico general de crisis de representación tradicional de los gobiernos, partidos y otros actores colectivos.

En relación con lo anterior también buscamos conocer cómo "las organizaciones se miran a sí mismas" (autodiagnóstico), sobre todo al tomar en cuenta la identificación de las dificultades más relevantes para el cumplimiento de sus objetivos y para el desarrollo de su trabajo en general. Entre las dificultades identificadas por las organizaciones, las más relevantes son, en primer lugar, la escasez de recursos financieros; luego la insuficiencia de espacio físico para un adecuado funcionamiento; la insuficiencia de equipamiento; las relacionadas con los recursos humanos y finalmente la sobredemanda. Esta gama de dificultades expresa problemas estructurales que remiten centralmente a los recursos (humanos, materiales y financieros) que moviliza cada organización. En esta dimensión que hemos considerado de "autodiagnóstico" también indagamos sobre el papel que las organizaciones creen estar cumpliendo en la sociedad y sobre aquel que creen deberían desempeñar. Al respecto, la mayoría considera que está desempeñando un papel supletorio del Estado, un Estado considerado ausente en la resolución de las principales problemáticas sociales emergentes en el contexto de crisis.

Para concluir, al plantear el interrogante en términos del "deber ser" y de las aspiraciones en torno de las relaciones con el Estado, la mayoría de las organizaciones desea establecer un trabajo complementario entre su propio accionar y el accionar del Estado y colocan al Estado como un actor central y fundamental en la garantía del bienestar de la población.

4. Conclusión

Como punto de partida del análisis referimos a la importancia y magnitud que cobra la pobreza y los procesos de empobrecimiento en la sociedad argentina, a partir de la década del setenta y como resultado de los procesos de acumulación y legitimación que se desarrollan en la reconfiguración neoliberal.

A la luz de estos cambios generales observamos las transformaciones productivas y sociales que se presentan en la ciudad de Tandil, siendo una de sus principales manifestaciones el aumento de la desocupación y subocupación con el consecuente deterioro de los ingresos de los hogares y los procesos de satisfacción de las necesidades básicas. Al mismo tiempo definimos las características institucionales de la estructura organizativa municipal en la provincia de Buenos Aires y advertimos que históricamente se ha constituido en unidad gubernamental menor subordinada a los poderes estatales centrales. Indicamos también que históricamente ha adquirido centralmente, al mismo tiempo, un papel de tipo administrativo.

Los aspectos burocráticos, legales, políticos y económicos históricamente construidos dan cuenta de una autonomía municipal restringida. Bajo estas características concretas analizamos la implementación en el ámbito local de políticas alimentarias para enfrentar las múltiples expresiones de extensión e intensificación de la pobreza. En el análisis observamos mecanismos estrictamente selectivos y residuales de las políticas sociales alimentarias en la década del noventa, con una cobertura focalizada muy reducida. En cambio en la respuesta estatal de la década de 2000 (considerando la participación de los tres niveles)y posteriormente a la crisis de 2001, se observa un proceso de expansión de la asistencia, la que se masifica en los sectores pobres por insuficiencia de ingresos, cubriendo el 40 % de la población total, lo que representa un tercio de los hogares.

Al mismo tiempo observamos en la década del noventa la expansión de las organizaciones de la sociedad civil, que responden centralmente a demandas de emergencia (alimentación, vestimenta, salud) en los barrios periféricos de la ciudad. Esto conduce a un entramado institucional diversificado y fragmentado de intervención social, con un estado retraído en sus intervenciones sociales, con escasas articulaciones entre las organizaciones de la sociedad civil y el Estado local. En los últimos años, junto con la expansión de la asistencia alimentaria, el Estado local establece en esta materia, sistemáticamente, articulaciones con 22 organizaciones sociales no gubernamentales dedicadas entre otras a la problemática alimentaria.

Los aspectos que señalamos marcan continuidades y rupturas en las lógicas políticas. Al mismo tiempo permiten plantear nuevos desafíos en términos de las articulaciones Estado-sociedad. Uno de los desafíos que consideramos se refiere a la necesidad de superar una noción restringida de la pobreza reducida, a las expresiones de carencia. Otro remite a la definición de políticas de enfrentamiento de la pobreza que superen la lógica estrictamente asistencial. Por último, consideramos estratégico repensar la construcción de la estatalidad desde la dinámica de las organizaciones de la sociedad civil. Es decir, redefinir las articulaciones desde una dimensión política que no sólo las considere competentes para instrumentar programas estatales a través de sus prácticas de servicio, sino de rehacer una nueva práctica social superadora de las modalidades de atención directa particulares, colocando esas singularidades en relación con una dimensión universal, capaz de interpelar al Estado y de incidir desde procesos de colectivización en la definición de los problemas y el diseño sociopolítico de las propuestas institucionales.

Referencias

Cardarelli, G.; Kessler, G.; Rosenfeld, M. (1995) "Las lógicas de acción de las asociaciones voluntarias. Los espacios del altruismo y la promoción de derechos", en Thompson, A. (comp.) (1995) *Público y privado. Las organizaciones sin fin de lucro en la Argentina*, Buenos Aires, Losada - Unicef, pp.151-178.

Cerrutti, M.; Grimson, A. (2005) "Buenos Aires, neoliberalismo y después. Cambios socioeconómicos y respuestas populares", en Portes, A.; Roberts, R.; Grimson, A. (ed.) (2005) *Ciudades latinoamericanas. Un análisis comparativo en el umbral del nuevo siglo*, Buenos Aires, Prometeo Libros, pp. 75-148.

CEPAL (2004) Panorama Social de América Latina 2004, Naciones Unidas, *Comisión Económica para América Latina y el Caribe (CEPAL)*, Santiago de Chile.

Cortés, R.; Marshall, A. (1999) "Estrategia económica, instituciones y negociación política en la reforma social de los noventa", en *Desarrollo Económico*, Vol. 39, N° 154, pp. 195-212.

Decreto 1018/03, Programa Nacional de Nutrición y Alimentación, Ministerio de Desarrollo Social de la República Argentina.

Fernández Soto, S. (1999) *Política social y municipio bajo el régimen liberal asistencial*, San Pablo, Brasil, Tesis de Maestría en Servico Social, Pontifícia Universidade Católica (PUC.

__ (2003) "El concepto de pobreza en la teoría marxista", *Revista Servico Social & Sociedade*, San Pablo, Brasil, Cortez Editora, N° 73, año XXIV, pp. 5-22.

Fernández Soto, S. (dir.) (2005) *Características, prácticas y representaciones de las organizaciones sociales locales*, Universidad Nacional del Centro de la Provincia de Buenos Aires UNCPBA, Red de Editoriales Universitarias Nacionales (REUN).

Fernández Soto, S.; Tripiana, J. D. (2006) "Pobreza, intervención social del Estado y mercado de trabajo. Precisiones teórico-metodológicas en el análisis de un plan alimentario", en *7° Congreso Nacional de Estudios del Trabajo,* "Nuevos escenarios en el mundo del trabajo: rupturas y continuidades", Buenos Aires, Asociación Argentina de Especialistas en Estudios del Trabajo (ASET).

Filgueira, C.; Filgueira, F. (2002) "Models of Welfare and Models of Capitalism: The Limits of Transferability", en Huber, E. (comp.) (2002) *Models of Capitalism: Lessons for Latin America*, University Park, PA, Pennsylvania State University Press.

Giroux, G. (2001) *L'État, la société civile et l'économie*, Québec, Les Presses de l'Université Laval, L' Harmattan.

Grillo, O. (1995) "Las asociaciones vecinales en Buenos Aires. Restricciones sistemáticas y experiencias concretas", en Thompson, A. (comp.) (1995) *Público y privado. Las organizaciones sin fin de lucro en la Argentina*, Buenos Aires, Losada - Unicef, pp. 129-150.

INDEC (1984) "La pobreza en Argentina", Serie Estudios N° 1, Buenos Aires.

__ (1990) "La pobreza urbana en Argentina", Buenos Aires, Instituto Nacional de Estadística y Censos.

__ (2003) "Incidencia de la pobreza y de la indigencia en los aglomerados urbanos", Información de prensa, Buenos Aires, Instituto Nacional de Estadística y Censos, mayo de 2003.

_ (2004) "Valorización mensual de la canasta básica alimentaria y de la canasta básica total", Información de prensa, Buenos Aires, Instituto Nacional de Estadística y Censos, enero de 2004.

Ley 25.574, Programa Nacional de Nutrición y Alimentación, Ministerio de Desarrollo Social de la República Argentina, B.O. 17.01.03.

PNUD (2002) *Aportes para el desarrollo humano de la Argentina 2002*, Programa de las Naciones Unidas para el Desarrollo, Argentina.

Sirvent, M. T. (1999) *Cultura popular y participación: una investigación en el barrio de Mataderos (Buenos Aires)*, Madrid, Miño y Dávila Editores.

La Central de los Trabajadores Argentinos de la Provincia de Jujuy: la disputa de lo público desde la perspectiva de los trabajadores

Fernando Acosta y Miguel Fiad
Central de los Trabajadores Argentinos, Jujuy, Argentina
Instituto Simón Rodríguez

1. Objeto

El objeto de este texto es transmitir la experiencia desarrollada por la Central de Trabajadores Argentinos en la Provincia de Jujuy. Su desarrollo tiene mucho que ver con la respuesta organizada de los trabajadores ante la crisis vivida a partir del 2001 en la Argentina. Ese escenario motivó la organización social y política de un sector crecientemente marginado durante tres décadas de las posibilidades de mejorar su calidad de vida a partir de su trabajo. Esto fue resultante de las políticas económicas y sociales que instaló el neoliberalismo con la complicidad de los Estados de nuestra región y significó, además, la visibilidad de la *clase trabajadora* y su consolidación como actor político indiscutido a la hora de disputar políticas públicas en la provincia.

El posicionamiento de la CTA Jujuy, como central que cuenta con cerca de 20.000 afiliados, permite dar respuesta organizada a problemas concretos de los trabajadores y sus familias, tanto en el plano territorial (viviendas, puestos de salud, colegio secundario, etc.), como en el plano estrictamente sindical (aumentos salariales, mejores condiciones de trabajo) y en la defensa de las fuentes de trabajo.

La CTA Jujuy logra instalar en su región un modelo de organización política y reivindicativa de los derechos de los trabajadores junto con la idea del "trabajo digno" no solo como un ideal a seguir sino como una realidad concreta de los trabajadores de la provincia.

2. El contexto

Nuestra realidad nacional y provincial ha venido mostrando niveles de pobreza, desocupación y marginación social que no tenían precedentes. Desde el momento en que existió un proyecto inclusivo de país, a partir de la segunda mitad del siglo pasado, producto de organizaciones fuertes de trabajadores que disputaban en similares condiciones con el capital la forma en que se distribuía la riqueza socialmente producida, se llegó en 2002 a que más de la mitad de nuestros compatriotas se encontrara con "ingresos" (no provenientes, en su mayoría, de un trabajo digno) por debajo de la Línea de Pobreza[83], con un índice superior al 20% de desocupación (sin contar los planes sociales "de emergencia"), generando una marginalidad social potenciada por el empobrecimiento y privatización de la mayor parte de los bienes y servicios públicos.

Esta "crisis", supuestamente pasajera, en la mayoría de los casos había sido atendida parcialmente durante los últimos 15 años, con políticas asistenciales que buscaban "aliviar" la pobreza (transfiriendo dinero o bienes de consumo inmediato) y creando seudotrabajos, que no implicaban la integración y dignidad de los millones de hombres y mujeres afectados.

A partir de 2003, las nuevas políticas públicas en el área social cobraron un marcado perfil socioeconómico, es decir, se produjo una transferencia directa de recursos y además se promovió la organización de los beneficiarios en la gestión de los recursos. Los "microemprendimientos", los proyectos productivos, las cooperativas de trabajo y las organizaciones territoriales, al participar en la gestión pública de los planes sociales y de otros recursos representaron un cambio de concepción que se manifestó también en la denominación de los programas, en especial al caracterizar las relaciones entre el Estado y las organizaciones sociales (por ejemplo las denominaciones "Manos a la Obra" y "Techo y Trabajo").

---

[83] Forma de medir la situación socioeconómica del país, desplazando progresivamente al "trabajo", debido a que muchos de los trabajadores también eran pobres.

Sin embargo, y más allá de las cuestiones perfectibles propias de los fundamentos e implementación de estos planes y programas, no en todos los casos lograron efectivamente convertirse en prácticas transformadoras de las condiciones de vida de sus "beneficiarios", es decir, de la clase trabajadora desplazada de fuentes de trabajo. Nos animamos a sostener que el "éxito" de la mayoría de estas políticas se debió fundamentalmente a la preexistencia, propia de cada territorio, en cuanto a:

— Capacidad organizativa previa, o en desarrollo, por parte de los beneficiarios.

— Identidad común, fundamentada en origen y/o un proyecto común de la organización y un alto grado de participación.

— Voluntad política de las organizaciones para orientar estratégicamente esos recursos.

— Una mayor articulación con las distintas instancias del Estado y un involucramiento en la gestión de los recursos y en la redefinición política de los planes y programas.

— Búsquedas para multiplicar esos recursos, capacitarse, crecer y generar formas más autónomas de hacer sustentable los proyectos.

En la provincia de Jujuy, a partir de la crisis de diciembre de 2001 y hasta el presente, se ha venido desarrollando, así como en otras organizaciones de esta Central de Trabajadores, una pelea conjunta que le ha permitido no solamente crecer en su sector (problemas puntuales y urgentes de cada organización) sino también crecer como organización (proyecto general hacia la clase de los trabajadores), es decir, crecer a partir de un proyecto colectivo de disputa de "lo público".

Las distintas organizaciones han visto en la lucha conjunta y unificada, basada en un principio de solidaridad, la forma de mejorar sus condiciones laborales y de vida cotidiana en contraposición a la lucha por sector, conscientes de que en la lucha conjunta se adquiere más fuerza.

Tal desarrollo puede apreciarse nítidamente y se expresa principalmente en algunas de sus organizaciones: la organización barrial Tupac Amaru, que nuclea más de cien cooperativas de vivienda en la construcción de barrios con servicios integrales comunitarios, la Asociación de Trabajadores del Estado (ATE), la Cooperativa de Trabajo de Discapacitados (empresa recuperada por los trabajadores para la prestación del servicio público de cobro del estacionamiento vehicular), AMMAR, Canillitas, etc., instancias donde no solamente se han multiplicado las afiliaciones sino que se ha alcanzado un elevado grado de conciencia de clase expresado tanto en la unidad de acción (desarrollo de medidas de lucha en conjunto) como de decisión (toma de decisiones en asambleas conjuntas).

No se intenta omitir en estas experiencias exitosas el crecimiento y las luchas que llevan adelante otras organizaciones sindicales y gremiales afiliadas a la central como docentes, judiciales, azucareros, etc., con quienes se trabaja de manera coordinada y que progresivamente van incluyéndose en la CTA. De diversas maneras, lograron impulsar uno de los principales ejes estratégicos de nuestra central: la lucha por la unidad de la clase trabajadora, para aportar al debate sobre una estrategia de crecimiento posible de la misma. No es casual que ellas constituyan el motor de crecimiento de la central en la provincia. A partir de la decisión de organizar a los trabajadores en el territorio, fue el sindicato de ATE quien comenzó a desarrollar la tarea en los barrios, a través de los trabajadores estatales y principalmente a través de los familiares de esos compañeros que se encontraban desorganizados y sin trabajo.

Fue tan significativo el crecimiento de la organización que al poco tiempo aquellos compañeros nucleados en la Organización Barrial Tupac Amaru no solamente comenzaron a encontrar respuesta y soluciones a sus problemas urgentes sino que se convirtieron en una verdadera fuente de apoyo y fuerza para con la organización sindical en cuanto al sostén activo de las demandas concretas de los trabajadores afiliados a la ATE, la que también se expresa con los demás compañeros de la CTA (docentes, azucareros, etcétera).

Esta experiencia resulta novedosa, incluso en la historia del movimiento obrero, en la cual la lucha de uno pasó a ser la lucha de toda la organización. Los resultados fueron exitosos ya que en conjunto se consiguieron y se siguen consiguiendo soluciones a problemas concretos tanto en el plano territorial, como en el plano estrictamente sindical y en la defensa de las fuentes de trabajo.

Este crecimiento de la organización se debió justamente a la existencia de una verdadera estrategia de crecimiento con una determinada forma de construcción de fuerza propia. Se trató concretamente de llevar adelante otro de los ejes definidos por nuestra Central, consistente en organizar la demanda social a partir de un proyecto claro desde la perspectiva de los trabajadores.

3. Identificación de los actores implicados

El Estado

Gran parte del desarrollo y crecimiento de nuestra organización tiene relación con el Estado, quien aporta los fondos ante las demandas planteadas por los compañeros –a través de los programas sociales–. Esto no significa resignar la autonomía como organización. Los programas y recursos implementados por el Estado, tanto nacional como provincial, encuentran su origen en la lucha organizada de los compañeros y aunque los logros puedan ser utilizados por el gobierno de turno para propagandizar su gestión, en primer lugar han repercutido directamente en una mayor organización y fortalecimiento de nuestra Central. Las estrategias sobre el destino de los planes son decididas por nuestros compañeros y los criterios de ejecución son también propios y resueltos en asambleas, siempre basándose en principios de solidaridad y con un profundo contenido clasista.

Como ejemplos concretos, los planes de empleo (Jefes y Jefas de Hogar, PEL, etc.) están orientados a tareas vinculadas con actividades solidarias que tienen como finalidad un mejoramiento de la calidad de vida de la comunidad y en ningún caso se dirigen a cubrir puestos de trabajo en el Estado o la actividad privada, sustituyendo o remplazando a trabajadores o puestos de empleo.

Por otra parte, la lucha por la construcción de viviendas originó la apertura de otras fuentes de trabajo en el barrio (fábrica adoquinera y textil, talleres y carpinterías, etc.) y la lucha por la autogestión de obras públicas logró acceder a la construcción de los cordones cuneta de todo el barrio, el futuro adoquinamiento de calles, la construcción de muros de contención, etc., obras que antes eran otorgadas por el Estado a empresas constructoras privadas (con altos costos y coimas de por medio) generando poquísimos puestos de trabajo y gran concentración de la rentabilidad.

De igual manera se logró un sistema de salud propio, rompiendo con la lógica y el negocio de las empresas de salud prepagas y se concretó la construcción de centros de salud modelo en contraposición a los famosos "puestos de salud". También se logró que la organización cuente con un colegio secundario, el Centro Educativo Germán Abdala, para que nuestros compañeros adultos puedan terminar el ciclo secundario, con currícula y docentes propios. Esto no significó el abandono de la lucha por la salud y la educación pública –responsabilidad indelegable del Estado–. Simplemente demostró que los trabajadores organizados en una central de estas características son capaces de resolver problemas puntuales, a través de la lucha y la autogestión, con conciencia y unidad de clase.

La organización social

El eje principal de nuestra organización ha sido el trabajo reivindicado en sus diversas formas. Al respecto se debe destacar el trabajo autogestionado que desarrollan las cooperativas de trabajo de la organización Tupac Amaru (1.600 compañeros en 100 cooperativas y mas de 2.300 puestos de trabajo o retribuciones que se pagan en total, hacia las distintas actividades de la organización); el trabajo que realizan los compañeros discapacitados; aquel del Ingenio "La Esperanza", donde no obstante la crisis y quiebra de la empresa, los trabajadores azucareros han logrado mantener y aumentar los puestos de trabajo sin resignar salario, así como el propio del trabajador asalariado del Estado y el de ciertos sectores privados (en los cuales aún no tenemos gran inserción) que permiten recobrar la capacidad de los compañeros de abrir fuentes de trabajo a través de la autoorganización y recuperando el salario como herramienta reivindicativa de la clase trabajadora. Esto no solamente equivale al logro de un mayor ingreso y condiciones dignas, sino que refleja el papel políticamente central de la clase en la disputa por la distribución del ingreso, junto con las medidas universales propuestas por la CTA para alcanzar a toda la clase trabajadora.

4. Principales realizaciones de la CTA Jujuy

Sin perder de vista las reivindicaciones globales, se organizó y se organiza a los compañeros a partir de su demanda sectorial y urgente; concretamente:

- Se pone al servicio de los compañeros toda la organización para lograr reivindicaciones puntuales, cuyo logro se convierte en generador de confianza en la fuerza propia y en formador de conciencia de clase para la lucha solidaria, en apoyo de las reivindicaciones puntuales de otros sectores de la organización.
- El cambio en las condiciones materiales de existencia de los trabajadores organizados les permite no solamente ganar en confianza, sino también ir adquiriendo una conciencia de solidaridad de clase para

con el resto de los compañeros y con otros problemas urgentes. Esto conduce a la lucha por una problemática general o global pero a partir de los triunfos y cambios que se producen en cuanto a la resolución de los problemas cotidianos y puntuales. Es así como en la actualidad la lucha por aumento salarial de los trabajadores estatales u otros es llevada adelante juntamente con los compañeros de la organización territorial, así como la lucha por viviendas, copas de leche, fábricas, cooperativas, etc. Es decir, se hace evidente en la construcción cotidiana de la CTA la solidaridad entre distintos sectores de la clase trabajadora, cuando un reclamo puntual no solamente es acompañado por el grupo afectado sino que se asume como propio de toda la organización. La lucha sectorial no ha implicado sectarismos ni mezquindades y la lucha por una problemática global no hace abandonar las reivindicaciones puntuales de cada uno de los sectores.

5. Evaluación

Las realizaciones de la CTA en Jujuy permiten sostener que en la provincia hemos sido capaces de incidir en la distribución del ingreso y mejorarlo, ya que con la organización de los trabajadores hemos hecho visibles sus demandas, pero también generamos propuestas de políticas públicas, e incidimos en los criterios del Estado provincial para orientar el gasto público. Concretamente, aunque no sea en un grado máximo creemos que nuestra organización, en palabras de Germán Abdala, cumple con el mandato de ser "una herramienta al servicio de un determinado proyecto" o al menos al servicio de determinadas necesidades populares.

Este aspecto es muy importante de considerar a la hora de definir la cuestión de la autonomía de nuestra organización tanto del Estado como de los gobiernos, los partidos políticos y los patrones. No está de más marcar la autonomía que ha mantenido la CTA en Jujuy tanto de los partidos políticos como de las patronales. Se construyó como fuerza propia en forma totalmente independiente, lo que en muchos casos significó un inconveniente para articular con otros sectores sociales, políticos, etcétera.

El haber ubicado al trabajo y las necesidades concretas y urgentes como eje central de nuestra estrategia de construcción nos ha permitido crecer cualitativamente y no sólo cuantitativamente. Creemos que esta experiencia, si bien no es transferible de manera automática a otras provincias, puede ser de utilidad para discutir una estrategia de construcción o fortalecimiento de los derechos de la clase trabajadora en nuestro país, como también de su incidencia para definir cuáles deben ser las prioridades de atención del Estado.

Brasil
El cooperativismo industrial autogestionario en Brasil: escenario y actores

Leda Gitahy y Alessandra Azevedo
Universidade Estadual de Campinas (Unicamp) - Brasil

Introducción

Este texto discute el surgimiento y la evolución del cooperativismo industrial autogestionario brasileño durante la década de 1990, a partir de las luchas llevadas a cabo por los sindicatos de trabajadores contra el desempleo y la precarización del trabajo. Considera además el papel de las instituciones de apoyo creadas por este movimiento, capaces de movilizar organismos públicos y permitir su consolidación en el país.

A lo largo de las dos últimas décadas, las transformaciones en el escenario nacional e internacional colocaron a la industria brasileña de cara a un nuevo patrón de competitividad, tanto en el mercado externo como en el mercado interno. Entre otros factores, es importante destacar que la capacidad de innovación aparece como uno de los factores clave para la supervivencia de las empresas en un escenario de aumento de la competencia. En este período se verifica, en diversas cadenas productivas, un proceso creciente de fusiones/adquisiciones de grupos nacionales por parte de grupos internacionales de mayor presencia en el mercado mundial en sus áreas de actuación. Con el aumento de la competencia, las empresas que no pudieron seguir el nuevo patrón de competitividad fueron expulsadas del mercado, generando desempleo. Simultáneamente, las empresas que mantuvieron o aumentaron su competitividad y su producción, al reestructurarse, también redujeron el número de trabajadores y los nuevos ingresantes (empresas que construyeron nuevas plantas) tampoco crearon un número suficiente de empleos que compensara esta enorme reducción de los puestos de trabajo.

En este contexto el gobierno federal pasó a desarrollar programas para recomponer la capacidad competitiva del parque industrial nacional (Programa Nacional de Calificación del Trabajo - Planfor) y para la recalificación de la mano de obra, con el fin de aprovechar las oportunidades que por hipótesis serían generadas en el nuevo panorama. A pesar de las polémicas con relación al éxito o fracaso (y a las causas de uno u otro) de estos programas, hay consenso en que fueron claramente insuficientes para responder a la situación creada. La diversidad de realidades de sectores y de regiones llevó a dar respuestas diferenciadas a los estímulos, con mayor repercusión en aquellos en los que el capital internacional domina la cadena productiva, y viceversa. Como observa Tauile (2002):

> "Al mismo tiempo que la actual revolución tecnológica brinda un aumento de la eficiencia y la capacidad productiva, se observa el crecimiento de los índices de desempleo, subempleo e informalidad. Resulta de ahí que sectores de la sociedad para los cuales no existían políticas públicas que fueran más allá de la asistencia social, comienzan a encontrar en la economía popular solidaria y en la autogestión una posibilidad para mejorar su calidad de vida".

El aumento del desempleo, sumado a la saturación del mercado informal, obligó igualmente a los gobiernos –en todos los niveles y regiones– a formular programas de generación de empleo e ingresos, cuyos resultados también fueron bastante diversos, aunque de modo general, insuficientes. La falta de crecimiento económico sumada a las dificultades para el ingreso de nuevos emprendimientos al mercado impidió que se produjeran efectos significativos.

Las cooperativas industriales autogestionarias emergen en este escenario como un conjunto de iniciativas de los trabajadores de fábricas en proceso de quiebra, cuyo objetivo fue intentar reinsertarse en el mercado a través de formas asociativas de producción. Estos emprendimientos son el resultado del esfuerzo de los trabajadores para reconquistar sus empleos, ya sea con la puesta en funcionamiento de las empresas en que trabajaban, o mediante la creación de nuevas empresas. Los desafíos son numerosos, ya que los trabajadores que están dispuestos a permanecer en el emprendimiento pertenecían en su mayoría al piso de fábrica o gerencia media, es decir, contaban con poca experiencia en gestión empresarial, con equipos antiguos o en malas condiciones y con una imagen de la empresa ante los proveedores y clientes desgastada, debido a los atrasos de entrega de productos, facturas impagas, etcétera.

Así, el cooperativismo industrial autogestionario brasileño emerge de la lucha contra el desempleo y la precarización del trabajo, asociadas con la reestructuración productiva llevada a cabo por los sindicatos de trabajadores[84]. Los sindicatos van a constituirse actores fundamentales en el surgimiento del cooperativismo industrial autogestionario.

1. La génesis del cooperativismo industrial

La década del 80 se caracteriza por el proceso de redemocratización del país, por el crecimiento de diversos movimientos sociales rurales y urbanos y por el fortalecimiento del sindicalismo en Brasil. En 1983, surge la Central Única de los Trabajadores - CUT fundada por los sindicatos de São Bernardo, los bancarios de Porto Alegre y de São Paulo, los petroleros de Paulínia y los sectores más avanzados de los movimientos sindicales rurales (Zarpelon, 2003:34).

La región metropolitana de Porto Alegre, en Rio Grande do Sul, y la región del gran ABC, en São Paulo que en la década del 90 fue un importante complejo industrial, en especial en la industria automotriz, configuran el escenario del surgimiento de este tipo de cooperativismo industrial durante la década del 90. Marques (2006:56) observa que una de las primeras iniciativas del movimiento sindical cutista, al discutir el tema de la autogestión fue el seminario "Autogestión: la realización de un sueño", que ocurrió en diciembre de 1994, en Rio Grande do Sul, impulsado por la CUT/RS, el comité estatal de la Campaña por la Acción de la Ciudadanía Contra el Hambre y la Miseria, la Municipalidad de Porto Alegre, la Asociación Nacional de Trabajadores y Empresas de Autogestión (ANTEAG), la Central de Cooperativas de los Asentamientos del Movimiento de los Trabajadores Rurales sin Tierra (MST), Caritas, la Federación de los Metalúrgicos de Rio Grande do Sul, la Federación de Zapateros y la Federación de Organismos para la Asistencia Social y Educacional (FASE).

[84] Según Marques (2006:57) "a partir de las experiencias de empresas recuperadas y transformadas en cooperativas autogestionarias en el ABC Paulista, el tema es introducido con más fuerza en la CUT, la mayor central sindical del país. Al identificar las potencialidades de los procesos autogestionarios para el fortalecimiento del movimiento de los trabajadores, surgen en los debates de la CUT cuestiones importantes, principalmente de orden teórico-ideológico".

En 1995, el tercer Congreso de la Confederación Nacional de los Metalúrgicos (CNM), incluyó en su programa el tema de la autogestión, a partir del debate sobre las primeras empresas recuperadas y decidió llevar a cabo al año siguiente un seminario nacional sobre el sistema de autogestión y estrategia de la CUT. En este seminario se observó que los sindicatos de trabajadores eran responsables del 54,3% de las iniciativas existentes en ese entonces (Nascimento, 2000:8).

La región del ABC paulista sufrió a partir de esa década un intenso proceso de cambios, entre los cuales se encuentra:

"... cierre de plantas industriales, traslado de la producción hacia otras regiones del país, reestructuración de la organización de la producción y el trabajo, reducción de las grandes estructuras verticalizadas, reducción de la mano de obra, etc. En consecuencia, más de 243.000 personas se encontraban desempleadas en mayo de 2000, lo que significa un piso de 20,4% de su Población Económicamente Activa (PEA)" (Oda, 2001:13-14).

También según Oda (2001:14):

"En este escenario, se establecen diferentes propuestas para enfrentar la crisis industrial y de desempleo como la Cámara Sectorial del Complejo Automotriz, la Cámara Regional del Gran ABC[85], la Central de Trabajo y Renta en el Municipio de Santo André y el MOVA Regional[86]. Además de la participación en estas iniciativas, el Sindicato de los Metalúrgicos del ABC presentó otras propuestas para mitigar el desempleo, tomando como ejemplo el Programa para la Renovación de la Flota Nacional de Vehículos[87], y para mejorar los rendimientos de los trabajadores como la propuesta de participación en las ganancias o resultados de las empresas... La propuesta del Sindicato de los Metalúrgicos del ABC de apoyo a la creación de cooperativas se inscribe en ese contexto".

El tema de las cooperativas fue incluido en el programa del sindicato de los metalúrgicos del ABC desde el 2º congreso de la categoría. En 1996, se definió que los socios trabajadores de cooperativas metalúrgicas serían admitidos como socios del sindicato[88]. Esto permitió que la temática "cooperativismo" ganara espacio dentro del sindicato (Oda, 2001:53-54). Ese mismo año la Confederación Nacional de los Metalúrgicos– CNM/CUT creó el

[85] Para una discusión sobre la Cámara, véanse Guimarães, Comin y Leite (2001) y Daniel (2001).
[86] "El Movimiento para la Alfabetización de Adultos existe desde 1995 en Diadema extendido a partir de 1999 a toda la región del ABC.
[87] "Propuesta de incentivo para el cambio de vehículos con edad superior a 15 años, teniendo como objetivo la mejoría de las condiciones ambientales, de seguridad y el mantenimiento/generación de empleo".
[88] El sindicato de los metalúrgicos del ABC también se decidió por mantener la afiliación de los trabajadores de actividades que habían sido tercerizadas (tales como restaurante, limpieza, etc.) en las empresas metalúrgicas de la región.

Programa Integrar, organizando a los trabajadores desempleados (Nascimento, 2000:1). Este programa tenía como objetivo "desarrollar y planificar la formación profesional y rescatar las relaciones entre sindicato y trabajadores desempleados". Para los desempleados el programa focalizó la generación de empleo e ingresos y la reinserción de esas personas en una sociedad digna (documento del programa, citado por Guimarães, Comin y Leite, 2001:442).

Según Guimarães *et al.* (2001: 444):

"... el Programa desea la organización de los trabajadores en redes de cooperativas, unidades solidarias de producción o servicios, microempresas y empresas de autogestión, para garantizar un conjunto de actividades capaz de asegurar colectivamente su vida. Pretende, así, poder establecer una forma de solidaridad con los desempleados, que, mediante las actividades promovidas a partir del Programa encuentran un medio de supervivencia. En ese esfuerzo colectivo, el Programa moviliza la colaboración de municipios, gobiernos, sindicatos, ONGs y universidades".

En 1998, existían 53 núcleos "Integrar" en Brasil, 50 de los cuales estaban localizados en las regiones Sur y Sudeste, áreas de concentración de la industria metalúrgica y de los sindicatos. Cabe destacar que 23 estaban en el estado de São Paulo, 13 en el estado de Río de Janeiro y 10 en Rio Grande do Sul (Guimarães, Comin y Leite, 2001:445).

Ya en 1999, en el 3er congreso del sindicato de los metalúrgicos del ABC, vuelve el debate sobre las cooperativas, siendo una entre las ocho prioridades establecidas por el Sindicato (Oda, 2001:53). El autor cita las consideraciones del sindicato sobre las cooperativas (Sindicato, 1999:34-35, citado por Oda, 2001:53-54):

"... en la historia internacional de la clase trabajadora las cooperativas aparecieron (...) como organizaciones gemelas de los sindicatos, representando un instrumento de ejercicio de solidaridad, protección mutua y aprendizaje en la gestión de las actividades económicas. En el actual escenario brasileño, marcado por una profunda crisis económica y social y por el desempleo creciente, frutos tanto de la política neoliberal en curso como de las tendencias mundiales de reorganización productiva, la lucha contra el desempleo y por la generación de empleo aparece como eje central de las movilizaciones sindicales, exigiendo firmeza, osadía, creatividad y el coraje de recorrer nuevos caminos, incluyendo experiencias de economía solidaria y de cooperativas, que no se limiten a la esfera del consumo, de la vivienda o de los servicios, sino que abarcan incluso la producción y el control sobre nuestra propia fuerza de trabajo. Las experiencias ya en curso de cooperativismo entre nosotros, a pesar de ser positivas, aún cargan desgastes derivados de la falta de un proyecto estratégico mejor definido por parte de los trabajadores, así como del hecho que la

> mayoría de las experiencias se iniciaron en empresas quebradas o en vías de quiebra, lo que crea dificultades adicionales para el éxito completo, generando dudas e inseguridad entre muchos compañeros y áreas del movimiento sindical en cuanto a las perspectivas de un cooperativismo efectivamente combativo y de izquierda".

Para Oda, estas consideraciones reflejan la necesidad del sindicato de reafirmar sus posiciones en una cuestión que no es consensuada entre los sindicatos afiliados a la CUT.

En un trabajo anterior Oda (2000:96) observaba:

> "Para algunas corrientes, las cooperativas no son más que otra forma de subordinar a los trabajadores a la economía capitalista, mientras que para otras, las cooperativas, además de representar un camino alternativo para asegurar la supervivencia del parque productivo instalado, los puestos de trabajo y la generación de ingreso, significan también un importante instrumento para la organización y la educación política y económica de los trabajadores y de la clase como un todo. Aun actuando según las reglas del mercado capitalista, las cooperativas constituyen la posibilidad de avance del conocimiento de los trabajadores en lo referido al control del proceso de gerenciamiento y producción".

Sin embargo, la CUT, a través de una resolución, va a crear en marzo del 2000 la Unión y Solidaridad de las Cooperativas del Estado de São Paulo (UNISOL Cooperativas). La creación de la UNISOL Cooperativas, iniciativa del Sindicato de los Metalúrgicos del ABC, a partir de la experiencia con la Conforja, y del Sindicato de los Químicos de São Paulo fue, según Marques (2006:56), el paso decisivo del sindicalismo hacia el cooperativismo. El mismo año, la Central Única de los Trabajadores (CUT) crea la Agencia de Desarrollo Solidario (ADS), "teniendo como objetivo la elaboración de propuestas de políticas para la CUT, referidas a los temas de desarrollo local y economía solidaria" (Silva y Oda, 2005:17).

Ya en el Congreso del 2002, la CUT decide crear dos centrales de cooperativas: el sistema de crédito - UNISOL (ECOSOL), que aglutinaría las cooperativas de crédito y la Unión y Solidaridad de las Cooperativas y Emprendimientos de Economía Social de Brasil (UNISOL Brasil) que representaría a las de producción y servicios. En el 2004 se constituye la UNISOL Brasil.

2. Instituciones de apoyo a los emprendimientos industriales autogestionarios

A partir de la década del 90, dos instituciones se destacaron en la organización y apoyo al nuevo cooperativismo industrial autogestionario: la ANTEAG y la UNISOL. La creación de la ANTEAG en 1994, según Marques (2006:52), fue un hito en el apoyo y la articulación de las primeras experiencias de empresas recuperadas surgidas en la década del noventa, dándole visibilidad al problema y buscando soluciones para las empresas en proceso de quiebra. Fue en el contexto de la crisis de 1991, durante el gobierno de Collor, que se inicia esta experiencia, como relata uno de los fundadores de la asociación (Luigi Verardo, entrevistado en 2004):

> "Fue en esa época que hubo muchas quiebras con el plan Collor. Jorginho de los zapateros de Franca dijo: hay fábricas quebrando. ¿Qué podemos hacer? ¿Vamos a hacer algo diferente? Makerly va a cerrar. Tiene cuatrocientos y pico obreros. Fuimos a negociar para comprarles la fábrica. Fuimos al Banespa y se rieron. Decidimos tomar el Banespa. En pocas horas salió el financiamiento. En ese momento empezamos a aprender lo que es gerenciar una fábrica. Jorginho del DIEESE trajo un montón de material de los ESOPs (Employee Stocks Ownership Plans) de los Estados Unidos. Empezamos a estudiarlos y a implementarlos en Makerly con todos los errores posibles. Todo salió mal".

A pedido de los trabajadores de Makerly (fábrica de calzados en Franca), un grupo de técnicos se unió para encontrar formas de impedir el cierre de la empresa y el mantenimiento de los puestos de trabajo. Aunque la empresa no sobrevivió, esa experiencia dejó en claro que (ANTEAG, 2005:11):

> "...asumir los medios de producción era sólo el primer paso, pues, con eso, venía toda la responsabilidad de la generación de ingresos por nuestras propias manos y de repensar todo el aspecto organizativo en las relaciones de trabajo".

En 1994, la ANTEAG se constituyó formalmente (por técnicos activistas del movimiento sindical), aunque ese grupo ya actuaba desde 1991. La ANTEAG surge a partir del interés en reunir experiencias similares y fortalecer la propuesta de autogestión, desarrollando metodologías para su implantación. Desde el inicio, la autogestión fue el criterio para la afiliación (ANTEAG, 2005:12).

Entre 1999 y el 2001, la asociación desarrolló dos proyectos importantes. Con la SEDAI del Estado de Rio Grande do Sul, ejecutó el proyecto de "Economía Popular Solidaria" (ECOPOPSOL) organizando 420 emprendimientos repartidos en 22 centros administrativos que totalizaban 18.519 puestos de trabajo directos. El segundo proyecto, con el gobierno del estado de Amapá, trabajó nuevas dimensiones del cooperativismo y de la economía solidaria, agregando temáticas como medio ambiente y etnia. La asociación menciona algunos proyectos con municipalidades de los estados de Pernambuco, Santa Catarina y São Paulo y relata que a partir de esos proyectos pasa a actuar también con la incubación de emprendimientos populares (ANTEAG e IBASE, 2004:11-12).

Hasta el año 2002, la asociación era gerenciada por los técnicos. A partir de ese año se inicia un proceso de reestructuración que transfiere el control de la asociación a las empresas asociadas. En 2004, este proceso concluyó con la aprobación del nuevo estatuto y la creación de una dirección ejecutiva formada por trabajadores de las empresas asociadas. Hoy, la ANTEAG es una asociación civil sin fines de lucro que congrega y es constituida por empresas y cooperativas autogestionarias, así como por sus trabajadores y "se titula un organismo de representación política y jurídica de los trabajadores de las empresas y cooperativas autogestionarias" (ANTEAG, 2005:11)

La ANTEAG cuenta hoy con 30 emprendimientos socios, de los cuales seis son cooperativas industriales (cuadro 1). La institución se propone asesorar a los trabajadores en el sentido de desarrollar nuevas formas de gestión, basándose en las ideas de autonomía y democracia presentes en la autogestión. Actúa sobre los siguientes ejes (ANTEAG e IBASE, 2004:13): "educación de los trabajadores para las prácticas autogestionarias; capacitación de los trabajadores en la gestión, planificación y ejecución de metas orientadas a la empresa en tanto unidad productiva; seguimiento de las empresas, prestando asesorías puntuales y estimulando la participación de las empresas en una estrategia de desarrollo colectivo, no sólo internamente, sino a través de la interrelación con actividades económicas y sociales".

Cuadro 1. Emprendimientos Industriales Asociados de la ANTEAG

Emprendimiento	Producto	Sector	UF
Coopercalderaria	Equipos industriales en general, productos en acero, carbono e inox	Metalúrgico	SP
Ferramentaria Frigurgense	Línea de traba para capó y picaporte, herramientas para terceros, moldes para inyección.	Metalúrgico	RJ
Coopram	Marco de acero para construcción civil	Metalúrgico	SP
Coparj	Tornillos	Metalúrgico	RJ
Fundicoope	Piezas fundidas	Metalúrgico	RS
Cooper Mambrini	Depósito para camión de minerales	Metalúrgico	MG

Fuente: Entrevista con Patricia Leança Adriano, técnica de la ANTEAG en 2007.

La historia de la UNISOL –Unión y Solidaridad– se inicia en 1997, con los viajes a Italia de Luiz Marinho, presidente del sindicato de los metalúrgicos del ABC y de Luiz Inácio Lula da Silva, visitando la región de la Emilia Romana. Al final de ese mismo año se "firma un protocolo de colaboración entre el sindicato de los metalúrgicos del ABC y las centrales sindicales CGIL, CISL y UIL, con sus respectivas federaciones metalúrgicas (FIOM, FIM, UILM) y con la central de cooperativas Lega Delle Cooperative en Milán" (Silva y Oda, 2005:17). Aun en 1997, dos asesores y un dirigente del sindicato de los metalúrgicos del ABC pasaron por un proceso de formación y crearon la Liga de Cooperativas brasileña.

En 1999, en el 3er congreso, el sindicato de los metalúrgicos del ABC, "apoya la creación de una organización que representará los intereses de las cooperativas y de sus socios-trabajadores". Así, en 2000, se crea la Unión y Solidaridad de las Cooperativas del Estado de São Paulo (UNISOL Cooperativas), con actuación restringida al estado de São Paulo y con la participación de los sindicatos de los metalúrgicos de Salto, los químicos y los metalúrgicos del ABC. Inicialmente se afiliaron once cooperativas de los sectores metalúrgico, plástico y textil (Silva y Oda, 2005:17).

En 2004, fue creada la UNISOL Brasil, ampliando su actuación tanto en términos geográficos como en actividades. El número de emprendimientos afiliados pasó, en ese año, de veinticuatro a ochenta repartidos entre varios estados[89]. En 2007, existen 180 cooperativas asociadas. Entre ellas, 21 son cooperativas industriales pertenecientes a los sectores metalúrgico, textil y químico; el resto está distribuido en diversos sectores: confección, reciclado, agricultura familiar, etc (Cuadro 2).

---

[89] Amazonia, Pará, Ceará, Paraiba, Bahia, Minas Gerais, São Paulo, Paraná, Santa Catarina, Rio Grande do Sul.

Cuadro 2. Emprendimientos industriales asociados de la UNISOL Brasil

Emprendimiento	Producto	Sector	UF
Coopbotões- Cooperativa Nova Diamantina Botões e Imp e Exp	Botones	Metalúrgico	PR
Alumifer Coop. Autogestionária	Cacerolas	Metalúrgico	RS
CTMC- Cooperativa de los Trabalhadores Metalúrgicos de Canoas Ltda	Fundición pesada (línea de calderas pesada)	Metalúrgico	RS
Cooperzago Coop. Dos Trab. em Metal.	Radiadores	Metalúrgico	RS
Coosidra Coop. Prod.	Válvulas, cilindros y otras unidades hidráulicas	Metalúrgico	RS
Geralcoop Coop. Trab. Metal. De Guaíba	Hornos a leña, estufas de agua y piezas fundidas.	Metalúrgico	RS
Glacialcoop Coop. Trab.	Equipos refrigerados y asistencia técnica	Metalúrgico	RS
Coopermetal - Cooperativa dos Metalúrgicos de Criciúma	Cementera, minería, derrumbes, material ferroviario, metalmecánica, papel y celulosa, petroquímico y dragado y piezas especiales por encargo	Metalúrgico	SC
Coopersound Coop. Prod. Ind. Trab.	Altoparlantes y componentes	Metalúrgico	SP
Augemetal	Parrilla a carbón	Metalúrgico	SP
Cofaz Coop. Prod.	Fundidos a presión	Metalúrgico	SP
Cones - Coop. Nueva Esperanza	Hilados	Textil	SP
Coopersalto Coop. Prod. Metal.	Fabricación de piezas para terceros	Metalúrgico	SP
Coopertratt Coop. Ind. Trab. / Uniforja	Prestadora de servicios de tratamiento térmico con laboratorio propio para ejecución de ensayos mecánicos de tracción, impacto y metalúrgicos.	Metalúrgico	SP
Copromem Coop. de Prod. Metal. de Mococa	Calderería mediana/ pesada - máquinas para ingeniería civil, agricultura y vialidad	Metalúrgico	SP
Metalcoop Coop. Prod. Ind.Trab.	Confección de estructuras metálicas, coberturas espaciales y marcos de aluminio	Metalúrgico	SP
Plastcooper Coop. Ind. Trab. Art. Plást.	Mangueras de jardín y elementos quirúrgicos, puertas pantográficas	Químico	SP
Textilcooper Coop. Ind. Trab.	Mantas y frazadas	Textil	SP
Uniferco - Coop. Ind. Trab. Fund.	Cajas de paso de tiempo y explosión	Metalúrgico	SP
Uniforja Coop.Central de Prod. Ind. Trab.	Soporte logístico en áreas de gestión administrativa, adquisición de insumos y materias primas, ventas de productos terminados y beneficios, servicios de mantenimiento, ingeniería, método de producción y desarrollo tecnológico, calificación profesional, desarrollo de nuevos productos, etc.	Metalúrgico	SP
Uniwídia Coop. Ind. Trab.	Discos de laminación y guías; matrices y punzones; herramientas especiales; herramientas para fabricación de latas; anillos para sellos mecánicos; metal duro en bruto y rectificado.	Metalúrgico	SP

Fuente: Sitio de la UNISOL Brasil y entrevistas realizadas en 2006.

Según sus estatutos, la "UNISOL Brasil es una asociación civil sin fines de lucro, de ámbito nacional y de naturaleza democrática, cuyos fundamentos son el compromiso con la defensa de los reales intereses de la clase trabajadora, la mejoría de las condiciones de vida y de trabajo de las personas, la eficiencia económica y el compromiso con el proceso de transformación de la sociedad brasileña, con base en los valores de la democracia y la justicia social" (artículo 2º, Estatuto de la UNISOL, 2004).

Su principal objetivo se describe en el artículo 3º:

> "La UNISOL/Brasil, con base en lazos de solidaridad y cooperación, tiene como objetivo principal reunir a las entidades, empresas colectivas constituidas por trabajadores y cualesquiera otras modalidades de personas jurídicas, que atiendan las finalidades del presente Estatuto, a fin de promover efectivamente la mejoría socioeconómica de sus integrantes, garantizándoles trabajo e ingreso con dignidad."

Arildo Mota Lopes, presidente de la UNISOL Brasil, en una entrevista realizada en 2006, resaltó que la intercooperación es una acción estimulada en todos los niveles entre emprendimientos, con universidades, y con instituciones públicas y privadas. Es vista como estratégica para el fortalecimiento y la competitividad de las asociadas y al respecto mencionó algunos ejemplos: 1) la Red Nacional de Cooperación Industrial (RENACI), creada en el 2004 por empresas metalúrgicas y de logística a fin de realizar procesos industriales integrados, en especial la fabricación de vagones, calificando los productos y generando competitividad para sus clientes[90]; 2) la cadena productiva solidaria del algodón agroecológico, red formada por productores agrícolas, organizados en una asociación que se unió con cooperativas del sector textil y de confección. Toda la cadena productiva desde la materia prima hasta la confección del producto final fue desarrollada por emprendimientos solidarios e involucró a 600 trabajadores; 3) convenios con la Secretaría Nacional de Economia Solidaria (SENAES) y el Servicio Brasileño de Apoyo a las Micro y Pequeñas Empresas (SEBRAE) para la elaboración de planes de negocios, acceso a entrenamientos y servicios de consultoría puntuales en las cooperativas asociadas; 4) reuniones periódicas en las que los emprendimientos discuten problemas comunes relacionados con sus sectores productivos, y también aspectos políticos referentes al fortalecimiento de la economía solidaria, intercambio de experiencias y sugerencias de cursos y/o actividades diversas; 5) ofertas de cursos temáti-

---

[90] Las cooperativas que forman esa red: COOMEFER – Minas Gerais, COOPERAMETAL – Santa Catarina, CTMC – Rio Grande do Sul, GERALCOOP – Rio Grande do Sul, METRO-POLIS – Rio Grande do Sul, SOLUTIO – Rio Grande do Sul son afiliadas a la UNISOL.

cos por regiones permitiendo un intercambio mayor entre las cooperativas tanto de conocimiento empírico como teórico; 6) intercambio en áreas de excelencia, identificando los puntos fuertes y débiles de las cooperativas, a través de reuniones y de información de los técnicos que asesoran los emprendimientos. Cuando una cooperativa se destaca en un área determinada, se realizan cursos en ella para que los participantes del curso, además de las informaciones teóricas, puedan conocer de manera práctica cómo actúa el emprendimiento[91].

Según Marques (2006:62) algunas políticas públicas contribuyen al proceso de ampliación de las experiencias de producción y trabajo autogestionado. El autor destaca la actuación del gobierno de Olívio Dutra en Rio Grande do Sul[92] quien, entre 1998 y 2002, creó la primera política pública de fomento a la economía popular solidaria en el ámbito estatal, ya que hasta entonces había apenas algunas iniciativas municipales[93]. Este programa tenía su sede en la Secretaría de Desarrollo y Asuntos Internacionales[94] (SEDAI) y contó con la sociedad de la ANTEAG Según Marques, 2006:68:

> "En el caso gaucho, el ambiente político del período, a partir del primer gobierno del PT en el Estado, fue fundamental para el éxito de las iniciativas de recuperación de fábricas en proceso de quiebra. Hasta el año 2001, el programa Estatal de Economía Solidaria del gobierno Olívio Dutra atendió más de 300 emprendimientos solidarios. De éstos, más de una decena eran fábricas recuperadas por los trabajadores[95]".

En junio de 2003, se creó la Secretaría Nacional de Economía Solidaria (SENAES) por el presidente Lula, en el ámbito del Ministerio de Trabajo y Empleo (MTE)[96]. Éste fue el resultado de la propuesta presentada al presidente por el movimiento de la sociedad civil, organizado alrededor del Grupo de Trabajo (GT) de la Economía Solidaria (Singer y Kruppa, 2004:93-94).

Simultáneamente se crea el Foro Brasileño de Economía Solidaria, con las mismas entidades. Singer y Kruppa, (2004:93) observan al respecto:

[91] Esta acción se alinea con la herramienta de "buenas prácticas" de MCC.

[92] El autor destaca el pionerismo gaucho en la realización de una de las primeras experiencias de recuperación de empresas por trabajadores, el caso de la Wallig.

[93] Existen varias iniciativas municipales para la generación de empleo.

[94] Los recursos generados por ese proyecto permitieron que la GeralCoop iniciara sus actividades, después del proceso de quiebra.

[95] El autor cita a Leboutte, 2003.

[96] Fue también creado el Consejo Nacional de Economía Solidaria (CNES), que tiene como finalidad establecer relaciones con las demás esferas gubernamentales, proponer directrices y políticas en relación con la economía solidaria (Goerck, 2005:16-17).

"Las entidades que estimularon la creación de la SENAES participan en todas las instancias de diálogo y elaboración de la política de economía solidaria. En la arquitectura de la política de gestión de la SENAES se vuelve posible la interacción del Estado, sociedad civil organizada y trabajadores directamente involucrados con esa nueva forma de producción. Cabe destacar que la creación de esa nueva área de gobierno propicia la creación de políticas que apuntan a la articulación de trabajadores que, fuera y/o excluidos del mercado formal, buscan en la economía solidaria una nueva organización del trabajo".

La SENAES fue creada para representar los intereses de la economía solidaria en Brasil. Según Singer y Kruppa (2004:93):

"el 'Plan Plurianual' (PPA/2004-2007), denominado Economía Solidaria en Desarrollo, aglutina una gran diversidad de acciones enfocadas en la educación, formación y calificación profesional, ciencia y tecnología, crédito y finanzas solidarias, fomento y articulación de emprendimientos en cadenas productivas, comercio ético y justo, constitución de un nuevo marco jurídico, entre otras...".
...La actuación de los actores sociales es constante y para que la difusión de las informaciones ocurriera fueron creadas estructuras informales (reuniones y articulaciones diversas) y formales (como el Consejo Nacional de Economía Solidaria), teniendo como objetivo la articulación con otros ministerios y organismos del poder público. Un reflejo de esa articulación dentro de la SENAES fue el formato y ejecución de Centros Públicos de Economía Solidaria, propuesto por el departamento de fomento de la secretaría, en los gobiernos estatales y municipales. Ya hay catorce localidades participando. El objetivo de los centros es nuclear acciones de formación, crédito y comercialización de productos de la economía solidaria, de forma cogerenciada por los gobiernos locales o regionales y por el movimiento organizado en foros estatales, contribuyendo al aprendizaje de esa nueva manera de ejecutar la política pública y, ciertamente, beneficiando a miles de emprendimientos que tendrán mayor posibilidad de organizarse en cadenas productivas".

Una institución importante en el financiamiento de empresas recuperadas es el Banco Nacional de Desarrollo Económico y Social (BNDES)[97]. El Programa de Apoyo a la Consolidación de Emprendimientos Autogestionarios fue creado en 1994, en respuesta a la demanda creciente y a las recomendaciones del Concejo Deliberante del Fondo de Apoyo al Trabajador (CODEFAT). Según Monteiro, entrevistado en 2007:

"Su objetivo general es colaborar en la construcción de alternativas para la creación y mantenimiento de trabajo e ingresos en el país, en armonía con las estrategias generales y las políticas públicas formuladas por el Gobierno Federal para el segmento de Autogestión, así como apoyar la recuperación de empresas del sector industrial, mediante el financiamiento para la implementación y consolidación de emprendimientos autogestionarios formados a partir de situaciones de quiebra o cierre de unidades productivas".

[97] Las informaciones sobre el BNDES fueron obtenidas en una entrevista con Paulo Roberto Anderson Monteiro, contador AS/DESOL/BNDES, entrevistado por e-mail en 2007.

Esta línea de financiamiento difiere de las demás líneas del BNDES

"por el público al que se dirige, formado por organizaciones productivas integradas por trabajadores bajo un régimen de autogestión para dar continuidad a las actividades de unidades industriales paralizadas o en inminente paralización, que tengan viabilidad económico-financiera y en sectores en los cuales la calidad o la cantidad de mano de obra sean factores preponderantes en la competitividad".

Pueden acceder a esa línea de financiamiento:

"las cooperativas de producción, centrales o únicas y las sociedades empresariales con características autogestionarias, a excepción de las compañías abiertas (que cotizan sus valores en los mercados de valores) que presenten las siguientes características:
– Emprendimientos organizados a partir de situaciones de quiebra o cierre de unidades productivas que utilicen la estructura de producción del antecesor.
– Actuación en segmentos industriales.
– Gestión participativa y democrática, en la que todos los asociados tengan acceso a las informaciones referentes a los negocios y a la gestión del emprendimiento;
– Atomización del capital social.
– Cantidad de trabajadores no asociados, abarcando empleados y tercerizados, que no supere el 50% del total del personal de la entidad; y
– El mayor *pro-labore* o ingreso recibido por los trabajadores del emprendimiento no podrá ser superior a veinte veces el valor del menor.
En el caso de sociedades anónimas deberán ser observadas, como características, la totalidad de las acciones con derecho a voto en poder de los accionistas-empleados; y la existencia de un organismo colegiado que represente los intereses de cada categoría de accionista-empleado, con efectiva influencia sobre la gestión. Además, está vedado el apoyo a emprendimientos que hayan sido formados para la exclusiva prestación de servicios a la empresa antecesora".

El pago de dividendos en las sociedades anónimas no podrá ser superior al 25% o al mínimo legal, durante toda la vigencia del contrato con el BNDES y el estatuto social de las cooperativas deberá contener las siguientes reglas de destino de resultados: a) distribución del excedente a los asociados limitada al 25% del resultado y b) destino de al menos 60% del resultado para el aumento de la participación de cada asociado en el capital social (BNDES, linhas, 2007).

El valor mínimo financiado por el banco en este programa es de R$175.000,00 y el valor máximo es de R$ 61.753.503,00. Existen items financiables con el 100%de la participación del banco[98] e items financia-

---

[98] (a) adquisición de inmuebles y sus beneficios para la instalación del emprendimiento, siempre que sea proveniente del emprendimiento antecesor; (b) adquisición de máquinas y

bles con un 90%[99] de su participación. El Banco exige garantías reales de al menos un 70% del valor financiado y reserva de medios de pago. Cualquier otra forma de garantía es definida en el análisis de la operación, siempre que no comprometa la característica autogestionaria del emprendimiento. Los recursos puestos a disposición por esta línea de financiamiento en los 13 años de existencia suman un monto de 130.284.161,00 reales. Juvenal (2006:129) observa que "los datos del BNDES revelan que diez empresas recibieron colaboración financiera del banco entre 1994 y el 2004 y que más de veinte solicitaron financiamiento".

Según Monteiro[100], el sector industrial que más utiliza la línea de financiamiento es el metal-mecánico, aunque la mayor operación realizada fue con una empresa agroquímica. Todas las operaciones son periódicamente monitoreadas, elaborándose informes de seguimiento (RACs) que apuntan a prevenir eventuales desvíos de finalidad, así como identificar posibles problemas en la operación del financiamiento o en la gestión de la empresa que puedan comprometer su salud financiera. El entrevistado observó:

> "Las principales dificultades presentadas por los emprendimientos para acceder al financiamiento son la gran heterogeneidad en cuanto al tamaño (de micro a gran empresa) y a la forma jurídica (asociación, cooperativa, sociedad anónima), la diversidad en cuanto al grado de organización de los trabajadores y a la capacidad de gestión de los emprendimientos y la necesidad de un gran respaldo financiero para la adquisición de un activo fijo y para la adquisición de capital de giro".

Al discutir la viabilidad de las empresas industriales recuperadas por trabajadores analizando la demanda por financiamiento recibida por el BNDES desde 1994 y los datos proporcionados por las entidades representativas de las empresas recuperadas en régimen de autogestión, Juvenal

---

equipos, vehículos, muebles y útiles usados, siempre que sean provenientes del emprendimiento antecesor; (c) adquisición de máquinas y equipos nuevos, nacionales; (d) adquisición de máquinas y equipos importados, sin similar nacional, objeto de concesión de "Ex Tarifario" por la Cámara de Comercio Exterior, siempre que sean fundamentales para el mantenimiento de la viabilidad del emprendimiento o para atender las exigencias ambientales, y limitada al 40% del valor total del financiamiento; (e) reforma de maquinarias y (f) formación / refuerzo de capital de giro.

[99] (a) gastos con estudios y proyectos de ingeniería; (b) inversiones en obras civiles, montajes e instalaciones y muebles y útiles; (c) capacitación en gestión y (d) adquisición de vehículos nuevos siempre que sean fundamentales para el mantenimiento de la viabilidad del emprendimiento).

[100] Entrevista con Paulo Roberto Anderson Monteiro, contador AS/DESOL/BNDES, en 2007.

(2006:129-130) observa que los emprendimientos tienen las siguientes características:

> "La mayor parte de los emprendimientos autogestionarios con potencial de éxito se localiza en las regiones Sur y Sudeste;
> La estructuración de una forma de acción colectiva que asegure simultáneamente eficiencia en la gestión del negocio y legitimidad en la representación de los intereses de los trabajadores es fundamental para la viabilidad del emprendimiento; y
> Las empresas recuperadas en sectores muy afectados por la apertura a las importaciones, la valorización del real y el aumento de las tasas de interés, salvo cuestiones financieras, tenían competitividad. Son un nido para el desarrollo de iniciativas de autogestión".

También señala (Juvenal, 2006:130) que todas las empresas apoyadas por el BNDES están situadas en las regiones Sur y Sudeste y que

> "Cerca del 70% de ellas pudieron cumplir con sus obligaciones financieras con el banco (posición en julio del 2006) y presentaron un crecimiento del resultado operativo superior al 100% luego del apoyo. Todas actúan ocupando el mercado desarrollado por la empresa antecesora, con una eventual reducción de la gama de productos y servicios ofrecidos".
> "Pero la competitividad de los emprendimientos parece verificarse 'por la capacidad de sus trabajadores de ajustarse a las necesidades del mercado' aunque debido a su limitación de acceso al capital, la producción de esas empresas se caracteriza por el bajo costo y la flexibilidad y es 'en los sectores en que la escala no es atributo fundamental, donde estas empresas todavía están'" (Juvenal, 2006:130).

La autora observa que, en el sector de bienes de capital por demanda, uno de los sectores más tradicionales de la industria, existen diversas empresas recuperadas que atienden a los antiguos clientes. Antes de la apertura, este sector era predominantemente nacional y con empresas que operaban con el modelo fordista (Juvenal, 2006:130):

> "empleo de gran número de trabajadores que operaban máquinas específicas para cada producto; estructura interna de las firmas fuertemente jerárquica con alejamiento del cuerpo gerencial de los trabajadores del piso de fábrica. Las sucesoras autogestionarias rompieron con esta estructura, pero no lo hicieron en el sentido de una democracia fabril anárquica. Por el contrario, incorporaron elementos de especialización flexible e invirtieron en la calidad del trabajador, en la mejoría de los procesos y en la atención al cliente".

En este sentido, Juvenal (2006:131) indica:

> "... al valorizar al trabajador, establecer redes de cooperación y darle condiciones para acompañar lo cotidiano de la empresa, aumentando su compromiso, las em-

presas recuperadas por trabajadores se alinean con las más recientes técnicas de organización de la producción capitalista…".

Para la autora, la principal limitación de esas empresas está dada por el capital. No obstante la calidad y flexibilidad de la fuerza de trabajo, y muchas veces protegidas por barreras al ingreso derivadas de la complejidad del proceso productivo o de la *expertise* de los trabajadores, "el acceso a recursos financieros de gran monto y a bajos costos es la sentencia de vida o muerte de estos emprendimientos" (Juvenal, 2006:131).

En esta dirección afirma que es necesario combinar la disponibilidad de recursos financieros para inversiones con acciones institucionales y políticas que permitan crear un ambiente propicio para estos emprendimientos y observa que el BNDES es el agente de crédito prácticamente exclusivo del segmento, aunque el acceso al apoyo del banco es muchas veces limitado por problemas jurídicos y financieros.

Una conquista reciente de los emprendimientos industriales autogestionarios y de las instituciones que los apoyan fue la modificación de la Ley de Quiebra (Ley 11.101, del 9 de febrero del 2005, que entró en vigencia a partir de mayo del 2005).

Gonçalves (2005:59) observa que, por la nueva ley, la empresa formada por los trabajadores puede utilizar los créditos laborales para la adquisición o alquiler de la fábrica y que estos créditos pasan también a tener preferencia frente a los demás acreedores.

Otras investigaciones como la de Juvenal intentan comprender e identificar cuáles son los puntos fuertes y débiles de estos emprendimientos, de modo de asistir en el desarrollo de políticas públicas y de otras acciones que tienen como objetivo la consolidación de estas cooperativas. Presentaremos a continuación el resultado de dos investigaciones: la de Rogério Valle realizada en 1997/1998 y la coordinada por Tauile en 2005.

El grupo de investigadores del Sistema Avanzado de Gestión de la Producción (Sage/Coppe/UFRJ), coordinado por Rogério Valle, investigó nueve empresas pioneras en la participación de los trabajadores en el control del capital y en las operaciones productivas y financieras. El objetivo fue analizar la inserción en el mercado, la tecnología, las relaciones sociales y de trabajo y el grado de movilización de los trabajadores en la conducción de esas empresas[101] (ocho de las cuales, estaban entonces afiliadas a la ANTE-AG). En sus conclusiones, (Valle, 2002:63-67), la investigación observó:

> "la toma del control de las empresas fue, en general, apoyada por entidades de clase, o por proyectos articulados por los propietarios anteriores; en la mayoría de los casos, las empresas estaban muy endeudadas y encontraron dificultades al renegociar las deudas, que en general se concentraban en el no pago de impuestos y tributos, lo que impedía el acceso a líneas de crédito. Los liderazgos tendían a construir un discurso en torno de valores de solidaridad. Eso, junto a las normas del estatuto, objetivaba crear una perspectiva diferente de la relación de propiedad de acción, en la cual había nuevas formas de ganancias, además de la monetaria".

Valle (2002:159) destaca que a medida que los emprendimientos logran ir superando los desafíos mencionados, podrán ser competitivos, pues existen variables que los diferencian como la transparencia en la gestión, mayor participación y compromiso del trabajador, desarrollo de la competitividad en provecho de la empresa, perfeccionamiento de la calidad, estímulo a la creatividad de los cooperados en la innovación de productos y procesos y búsqueda de la eficiencia a través de la cooperación.

La investigación coordinada por José Ricardo Tauile fue realizada en 25 empresas[102] recuperadas. El trabajo se desarrolló a través de un convenio entre el Instituto de Investigaciones Económicas Aplicadas (IPEA) y la Asociación Nacional de Centros de Postgrado en Economía (ANPEC) con el apoyo del Ministerio de Trabajo y Empleo (MTE) a través de la SENAES. El

---

[101] Frunorte- Frutas del Nordeste (creada en 1995, actúa en el sector de agroindustria y está localizada en Natal/RN), Polyutil S.A.- Industria y Comercio de Materias Plásticas S.A. (inicia el proceso de cogestión en 1996 y fabrica productos plásticos, en João Pessoa/PR), Copermambrini (creada en 1997, produce carrocería y depósito para camiones en Vespasiano/MG), Hidro-Phonix LTDA (creada en 1995, produce gatos hidráulicos en Sorocaba/SP), Coperminas (creada en 1988, en la ciudad de Criciúma y actúa en la extracción de minerales), Copertex - Cooperativa Industrial de Trabajadores Textiles(creada en 1997, produce cintas elásticas para lingeries, cordones, material deportivo...), Copervest - Cooperativa de los trabajadores de Confecciones de Sergipe Ltda. (creada en 1994), Cooparj Cooperativa de Tornillos de Río de Janeiro (creada en 1996) y Herrajes Haga S.A. (creada en 1992 en la ciudad de Nova Friburgo /RJ).

[102] GeralCoop (Guaíba/RS), CTMC (Canoas/RS), Cooperei (São Leopoldo/RS), Fundeccoop (Caxias do Sul/RS), Refricoop (Caxias do Sul/RS), Coopershoes (Picada Café/RS) , Cootegal (Caxias do Sul/RS), Renacoop (Novo Hamburgo/RJ), Coophotel (Caxias do Sul/RS), Coperminas (Criciúma/SC), Coopermetal (Criciúma/SC), Cipla (Joinville/SC), Coopermaq (Urussanga/SC), Cooperbotões (Curitiba/PR), Uniwídia (Mauá/SP), Cofaz (Osasco/SP), Uniforja (Diadema/SP), Plastcooper (São Bernardo Campo/SP), Coopram (Embu/SP), Cooparj (Duque de Caxias/RJ), Coomefer (Conselehiro Lafaiete/MG), Coopermambrini (Vespasiano/MG), Mambricar (Pedro Leopoldo/MG), Catende (Catende/PE), Coopervest (Aracaju/SE).

estudio formó parte de un conjunto de acciones desarrolladas por el MTE en el sentido de la construcción de una política pública para atender las necesidades de los trabajadores de empresas recuperadas (Tauile, 2005:11).

El objetivo de la investigación fue la constitución de referencias para la construcción de una tipología de emprendimientos de autogestión en los aspectos económicos, tecnológicos, jurídicos, sociales y de formación. También buscó entender, en el caso de las empresas que obtenían resultados positivos, los motivos del éxito y también de las dificultades. Ese abordaje apuntaba a encontrar patrones de incidencia de problemas y de virtudes que, asociados, determinarían las características de ese tipo de emprendimiento, para posteriormente facilitar la elaboración de políticas públicas pertinentes. (Tauile, 2005:24 y 31).

Para superar este conjunto de dificultades Valle (2002:159) destaca que "el camino propio de las empresas autogestionarias es la búsqueda de la eficiencia por la cooperación y no por las formas de control típicas de las empresas capitalistas brasileñas". Tauile (2005:160) destaca la importancia de las iniciativas en el sentido de la creación de economías de red entre empresas de esa naturaleza, revitalizando el concepto de cooperación, lo que puede constituir una ventaja comparativa contemporánea.

3. Desafíos y perspectivas

El cooperativismo industrial autogestionario emerge de la lucha llevada a cabo por los sindicatos de trabajadores industriales de las regiones más industrializadas del país contra el desempleo y la precarización del trabajo, asociada con la reestructuración productiva. En ese proceso se destacan los sindicatos vinculados con la CUT, especialmente de Rio Grande do Sul y del ABC paulista que, durante la década del 90, fueron escenario del surgimiento de este tipo de cooperativismo industrial. La preocupación por entender el movimiento que se iniciaba y también por proponer acciones para apoyar a los trabajadores desempleados llevó a la CUT/RS, apoyada por varias instituciones públicas y privadas, a impulsar el primer seminario sobre Autogestión en 1994.

Diversas propuestas para enfrentar la crisis industrial y el desempleo se establecen a partir del ABC paulista con fuerte participación del sindicato, y organizaciones como la Cámara Sectorial del Complejo Automotriz, la Cámara Regional del Gran ABC y la Central de Trabajo y Renta en el Municipio de Santo André. Entre estas acciones, el sindicato de los metalúrgicos del ABC, a partir de 1996, pasa a apoyar la creación de cooperativas autogestionarias y admite a los cooperados como socios del sindicato, además de la promoción y participación en el proyecto Integrar y la promoción y creación de la ADS y la UNISOL en el año 2000.

Durante el congreso de la CUT en 2002, se decide crear la UNISOL Brasil (hasta entonces esta institución actuaba solamente en el estado de São Paulo) y la ECOSOL para aglutinar a las cooperativas de crédito. Actualmente la UNISOL Brasil cuenta con 180 emprendimientos afiliados, de los cuales 21 son cooperativas industriales autogestionarias pertenecientes a los sectores: metalúrgico, textil y químico; el resto está repartido en los sectores de confección, reciclaje y agricultura familiar.

Los emprendimientos industriales autogestionarios que surgen a partir de la recuperación de empresas quebradas enfrentan enormes desafíos como: recuperar la capacidad productiva del parque fabril convirtiéndolo en competitivo, reconquistar el mercado, acceder a recursos financieros e implementar un modelo de gestión democrática y participativa basado en principios solidarios. Aparentemente no habría perspectivas de recuperación de esas empresas, que contaban solamente con los recursos resultantes de la deuda laboral y la capacitación de sus trabajadores, quienes en general poseían poca o ninguna experiencia en las áreas de gestión y de mercado. Sin embargo, la capacidad de organización y superación de esos trabajadores, sumada a la red de apoyo que se fue constituyendo, mostró que es posible recuperar esos emprendimientos y convertirlos en viables en términos económicos.

El trabajo desarrollado por Thais Juvenal, en 2006 muestra que el sector industrial que concentra el mayor número de emprendimientos industriales autogestionarios es el de bienes de capital por demanda, uno de los más tradicionales de la industria, en el cual la escala no es un atributo fundamental. La autora muestra que, antes de la apertura, este sector era predominantemente nacional y con empresas que operaban con el modelo fordista. Las sucesoras autogestionarias rompieron con esta estructura, incorporando elementos de la especialización flexible al valorizar al trabajador, establecer redes de cooperación, darle condiciones al trabajador para el desempeño cotidiano en la empresa, aumentando su compromiso e invirtiendo en la calidad del trabajador, en la mejoría de los procesos y en la atención al cliente. Para la autora, la principal limitación de estas empresas está dada por el capital y el acceso a recursos financieros de gran monto a bajos costos, lo que equivale a la sentencia de vida o muerte de estos emprendimientos. Al respecto se observa que el BNDES es el único agente de crédito del segmento.

Las investigaciones realizadas por Valle 1997/1998 y por Tauile en 2005, también destacan como dificultades enfrentadas por esos emprendimientos la falta de capital de giro y de crédito para la compra de equipos y máquinas, el descrédito heredado de la administración anterior de la empresa frente a clientes y proveedores, la fuga de profesionales, la necesidad de interiorizar una nueva postura entre los socios-trabajadores, además de tener que recuperar el emprendimiento en ambientes institucionalmente inhóspitos a ellos.

Valle (2002) observa que en la medida que los emprendimientos logran superar los desafíos de la recuperación –problemas con el crédito, de mercado y organizativos–, pueden ser competitivos, pues existen variables que los diferencian de las demás empresas tales como la transparencia en la gestión, mayor participación y compromiso del trabajador, y búsqueda de eficiencia a través de la cooperación, aspectos que para el autor son diferenciales competitivos.

Por su parte, Valle (2002) y Tauile (2005) demuestran que las soluciones encontradas para enfrentar este conjunto de problemas ha girado en torno de la formación y articulación de varios tipos de redes con los más variados actores sociales además de la creación de instituciones de apoyo cuyo foco es ampliar su capacidad de articulación política, de mercado, organizativa, financiera y tecnológica.

Los autores destacan la importancia de la actuación de los sindicatos de trabajadores, de instituciones como la ANTEAG y la UNISOL Brasil, de ONGs, el apoyo de otras cooperativas (con el estímulo para la implementación y perfeccionamiento del modelo autogestionario, préstamo de maquinaria, desarrollo de proyectos comunes, apoyo técnico y encargo de servicios) de la sociedad civil, clientes y proveedores y también de las universidades (en el proceso de formación y desarrollo de proyectos y tecnologías).

Algunas políticas públicas también contribuyen al proceso de ampliación de las experiencias de producción y trabajo autogestionario. En especial el BNDES se destaca desde 1994, a través del Programa de Apoyo a la Consolidación de Emprendimientos Autogestionarios, como un importante socio en el financiamiento de ese grupo de emprendedores. En trece años fueron puestos a disposición 130 millones de reales, para un total de quince emprendimientos, de los que trece eran cooperativas.

Los tres autores coinciden en destacar la importancia de la intercooperación para el fortalecimiento de los emprendimientos. Para Tauile (2005) es importante que las iniciativas creen economías de red entre empresas de esa naturaleza, revitalizando el concepto de cooperación, lo que puede constituir una ventaja comparativa contemporánea. En la misma dirección, Valle (2002) observa que el camino propio de las empresas autogestionarias es la búsqueda de la eficiencia por la cooperación y no por las formas de control típicas de las empresas capitalistas brasileñas. En tanto que Juvenal (2006) destaca que es necesario combinar la disponibilidad de recursos financieros para inversiones, con acciones institucionales y políticas para crear un ambiente propicio para estos emprendimientos.

La competitividad de los emprendimientos viene siendo construida progresivamente. Muchos ya lograron recuperar los antiguos clientes y proveedores, y están diversificando sus negocios. Tauile (2005) también señala que la mitad de los emprendimientos que estudió llegaron al piso salarial medio de la antigua empresa, siendo que algunos ya superaron el piso de la categoría. Varios de ellos iniciaron la reestructuración productiva sea con recursos públicos o privados.

A las victorias de estos emprendimientos se suman las victorias colectivas del movimiento de la economía solidaria, entre las cuales vale la pena mencionar la creación, en 2003, de la Secretaría Nacional de Economía Solidaria (SENAES) y la modificación de la Ley de Quiebras (Ley 11.101, del 9 de febrero del 2005) que entró en vigencia a partir de mayo del 2005.

Es posible verificar que la red de emprendimientos de la economía solidaria viene creciendo y avanzando en el sentido de conseguir apoyo para el fortalecimiento del movimiento. Igualmente, los desafíos financieros, de comercialización y de gestión aún exigen mucha atención por parte de los actores sociales involucrados.

Referencias

Anteag e Ibase (2004) *Autogestão em avaliação*, São Paulo, Anteag, p. 125.

Anteaag (2005) "Construindo histórias de autonomia dos trabalhadores", *Revista de Economia Solidária*, año 1, N° 0, p 11-19,dez.

Araujo, A. M. C; Gitahy, L. M. C.; Rachid, A.; Cunha, A. M. (2006) "Globalização, estratégias gerenciais e respostas operárias: um estudo comparativo da indústria de linha branca", Campinas, IG-Unicamp (relatório científico, CNPq).

Azevedo, A.; Gitahy, L. (2006) "Cooperativismo e competitividade? O caso da Corporación Cooperativa Mondragón - MCC", *Revista Inovação UNIEMP*, año 02, N°04, pp. 40-41, set.

Banco Nacional de Desenvolvimento Econômico e Social - BNDES) 2006 Programa de Apoio à Consolidação de Empreendimentos Autogestionários. [en línea] Disponible en http://www.bndes.gov.br/programas/sociais/autogestionarios.asp

Estatuto da Anteag (2004) São Paulo.

Estatuto da UNISOLBrasil (2004) São Paulo.

Goerck, C. (2005) "Economia popular solidária: no processo de reestruturação produtiva brasileira", *Revista Virtual Textos & Contextos*, N° 4, dez.

Gonçalves, W. A. (2005) "A nova lei de falência e as empresas recuperadas sob o sistema da autogestão", Nota técnica, *IPEA*, Mercado de trabalho: conjuntura e análise, MTE, Brasília, pp. 55-64, set.

Guimarães, N. A.; Comin, Á. A.; Leite, M. de P. (2001) "Por um jogo de soma Positiva: conciliando competitividade e proteção ao emprego em experiências inovadoras de negociação no Brasil", in Nadya, A. G.; Scout, M. (organizadores) (2001) *Competitividade e desenvolvimento: atores e instituições locais*, São Paulo, ed. Senac São Paulo.

Juvenal, T. L. (2006) "Empresas Recuperadas por trabalhadores em regime de autogestão: reflexões à luz do caso brasileiro", *Revista do BNDES*, Rio de janeiro, Vol. 13, N° 26, pp. 121-123.

Marques, P. L. A. (2006) *Trabalho Emancipado- Empresas recuperadas pelos trabalhadores: A experiência autogestionária de metalúrgicos gaúchos*, Porto Alegre, Instituto de Filosofia e Ciências Humanas, programa de Pós-Graduação em Sociologia na Universidade Federal do Rio Grande do Sul.

Nascimento, C. (2000) "Autogestão e economia solidária", Florianópolis, *Caderno Outros Valores*, N° 2.

Oda, N. T. (2000) "Sindicato e cooperativismo: os Metalúrgicos do ABC e a Unisol cooperativas", en: Singer, P. I.; Souza, A. R. (Org.) (2000) *Economia solidária no Brasil: a autogestão como resposta ao desemprego*, São Paulo, Contexto.

___. (2001) *Gestão e trabalho em cooperativas de produção: Dilemas e Alternativas à participação*, Dissertação de mestrado da Escola Politécnica da Universidade de São Paulo-USP, São Paulo, 153 p. Abril.

Sindicato Dos Metalurgicos Do Abc (1999) "Caderno de resoluções finais", *3er congresso dos Metalúrgicos do ABC*, São Bernardo do campo: Sindicato dos Metalúrgicos do ABC.

Silva, C.D.; Oda, N.T. (2005) "UnisolBrasil e as ações de apoio às empresas recuperadas: cooperativas autogestionárias, trabalho, renda e desenvolvimento social", *Revista de economia solidária*, año 1, Nº 0, pp. 16-19, dez.

Singer, P.; Kruppa, S. M. P. (2004) "SENAES e a economia solidária – democracia e participação ampliando as exigências de novas tecnologias sociais", *Tecnologia social: uma estratégia para o desenvolvimento*, Rio de Janeiro, Fundação Banco do Brasil, pp. 89-103.

Tauile, J. R.; Debaco, E. S. (2002) "Autogestão no Brasil: A viabilidade econômica de empresas geridas por trabalhadores" [en línea] Disponible en http://www.ecosol.org.br/Textos

Zarpelon, S. R. (2003) "A esquerda não socialista e o novo socialismo utópico: aproximaçoes entre a atuação das ONGs e o cooperativismo da CUT", Dissertação (Mestrado) no Instituto de Filosofia e Ciências Humanas Departamento de Ciências Políticas, Unicamp, Campinas.

Programas de transferencia de ingreso y economía solidaria. Reflexiones a partir de una experiencia brasileña

Antônio Cruz
Universidade Católica de Pelotas – UCPel- Brasil

Introducción

El texto describe y evalúa una experiencia de política social en la región sur de Brasil, dirigida a grupos de trabajadores en situación de riesgo social a través de la articulación entre un programa público de transferencia de ingresos y una acción de fomento/apoyo a la formación de iniciativas de economía solidaria. La experiencia, mal lograda en sus objetivos, buscaba posibilitar a los grupos de trabajadores organizados avanzar de un programa *compensatorio* a una acción socioeconómica *emancipadora*.

El equívoco de la propuesta consistió en la incomprensión sobre la génesis de las iniciativas de la economía solidaria y los límites intrínsecos de los programas sociales compensatorios de tipo *focal*, inspirados en propuestas neoliberales.

1. Incubadoras de cooperativas, economía solidaria y programas de transferencia de ingresos

Desde 1999 funciona en la Universidad Católica de Pelotas (estado de Rio Grande do Sul, Brasil) una Incubadora Tecnológica de Cooperativas Populares (INTECOOP-UCPEL)[103]. Actualmente existen incubadoras de

---

[103] El autor participó en su constitución, y luego, en 2001, mientras se desarrollaban los primeros proyectos de incubación, ayudó a constituir una incubadora en los mismos términos de la UCPEL en la Universidad Estadual de Campinas (UNICAMP) en el Estado de São Paulo.

cooperativas populares, en aproximadamente treinta universidades brasileñas, conformando dos redes de asociación entre las mismas. El objetivo es apoyar, desde las universidades, la formación de emprendimientos de economía solidaria, de trabajadores desempleados o en situación de trabajo precario. Las incubadoras ofrecen recursos humanos técnicamente calificados en diversas áreas (administración, contabilidad, derecho, tecnología etc.) y realizan acciones de formación y calificación de los trabajadores de los emprendimientos. En contrapartida, el proceso de incubación se presenta como un excelente campo de investigación y de extensión universitaria (Cruz, 2006; Guimarães, 2000).

Las propias incubadoras comprenden, de modo general, que el término "cooperativa popular" es apenas una "marca referencial", que puede ser sustituido por "emprendimiento de economía solidaria", sin ninguna pérdida de significado respecto de sus objetivos y métodos. Por emprendimientos de economía solidaria podemos comprender "toda iniciativa económica que incorpora trabajadores/as asociados/as en torno a los siguientes objetivos/características: (i) carácter colectivo de las experiencias, (ii) generalización de relaciones de trabajo no-asalariado, (iii) ejercicio del control colectivo del emprendimiento (de sus informaciones, decisiones, flujos, rendimientos, etc.) e 'inserción ciudadana' de las iniciativas: respecto del consumidor y al medio ambiente, participación activa en la comunidad en que está inserta, articulación política y económica con otras iniciativas de economía solidaria, etc." (Cruz, 2002: 8).

Desde 2004, la Secretaría Nacional de Economía Solidaria (SENAES)[104] coordinó la iniciativa interministerial que priorizaba garantizar y ampliar el funcionamiento de las incubadoras de cooperativas en las universidades brasileñas. Así surgió el Programa Nacional de Incubadoras de Cooperativas (PRONINC) para financiar el funcionamiento de las incubadoras en aspectos como recursos materiales (permanentes y de inventario), costos de desplazamiento y contratación de técnicos. Quedaba a cargo de las universidades la provisión de docentes y de estructura física para su funcionamiento. La Incubadora Tecnológica de Cooperativas Populares-UCPEL (INTECOOP-UCPEL), fue una de las incubadoras financiadas por el PRONINC.

[104] Vinculada con el Ministerio del Trabajo. Es coordinada, desde su creación, por Paul Singer, uno de los principales economistas vinculados con el Partido de los Trabajadores (PT), profesor de la Universidad de São Paulo, con gran reconocimiento académico, y uno de los principales teóricos de la economía solidaria en Brasil.

Para evaluar el desempeño del PRONINC, la SENAES contrató al Instituto Brasilero de Análisis Sociales y Económicas[105] (IBASE) a fines de 2006, quien promovió, en Río de Janeiro, un seminario para presentar su evaluación sobre el programa y discutir su continuidad. En este seminario, además de las incubadoras, estuvieron presentes autoridades de varios ministerios y organismos gubernamentales: Ministerio del Trabajo, Ministerio de Desarrollo Social, Ministerio de Desarrollo Agrario, Ministerio de Salud, Ministerio de Educación, Promotora de Estudios y Proyectos (Ministerio de Ciencia y Tecnología), Banco de Brasil, Fundación Banco de Brasil.

La presencia de numerosos organismos gubernamentales no era casual dado que el gobierno de Lula terminaba de franquear una prueba en las urnas, siendo reelegido para un nuevo mandato de cuatro años, a partir de 2006. Un punto fuerte del debate electoral fue el Programa Bolsa-Familia, un programa social de transferencia de ingresos[106] que atendía cerca de 12 millones de familias. El Programa *Bolsa-Familia*[107], considerado uno de los garantes de la reelección de Lula fue severamente criticado, por otro lado, como una acción de tipo clientelista/populista, que beneficia a las familias más pobres, pero que contiene amplias debilidades. Una de las críticas radica en que su operación es llevada a cabo por autoridades locales, que muchas veces lo utilizan políticamente en favor de intereses clientelares. La principal crítica, sin embargo es que el programa se encuentra alejado de promover la autonomía de las familias atendidas, ya que el crecimiento

---

[105] El IBASE es una ONG fundada en 1981, con el objetivo de atender la demanda por investigación, información y formación política de los movimientos sociales, especialmente en Rio de Janeiro, donde se ubica su sede. Fue presidida durante muchos años por el sociólogo Herbert de Souza (Betinho) quien se destacó en Brasil por liderar una amplia Campaña Nacional de Combate al Hambre. Véase <www.ibase.org.br>.

[106] Los programas de transferencia de ingresos son utilizados con objetivos múltiples, de carácter social, pero también económico. Ellos pretenden transferir ingresos de sectores sociales privilegiados hacia sectores sociales menos favorecidos, por intermedio del Estado, quien recauda contribuciones tributarias de los más ricos y las dirige a los más pobres como subsidio directo (en dinero). Además de combatir la pobreza y reducir las desigualdades, los gastos de consumo de los más pobres amplían la demanda por bienes de consumo de masas, con repercusiones multiplicadoras sobre el empleo y los siguientes agregados económicos. Son programas de inspiración nítidamente keynesiana, pero también han sido defendidos, aunque de forma limitada, por economistas de carácter neoliberal. Esos programas son definidos "como aquellos que atribuyen una transferencia monetaria a individuos o familias", de forma compensatoria, con vistas a romper con el "ciclo vicioso que aprisiona a gran parte de la población brasileña en las amarras de la reproducción de la pobreza" (Silva; Yazbek; di Giovani, 2004: 19).

[107] Véase <www.mds.gov.br/bolsafamilia>.

económico de la riqueza nacional continúa siendo lento y la dependencia de las familias en relación con el gobierno parece aumentar.

Así, la presencia de las numerosas autoridades gubernamentales que participaron en el seminario de evaluación del PRONINC tenía, por lo tanto, un fin específico, era parte de un esfuerzo de búsqueda de alternativas, por parte de varios ministerios (especialmente el Ministerio de Desarrollo Social, responsable por el Programa Bolsa-Familia) para la promoción de la generación de trabajo e ingresos y alternativas con capacidad para fomentar el crecimiento económico, reducir las desigualdades, limitar los gastos públicos y ofrecer propuestas de programas sociales de carácter efectivamente emancipadores[108].

La economía solidaria pasó a ser vista por numerosos sectores del gobierno federal como una de esas alternativas. Y la incubación de cooperativas populares percibida como una acción-clave en el proceso de impulso a la economía solidaria. De ahí el interés por los rumbos del PRONINC.

La INTECOOP-UCPEL fue invitada a presentar su experiencia de articulación entre incubación de cooperativas y un programa de transferencia de ingresos desarrollado por el gobierno del Estado de Rio Grande do Sul, durante la gestión de Germano Rigotto del Partido Movimiento Democrático Brasileño (PMDB). Se trató del Programa "Frentes de Emergencia de Trabajo" (PFET), que será explicado más adelante. La INTECOOP-UCPEL había intentado integrar la incubación de cooperativas al PFET, a lo largo de un año, y ésta era, por lo tanto, una experiencia concreta a ser analizada.[109]

---

[108] Evidentemente, tal visión no fue ni es compartida por los sectores más conservadores del gobierno, quienes son mucho más escépticos en relación con la economía solidaria. No había ningún representante del Ministerio de Hacienda, del Ministerio del Desarrollo Económico o del Ministerio de Agricultura (conocido como "Ministerio del Agrobusiness"), por ejemplo.

[109] Este texto fue elaborado a partir de una exposición presentada en ese seminario, y cuyas reflexiones fueron construidas colectivamente por los docentes vinculados con la INTECOOP-UCPEL Participaron del debate que dio origen al documento presentado y, posteriormente a este artículo, los profesores Reinaldo Tillmann, Renato Della Vechia, Lúcio Fernandes y Eliana Rodrigues Weber.

2. Programas sociales bajo inspiración neoliberal

El gobierno de Fernando Henrique Cardoso (FHC)[110] inauguró en Brasil las políticas sociales públicas de carácter neoliberal, cuyos rasgos característicos, de manera sintética, son los siguientes:

- Contingencia presupuestaria —las dotaciones de recursos son definidas a partir de los recursos destinados a las áreas sociales en un orden de prioridades, que se encuentra, en conjunto y a la vez, subordinado a las prioridades presupuestarias destinadas a garantizar el equilibrio fiscal (prioridad 1), la tasa de cambio (prioridad 2) y las inversiones en infraestructura económica (prioridad 3).

- Focalización —dadas las contingencias presupuestarias, y ante la imposibilidad de atención universal de las demandas y necesidades sociales (debido a las prioridades macroeconómicas), los programas buscan atender las poblaciones consideradas más necesitadas, conviniendo por lo tanto, "puntos de corte" en la lista de inscriptos para los beneficios de los programas sociales. Los puntos de corte son definidos por lo tanto, de acuerdo a los recursos disponibles.

- Tercerización, con *partnership* público-privado —una parte significativa de los programas sociales pasa a ser operado por agencias sociales del Tercer Sector (ONG's, fundaciones de derecho privado mantenidas por empresas etc.) que disputan recursos gubernamentales a partir de la presentación de proyectos para convocatorias específicas que buscan la ejecución de los programas presupuestados.

- Principio de la eficiencia en el tiempo —los recursos para cada programa son disminuidos a lo largo del tiempo, partiéndose de la premisa que sus objetivos se van alcanzando y que los actores sociales van acumulando el *savoir-faire* necesario para cumplir las mismas tareas y objetivos con menos recursos.

- Integración de programas —a fin de hacer más eficiente el uso de los recursos y evitar propuestas "asistencialistas", los programas buscan conjugar la atención de las necesidades primordiales de las poblaciones asistidas con actividades de potenciación de la autonomía económica y/o la inclusión en la ciudadanía (programas de capacitación profesional, de inclusión digital, de desarrollo de habilidades culturales o deportivas, etcétera).

---

[110] Fernando Henrique Cardoso fue presidente de Brasil por dos mandatos consecutivos, entre 1995 y 2002. Uno de los grandes formuladores de la "teoría de la dependencia económica", lideró una coalición de partidos de centro y de derecha, acelerando y profundizando las reformas neoliberales iniciadas en gobiernos anteriores.

— Evaluación técnica externa –los programas son evaluados por agencias técnicamente acreditadas por el propio gestor del programa (el órgano gubernamental responsable), quienes deben producir informes que permitan cuantificar la efectividad (la ejecución efectiva del programa), la eficiencia (la optimización de los recursos disponibles) y la eficacia (el impacto social alcanzado por el programa).

El carácter precursor del gobierno federal de FHC en la ejecución de políticas sociales de inspiración neoliberal fue seguido por muchos gobiernos estaduales y municipales, incluyendo algunas experiencias realizadas por gobiernos de los partidos "de oposición", especialmente del Partido de los Trabajadores (PT).

En otros casos, las experiencias del PT se proponían caminos alternativos, cambiando los órdenes de prioridad en el presupuesto, o aun incorporando –respecto de las estructuras del Estado– las acciones ejecutadas por agencias externas, en una recuperación de los modelos desarrollistas (o socialdemócratas, quizá), más identificados con las prácticas del estado de bienestar[111].

La victoria de Lula en las elecciones de 2002 no alteró significativamente este cuadro. La propuesta inicialmente pronunciada respecto de un programa social de grandes proporciones –*"Hambre Cero"*– intentaba conjugar, de forma original, acciones en las áreas de reforma agraria, política redistributiva, calificación profesional, micro crédito y apoyo a pequeños emprendedores, fue contenida por los compromisos asumidos por el gobierno en torno al equilibrio fiscal y el mantenimiento de la tasa de cambio. Objetivamente, el gobierno Lula sólo unificó un conjunto de programas sociales dispersos durante la gestión de FHC (subsidios al consumo de gas y de leche, distribución de canastas básicas y apoyo financiero a las familias con niños en la escuela), por un programa único, el "Bolsa Familia". Para los gestores del programa el principal interrogante planteado en

---

[111] El gobierno del PT en el estado de Rio Grande do Sul, entre 1999 y 2002, por ejemplo, apostó con más fuerza a la "inversión de prioridades", a pesar de que se siguieron ejecutando los programas federales en aquello que les competía (como los programas de calificación profesional, por ejemplo). El gobierno del PT en el municipio de São Paulo (2001-2004), por otro lado, mantuvo la línea de políticas distributivas integradas a programas de autonomización del trabajo (cursos de calificación profesional, apoyo a iniciativas de economía solidaria etc.). De modo general, sin embargo, el volumen de recursos presupuestales destinados a esas áreas era significativo, aunque todavía lejos de la universalización de la atención.

el segundo mandado presidencial de Lula, fue cómo transitar de una propuesta de política social compensatoria a una política social caracterizada por el sesgo de autonomía de los sujetos involucrados.

3. La experiencia de INTECOOP-UCPEL en Rio Grande do Sul[112]: Frentes de Emergencias de Trabajo e incubación de cooperativas populares

Germano Rigotto fue gobernador de Rio Grande do Sul entre 2001 y 2004. Miembro del PMDB, un partido de centro. Su discurso de oposición al entonces partido que gobernaba el estado, el PT fue probablemente el sustento de su elección.

Uno de los proyectos creados y llevados a cabo por la Secretaría del Trabajo del gobierno Rigotto fue el "Programa Frentes de Emergencias de Trabajo". En el mismo, diversas instituciones de la sociedad civil –incluyendo movimientos sociales con personería jurídica regular– podían registrarse en la Secretaría de Trabajo para la ejecución del programa en los municipios. Ese organismo se encargaba de distribuir las "cuotas" de beneficiarios, tomando en cuenta los recursos disponibles, la demanda identificada en los municipios y la proximidad política de la ejecutora con el propio gobierno. Algunos movimientos sociales, como el Movimiento de los Trabajadores Desempleados (MTD) o el Movimiento Nacional de Lucha por la Vivienda (MNLM), presionaban el gobierno para que sus demandas específicas fueran atendidas.

Los/as trabajadores/as se registraban en el programa a través de las entidades ejecutoras (ONG's, movimientos sociales y otras entidades de carácter no-lucrativo) y recibían una tarjeta magnética del Banco del Estado de Rio Grande do Sul para tener acceso a los beneficios financieros del programa, equivalentes a un salario mínimo mensual, durante seis meses, para cada trabajador inscripto. Por otra parte, el programa enviaba recur-

---

[112] Rio Grande do Sul es el estado más al sur de Brasil, fronterizo con Uruguay y la Argentina. Tiene 10 millones de habitantes, el 4° PBI entre los estados de la federación brasilera (cerca de 6% del total) y es el 2° en IDH (índice de desarrollo humano). Su economía es predominantemente agraria, pero posee algunos polos industriales de relativa importancia en el escenario nacional. Su capital es Porto Alegre (1,8 millones de habitantes). Pelotas está localizado al sur del estado –próximo de Uruguay– y cuenta con 350.000 habitantes, siendo la tercera ciudad en población, luego de Porto Alegre y Caxias do Sul.

sos a las entidades ejecutoras, a fin de garantizar además dos tipos de beneficios, directos e indirectos para los trabajadores:

- Una parte del presupuesto del proyecto era utilizado por las instancias ejecutoras para la adquisición de recursos distintos a los que subsidiaban la participación de los trabajadores en el programa: pases de transporte (pasajes de ómnibus local) y equipamientos de protección individual.

- Otra parte de los recursos fueron utilizados por las ejecutoras para la contratación de técnicos que debían desarrollar actividades de formación dirigidas a calificar profesionalmente a los trabajadores. Esas actividades completaban un total de 480 horas (6 meses x 4 semanas x 20 horas semanales).

Como contraprestación, los trabajadores realizaban actividades profesionales formativas (experimentación profesional) o prestación de servicios comunitarios (mantenimiento de escuelas o parques públicos, etc.) la misma cantidad de horas destinadas a la parte formativa, o sea 480 horas, durante los mismos meses.

La INTECOOP-UCPEL había presentado a la Secretaría de Trabajo un proyecto de incubación de grupos cooperativos, aunque fue orientada a reestructurar los proyectos en el formato predefinido por el programa Frentes. El colectivo de la INTECOOP, decidió entonces adaptar su propuesta metodológica original, utilizando los recursos del programa. Esto pareció –a primera vista– una ventaja inesperada, dado que uno de los problemas enfrentados en los proyectos de incubaciones anteriores era que, durante el período comprendido entre el inicio de la incubación y el funcionamiento económico de los emprendimientos, muchos trabajadores se alejaban de la iniciativa porque simplemente necesitaban obtener ingresos rápidamente.

La evaluación del colectivo de la INTECOOP era que las becas del programa permitirían estabilizar momentáneamente los grupos, hasta que los emprendimientos estuvieran en condiciones de insertarse en el mercado, generando ocupación e ingresos. Además, los recursos destinados a las ejecutoras permitirían a la INTECOOP remunerar a los estudiantes de los equipos de incubación, así como contratar técnicos especialistas en los diferentes sectores de producción de bienes y servicios de los grupos que serían incubados.

Lo esencial de la metodología de incubación sería preservado: equipos de incubación –formados por estudiantes de grado[113] (monitores) y un profesor orientador– actuando junto a los grupos de trabajadores en sus locales de trabajo, garantizando asesoramiento en las áreas de acciones previstas por la estructura de los equipos, así como las actividades formativas que buscaban permitir la autogestión de los grupos en un período que varía, normalmente, de dos a tres años. Entre las actividades formativas previstas en la metodología de incubación de la INTECOOP-UCPEL se encuentran minicursos y talleres metodológicamente fundamentados en la educación popular de jóvenes y adultos, a partir de la filosofía de la pedagogía de la liberación, de Paulo Freire. Las actividades permiten el intercambio entre trabajadores y académicos, orientándose a que los sujetos colectivos, equipo de incubación y grupo incubado, puedan apropiarse de los conocimientos necesarios para el desarrollo de sus actividades profesionales. Son ejemplos de esas actividades los talleres de calificación profesional, cursos de alfabetización y de matemática básica, talleres sobre formación de precios y equilibrio económico, o sobre facturación y distribución de resultados, liderazgo y participación, etcétera.

4. La experiencia concreta

Cuando la Secretaría del Trabajo aprobó el proyecto adaptado, la INTECOOP-UCPEL ya había establecido proyectos conjuntos de incubación con siete grupos de trabajadores: un grupo de producción de artesanías, dos de confección de ropas y cuatro de selección de residuos sólidos ("reciclaje"). Esos grupos en su mayoría, estaban constituidos por pocos trabajadores (entre 5 y 12), alcanzando un total aproximado de 50 futuros cooperativistas. Sin embargo, por exigencia de la propia Secretaría del Trabajo, la aprobación del convenio entre el gobierno del Estado y la Universidad Católica

---

[113] Cada equipo estaba integrado por estudiantes-monitores responsables por cinco áreas de acción en el proceso de incubación: (i) empresarial, responsable del planeamiento económico; (ii) mercadológica, responsable de la construcción de la marca, propaganda y comercialización; (iii) tecnológica, responsable de la construcción de la propuesta de producto, de proceso y de estudios sobre herramientas y máquinas adecuadas; (iv) relacional, responsable de la construcción del reglamento interno, de mecanismos democráticos de decisión y de lazos de solidaridad entre los trabajadores; (v) pedagógica: responsable del planeamiento de las actividades de formación desarrolladas por el equipo junto al grupo incubado.

dependía de que la UCPEL asumiera la responsabilidad por la ejecución del programa para un mínimo de ciento cuarenta trabajadores. Una vez más de forma optimista, aunque consultando y discutiendo la temática con los grupos, se optó por ampliar la participación, en cada grupo, a veinte trabajadores, lo que también parecía razonable, ya que la legislación brasilera exigía un mínimo de 20 asociados para el registro legal de cualquier cooperativa.

En el plazo estipulado, los trabajadores fueron organizados, los grupos fueron formados y registrados en la Secretaría del Trabajo y la incubación fue iniciada. La gran mayoría de los trabajadores fueron mujeres pobres, negras, jefas de familia, que vivían en barrios de la periferia. En su mayoría eran desempleadas (muchas con ocupación precaria e informal) con poca escolaridad, y en gran parte de los casos con parejas en búsqueda de trabajo fuera del hogar. Por sus características, las mujeres conformaban un grupo similar al atendido por las incubadoras de cooperativas, y no presentaban por ello dificultades superiores a las que presentaban los demás proyectos de incubación.

No obstante el esfuerzo realizado por los involucrados y el interés y adhesión que concitaba el proyecto, los meses posteriores al inicio se vieron frustradas las expectativas debido a un conjunto significativo de problemas y conflictos de gravedad entre los trabajadores y entre ellos y los equipos de incubación:
- los constantes y largos retrasos en el desembolso de los recursos[114] por parte del gobierno del Estado, generaron tensiones inevitables entre los trabajadores y la incubadora, la que era vista como mediadora y garante de la relación entre el Gobierno y los grupos, como se había establecido desde la vigencia del programa;
- en el caso de los grupos urbanos, la existencia de recursos de auxilio financiero, al contrario de permitir la estabilización de los grupos, como se esperaba, produjo inestabilidad y tensión, dado que numerosos trabajadores que se sumaron a los grupos lo hicieron exclusivamente por el interés en tener acceso a los subsidios financieros del programa, sin ninguna intención de contribuir a la construcción de un emprendimiento colectivo.

[114] La primera de las seis cuotas previstas de auxilio financiero sólo llegó a los trabajadores cuatro meses después de iniciado el proyecto, y luego de una protesta realizada delante de la oficina de representación de la Secretaría de Trabajo en Pelotas. Las siguientes cuotas continuaron con retrasos, lo que llevó a que la última fuera liberada solamente nueve meses después del inicio del proyecto, previsto para seis meses.

No obstante estos contratiempos, muchos grupos consiguieron avanzar en la organización de sus emprendimientos, aunque percibieron –a través de los talleres de planeamiento económico– que los ingresos iniciales serian todavía menores que aquellos garantizados por los recursos del programa. Esto condujo a algunos líderes a priorizar la búsqueda de otros proyectos respaldados por programas gubernamentales, en cambio de priorizar la viabilidad económica de los emprendimientos; todos esos problemas fueron apenas añadidos a los obstáculos normales presentes en los proyectos de incubación sin aporte de subsidios (problemas de liderazgo, dificultades de conversión de la cultura del trabajo asalariado a la cultura de trabajo autogestionado, dificultades de enseñanza-aprendizaje con poblaciones con poca escolaridad, etc.) aunque se potenciaron con el resto y fomentaron fuertemente los aspectos conflictivos del proceso de incubación.

Al cabo de los seis meses, los grupos comenzaron a dispersarse y luego del pago de la última cuota del programa, apenas tres grupos continuaron el proceso de incubación, aunque de forma precaria, con cerca del 30% del número de integrantes iniciales (cerca de 10% del total de trabajadores de los grupos inscriptos originalmente por el convenio gobierno del RS-UC-PEL). Al concluir los seis meses, un único grupo seguía operando. Se trataba de un grupo que antes de iniciar la incubación tenía experiencia en trabajos colectivos.

5. Condiciones de éxito para la formación de grupos de economía solidaria y la formación de grupos a partir de programas gubernamentales

Las investigaciones desarrolladas sobre la formación de grupos de economía solidaria indican la necesidad de tomar en cuenta el conjunto de factores que requiere su consolidación y crecimiento. Estos pueden ser esencialmente agrupados en función de dos aspectos: la cohesión/solidaridad interna y la viabilidad económica del emprendimiento (Cruz, 2006; Gaiger et al, 2004; Singer, 1998 y 2004). En ausencia de una de esas condiciones, los grupos se disuelven, o se transforman en algo que por su naturaleza difiere cualitativamente de una iniciativa de economía solidaria: una falsa cooperativa, controlada por algún dirigente autoritario (y muchas veces inescrupuloso), un grupo que alquila su fuerza de trabajo a una empresa convencional en condiciones de subcontratación (tercerización), o incluso un grupo dependiente directamente de recursos y de iniciativas promotoras externas (ONGs, incubadoras, organizaciones gubernamentales o de la iglesia, etcétera).

Las características de las experiencias precedentes ponen de manifiesto la limitación propia de la formación de grupos de economía solidaria a partir de programas gubernamentales de transferencia de ingreso o de calificación profesional o cualquier otra alternativa que no contemple directamente a los grupos previamente organizados.

En otras palabras, la formación de un emprendimiento colectivo exige reciprocidad, confianza mutua, solidaridad, legitimidad de los líderes y condiciones que deben haberse validado en términos de iniciativa, democracia y capacidad de articulación, es decir, condiciones relacionales que exigen, por un lado, un proceso de construcción grupal previa al emprendimiento económico. Estas condiciones requieren por un lado tiempo y por otro experiencia en cuanto al funcionamiento de los grupos, lo que difícilmente puede ser alcanzado cuando la tensión generada por las relaciones del emprendimiento con el mercado ya se encuentra presente.

Al respecto se debe señalar que la mayoría de las iniciativas exitosas proviene de grupos anteriormente constituidos: compañeros de trabajo que perdieron su empleo, compañeros de militancia, grupos de amigos o familiares, hermanos de fe religiosa, antiguos compañeros de escuela, etc. Aunque en algunas oportunidades la mayoría del grupo no necesariamente forma parte del colectivo emprendedor desde el inicio, es necesario un núcleo organizado y orientado a la autogestión, que logre promover la experiencia y, luego sea capaz de convocar otras personas que compartan una visión, principios y valores comunes acerca del emprendimiento.

En la experiencia INTECOOP-UCPEL/Frentes de Emergencias de Trabajo, esas condiciones dejaron de estar presentes en el momento de la ampliación de los grupos al inscribirse en la Secretaría y al vincular el proceso de incubación con el subsidio gubernamental, instituido formalmente como fuente de la supervivencia económica de los trabajadores y grupos. Resultados similares fueron alcanzados por las entidades que participaron en el Programa Oportunidad Solidaria, promovido por la intendencia del Municipio de São Paulo, gobernada por el PT, entre 2001 y 2004. Dicho programa estaba integrado a otros programas de transferencia de ingresos, que poseían módulos de calificación profesional para trabajadores en diferentes franjas etarias. Uno de los módulos de los programas se refería a la economía solidaria y, al concluir, los trabajadores eran invitados a constituir grupos para emprendimientos solidarios.

En caso de lograr adhesión positiva, los grupos pasaban a ser asesorados (incubados) por entidades vinculadas con el programa OS – entre ellas la Incubadora Tecnológica de Cooperativas Populares de la Universidad de São Paulo (ITCP-USP), la Asociación Nacional de Trabajadores en Empresas de Autogestión (ANTEAG) y la Agencia de Desarrollo Solidario de la Central Única de los Trabajadores (ADS-CUT). "Datos provistos por la dirección del programa indican que aproximadamente 50.000 trabajadores que participaron de otros programas sociales habían pasado por el módulo de sensibilización para la economía solidaria. De ellos, 17,8 mil optaron por ingresar en el programa, pasando por la etapa de preincubación y 5.600 de ese grupo se organizaron para la constitución de iniciativas. Aunque no existen datos referidos al número de emprendimientos consolidados, las entidades que participaron del programa como ejecutoras consigan índices de consolidación de alrededor del 10% de las iniciativas preestructuradas. (Cruz, 2006: 189.)

6. Conclusiones provisorias: programas de transferencia de ingresos y economía solidaria

La idea de que las poblaciones con bajos ingresos, asistidas por programas sociales de transferencia de ingresos, pueden pasar de una condición *compensatoria* a una condición *emancipadora* a través del fomento de la economía solidaria parece tener límites muy sensibles. Una vez consideradas las condiciones observadas de formación y consolidación de iniciativas de economía solidaria, resulta verosímil afirmar que una política de fomento para esas iniciativas requiere de herramientas específicas: líneas de crédito, soporte de asesoramiento y formación, legislación adecuada, líneas de crédito para desarrollo de I+D, programas privilegiados de fomento a la exportación, reglamentación que garantice el acceso de las iniciativas a condiciones de competencia en licitaciones públicas etc. Estas iniciativas gubernamentales estarían tan próximas a una política de desarrollo económico como a una política social, incluso, en la frontera entre una y otra.

Solidaridad y espíritu emprendedor autogestionario no parecen ser atributos que se puedan constituir a partir de una política pública. Sin embargo resultan esenciales para que grupos de trabajadores en situación social precaria puedan alcanzar condiciones orientadas por un horizonte emancipador.

Aunque los valores que animan y sustentan la economía solidaria resultan de un proceso cultural cuya difusión es decisiva en el proceso de expansión de dicha cultura, proponer la discusión sobre la economía solidaria entre grupos de trabajadores en situación de riesgo –como aquellos que participan de las actividades formativas integradas a algún programa de transferencia de ingreso–, permite que la idea se propague y que muchos líderes comunitarios, potenciales emprendedores solidarios, puedan, a partir de esta instancia iniciar la construcción de proyectos económicos autogestionarios.

Asimismo, parecería bastante conveniente que las articulaciones que se pueden buscar entre diversos programas y entre sus diversos objetivos, no sustenten ilusiones respecto a la existencia de "recetas" para que miles de trabajadores puedan salir de la pobreza y la miseria, a través, apenas, de orientaciones sobre criterios pertinentes para orientarse al mercado en condición de *neo-emprendedores*. Menos aún cuando se trata de convertir a poblaciones dependientes de los recursos públicos, en beneficiarias de programas sociales focalizados, autogestores capaces de competir en el mercado.

Como afirma Fraisse (2006: 237), el éxito de las políticas públicas dirigidas a la economía solidaria tiene como huella fundamental *"evitar la marginalización de la acción pública en un subsector y establecer maneras de gobernanza locales más democráticas en la estructuración de las relaciones entre gobiernos y actores locales"*.

Así, independientemente de la existencia de políticas sociales de transferencia de ingresos, lo fundamental es la percepción del importante papel que tiene el Estado en la promoción de la economía solidaria. Sin embargo, también es necesario reconocer que el papel protagónico de esta economía se ejerce por medio de los trabajadores organizados colectivamente y orientados por valores sociales autogestionarios y solidarios. Una vez más resulta pertinente la consigna de que *"la emancipación de los trabajadores será obra de los propios trabajadores"*.

Referencias

Cruz, Antônio (2002) "Uma contribuição crítica às políticas públicas de apoio à economia solidária" [en línea]. Disponível em: http://www.itcp.unicamp.br.

_ (2004) "É caminhando que se faz o caminho: diferentes metodologias das incubadoras tecnológicas de cooperativas populares no Brasil", Mérida, Venezuela, *Cayapa – revista venezolana de economía social*, CIRIEC-Venezuela, año 4, Nº 8, pp. 36-55.

_ (2006) *A diferença da igualdade: a dinâmica da economia solidária em quatro cidades do Mercosul*, Campinas, Tese de doutorado em economia aplicada, Instituto de Economia, UNICAMP.

Fraisse, L. (2005) "Les enjeux de l'action publique em faveur de l'économie sociale et solidaire", in Laville, J.-L.; França, G. C. (2005) *Action publique et économie solidaire: une perspective internationale*, Paris, Erès.

Gaiger, L.I.(2004) *Sentidos e experiências da economia solidária no Brasil*, Porto Alegre, UFRGS.

Guimarães, G. (2000) *Sindicalismo e cooperativismo: a economia solidária em debate*, São Paulo, Unitrabalho.

Silva, M. O. da Silva; Yazbek, M. C.; Giovanni, G. di (2004) *A política social brasileira no século XXI: a prevalência dos programas de transferência de renda*, São Paulo, Cortez.

Singer, P. (1998) *Globalização e desemprego: diagnóstico e alternativas*, São Paulo, Contexto.

_ (2004) *Introdução à economia solidária*, São Paulo, Perseu Abramo.

El programa *Bolsa Familia* en el marco de la lucha contra la pobreza en el Brasil[115]

Maria Ozanira da Silva e Silva
Universidade Federal do Maranhão - Brasil

1. Introducción

La temática de la pobreza ha sido objeto de preocupación constante en el campo teórico-conceptual, en especial cuando se trata de la búsqueda de explicaciones sobre su emergencia y persistencia así como de su reciente ampliación globalizada, en la perspectiva de una regulación necesaria para el mantenimiento del sistema de producción capitalista. Desde el período de posguerra fría, la crisis económica y social sin precedentes que viene atravesando la humanidad ha conducido al empobrecimiento creciente de vastos sectores de la población mundial, agravado por el aumento significativo del desempleo. Este proceso se profundizó en los años 1980, cuando el Tercer Mundo estuvo fuertemente condicionado por la crisis de la deuda y la imposición de reformas estructurales y económicas impulsadas por organismos como el Fondo Monetario Internacional y el Banco Mundial.

En este nuevo orden mundial, de acuerdo con el Mapa de la Exclusión Social (Pochmann *et al.*, 2003) se manifiestan en Brasil agudos contrastes, en especial en cerca del 42% de las ciudades que presentan los índices más significativos de exclusión social[116] –la mayoría ubicadas en las regiones

[115] Estudio desarrollado con el apoyo de la Fundación Coordinación de Perfeccionamiento de Personal de Nivel Superior (CAPES) y del Consejo Nacional de Desarrollo Científico y Tecnológico (CNPq) y la Fundación de Amparo a la Pesquisa y Desarrollo Científico y Tecnológico del Maranhão (FAPEMA).

[116] El índice de exclusión social es una síntesis de los indicadores sociales relativos a la pobreza, desigualdad, violencia, analfabetismo y participación.

Norte y Nordeste–. La "selva" de exclusión que se muestra allí, intensa y generalizada, con pocos "acampamentos" de inclusión social, presenta una realidad marcada por la pobreza y el hambre, extendiéndose a familias extensas, a jóvenes y a poblaciones poco instruidas y sin experiencia asalariada formal (Pochmann, ibid. 2003). En ese campo, según datos del Instituto Brasileño de Economía de la Fundación Getúlio Vargas (IBRE) basados en el Censo Demográfico de 2000, se calcula que 35% de la población brasileña vivía en condiciones de extrema pobreza, lo que equivale a un total de 57,7 millones de personas, siendo las Regiones Norte y Nordeste las de mayor concentración de la pobreza extrema, con 13,8 millones de personas en esa situación.

La pobreza en Brasil, en gran parte, es resultante de un cuadro de extrema desigualdad, como consecuencia de la profunda concentración del ingreso. Se trata de uno de los países más desiguales del mundo, donde los ingresos mensuales de las familias más ricas (ingreso mensual familiar, en 2000, mayor de de R\$ 10,982.00 de septiembre de 2003), suman 1.162 millones, que corresponden al 75% del ingreso nacional total. Entre ellos, las 5.000 familias más ricas absorben el 45% del ingreso nacional (Pochmann, 2004). Mientras que en 1980, el ingreso medio de la población más rica era 10 veces mayor que la media para la población brasileña, en 2004 fue de 14 veces con relación a la media del 20% de la población más pobre (Ministerio de Desarrollo social y de combate al hambre, 2004). En términos analíticos y en cuanto a su explicación, siempre se encuentra presente el supuesto de la carencia, la escasez de medios de subsistencia, o la desventaja con relación a un patrón o nivel de vida dominante (Silva, 2003, p. 234). Sin embargo, para contribuir a la reflexión sobre los Programas de Transferencia de Recursos (PTR), la pobreza será considerada como un fenómeno multidimensional y no una mera insuficiencia de ingreso, dado que también equivale a la desigualdad en la distribución de la riqueza socialmente producida y a la falta de acceso a servicios básicos, a la información, al trabajo y a un ingreso digno, así como la ausencia de participación social y en la vida política.

La pobreza ha sido también ampliamente explicada por el paradigma liberal, que asume diferentes posturas, destácandose las corrientes ortodoxas, neoclásicas, las explicaciones economicistas, contractualistas, dualistas y el liberalismo de matices radical y social. Interesa aquí resaltar que la centralidad de la explicación liberal es referida al propio individuo, quien también indica al mercado como espacio natural de satisfacción de las necesidades económicas y sociales. Esto significa que las políticas sólo deben intervenir marginalmente y en una perspectiva meramente compensatoria para producir correcciones a las situaciones de pobreza extrema. Desde nuestra perspectiva, una explicación pertinente supone recurrir a las determinaciones estructurales (Silva, 2002) y considerar que la pobreza, tal como la conocemos contemporáneamente es inherente al sistema de producción capitalista, dada la explotación resultante del proceso generador de plusvalía y de la injusta y desigual distribución del ingreso nacional entre las clases sociales.

Percibir la pobreza como fenómeno estructural, resultante de la dinámica histórica de desarrollo del capitalismo y en cuanto fenómeno complejo, multidimensional y relativo, permite cuestionar la interpretación que lo considera consecuencia de la insuficiencia de ingresos y concibe a los pobres como un grupo homogéneo y con fronteras bien delimitadas. Permite también descubrir los valores y concepciones inspiradoras de las políticas de intervención en las situaciones de pobreza y sus posibilidades y límites cuando se trata de reducirla, superarla o incluso regularla.

En el actual sistema brasileño de protección social los PTR son considerados como eje primordial. Su desarrollo se sitúa en el ámbito de las transformaciones económicas y societarias que marcan la reestructuración del capitalismo mundial en su fase más reciente, de profundización en los años 1980. En este contexto se reestructura también el Estado de Bienestar en los países capitalistas desarrollados, acentuándose el interés por las políticas de inserción y la garantía de ingresos como estrategias de intervención social para enfrentar el desempleo creciente y duradero y los índices de pobreza registrados en esos países. Los PTR pasan a ser considerados importantes mecanismos para enfrentar el desempleo y la pobreza, posibilitando la dinamización de la economía, principalmente en pequeños municipios.

El objetivo de este texto es presentar un análisis problematizador de los PTR condicionales de dinero en efectivo, analizando específicamente el programa "Bolsa Familia" (PBF), concebido como estrategia para enfrentar la pobreza en el Brasil en el marco de la creación y expansión de programas federales que desde 2001 se ejecutan en los 5.561 municipios brasileños.

2. Las políticas públicas orientadas a la pobreza

Como fue señalado en trabajos anteriores (Silva, 2002, 2003 y 2005), en la historia de la política social brasileña se puede identificar un amplio y variado conjunto de programas sociales, dirigidos a segmentos empobrecidos de la población, que en general se caracterizan por su insuficiencia y falta de continuidad. Dada la naturaleza del patrón de desarrollo adoptado, la política social ha sido visualizada como cuestión marginal, desvinculada de las cuestiones macroeconómicas y concebida desde una perspectiva compensatoria y proteccionista.

Hasta los años 1980, la "ciudadanía" estuvo restringida a los trabajadores insertos en el mercado formal de trabajo, limitándose a una ciudadanía regulada (Santos, 1987). Aunque la Constitución Federal de 1988, al instituir el concepto de seguridad social destacó la conquista de la ciudadanía en cuanto derecho universal, las luchas sociales no lograron arraigar ese logro, impedido por la crisis fiscal del Estado en los años 1980 y por la adopción del proyecto neoliberal, en los años 1990. La reversión de la tendencia a la universalidad de los derechos sociales, que intentó construir la lucha política del movimiento social y el movimiento sindical, se expresó en especial con el desarrollo de los programas sociales focalizados, dirigidos hacia los segmentos más empobrecidos de la población. Por otra parte, los esfuerzos orientados a la lucha contra la pobreza permanecieron en el campo de la intencionalidad, del mismo modo que la universalización de la atención primaria de salud y la enseñanza básica, medidas caracterizadas por su funcionamiento insatisfactorio, tanto en términos cuantitativos como cualitativos. Un esfuerzo limitado se produjo también en los programas de alimentación y nutrición, los que fueron asumidos en gran parte por las empresas privadas y públicas, orientándose hacia los trabajadores del mercado formal. Como excepción, el Programa de Merienda Escolar dirigido a los niños y jóvenes de familias pobres que asisten a escuelas públicas en todos los Estados brasileños, consiguió permanecer. En este contexto, la política de mayor relevancia fue la ampliación del beneficio mínimo de la seguridad social al salario mínimo y la extensión de la jubilación para los trabajadores rurales, independientemente de su contribución pasada y conforme a lo establecido en la Constitución Federal de 1988. La jubilación rural constituye en la actualidad la principal política para enfrentar la pobreza rural y cubre cerca de siete millones de trabajadores rurales, de los cuales apenas el 10% realizó contribuciones a la seguridad social.

A comienzos de los años 1990 la política de asistencia social federal se encontraba centralizada en el entonces Ministerio de Bienestar Social y era implementada por dos grandes agencias: la Legión Brasileña de Asistencia (LBA) y el Centro Brasileño para la Infancia y Adolescencia (CBIA). A partir de la vigencia de la Constitución Federal de 1988 fue concretada la descentralización y municipalización de las políticas sociales como resultado de la lucha y del debate político de los movimientos sociales de los años 1980. La Asistencia Social que, junto con la Salud y la Seguridad Social pasaron a constituir la Seguridad Social preconizada por la referida Constitución, sólo fue reglamentada en 1993 con la aprobación de la Ley N° 8.742, ley Orgánica en la Asistencia Social (LOAS), a partir de la que se instituyó el Beneficio de Prestación Continuada en 1996, programa de transferencia monetaria dirigido a la población anciana carente, de más de 65 años de edad y a personas con discapacidades que les impiden una vida autónoma, exigiéndose que los beneficiarios vivan en familias con una renta per cápita familiar inferior a un cuarto del salario mínimo vigente.

En esa década, el mayor esfuerzo de política pública dirigida a la población brasileña pobre fue el Plan de Lucha contra el Hambre y la Miseria (PCFM) instituido en 1993 por el Presidente Itamar Franco (1993-1994). La mayor innovación del programa consistió en la articulación y movilización de recursos humanos e institucionales para combinar acciones gubernamentales con acciones del movimiento social liderado por Herbert de Souza (Betinho) a través de la iniciativa "Acción de la Ciudadanía en el combate al hambre y por la vida". El plan estuvo orientado por los principios de asociación, descentralización y solidaridad. Si bien se propuso combatir el hambre como problema urgente y en expansión, se extendió al enfrentamiento de la miseria y contempló un total de 32 millones de indigentes incluidos en el diagnóstico del Mapa del Hambre, elaborado por el Instituto de Pesquisa Económica Aplicada (IPEA). Se trató de una población con un ingreso equivalente a ¼ del salario mínimo, suficiente apenas para comprar una canasta de alimentos.

El PCFM, sustituido en el Gobierno del Presidente Fernando Henrique Cardoso (1995-1998; 1999-2002) por el Programa Comunidad Solidaria (PCS), fue concebido como principal medio para enfrentar la pobreza y se presentó como nueva estrategia frente a la exclusión social, desarrollando acciones descentralizadas, con participación y concertación de diversas organizaciones sociales. (Silva, 2001). El PCS como estrategia de articulación se proponía actuar en el campo de la administración de los programas de aquéllos ministerios con mayor potencialidad de impacto sobre la pobreza, atribuyendo una prioridad a los mismos, e identificando los municipios de mayor concentración de pobreza en los que deberían ser desarrollados[117].

Para dar continuidad al desarrollo de programas sociales fue instituido en julio de 1999 el Programa Comunidad Activa por recomendación del Consejo de la Comunidad Solidaria. Dicho programa se interesó en superar el proteccionismo mediante la inducción del desarrollo local integrado y sustentable de los municipios pobres en todo el país. La propuesta consistió en el desarrollo de una agenda local integrada por los programas indicados por la comunidad y llevados a cabo en asociación con los gobiernos federal, estatal y municipal y de la comunidad.

En el campo de la asistencia social, el gobierno de Brasil implantó en 1999 una estrategia integrada de disminución de la pobreza y la desigualdad denominada Proyecto Alvorada. A partir de la focalización geográfica, identificando 14 estados y 2.318 municipios con bajos Índices de Desarrollo Humano (IDH) el programa focalizó también en las familias más pobres de estas regiones, seleccionando los grupos familiares como la unidad básica de acción y a la mujer como principal beneficiaria de los servicios de transferencia de ingresos y titularización de las tierras (Aduan, 2004). La estrategia del Proyecto Alvorada se basó en la selección de 15 programas, en su mayoría ya existentes, con alto grado de efectividad en cuanto al logro de mejoras en los índices de educación, salud e ingreso y se dirigió prioritariamente a los "bolsones" de miseria de las Regiones Norte y Nordeste aunque posteriormente se extendió a otros estados con municipios con IDH inferior a 0,500.

El Gobierno llegó entonces a organizar la Red de Protección Social constituida por 12 programas que tienen en común la transferencia de ingresos para familias e individuos poniéndose en evidencia la centralidad de los PTR como acciones prevalecientes para enfrentar la pobreza en el Brasil.

En 2003, en el inicio de la gestión gubernamental de Luiz Inácio Lula da Silva se propuso enfrentar el hambre y la pobreza en el país anunciando como principal estrategia el programa Hambre Cero, con la finalidad de superar la ausencia de políticas de generación de empleo e ingresos, el desempleo creciente y la concentración del ingreso como determinantes

[117] Sobre el desempeño del Comunidad Solidaria en cuanto estrategia de enfrentamiento a la pobreza en el Brasil, véase Silva, 2001.

del bajo consumo de alimentos y, consecuentemente, de la expansión de la pobreza (Silva, 2003). En el ámbito del programa, los PTR asumen cada vez más centralidad para el enfrentamiento de la pobreza.

3. La construcción histórica y la prioridad de los programas de transferencia de ingresos en el actual sistema brasileño de protección social

Los PTR son concebidos como transferencias monetarias directas destinadas a familias e individuos. Dichas transferencias, en el contexto de la experiencia brasileña, se articulan con acciones de prestación de servicios, principalmente en el campo de la educación, salud y trabajo en la perspectiva de que el ingreso monetario transferido, juntamente con las acciones desarrolladas, debe posibilitar la autonomía de las familias beneficiarias

Los supuestos que han sustentado la formulación y ejecución de estos programas consideran que el costo de oportunidad para que familias pobres mantengan a sus hijos en la escuela es muy elevado, debido al bajo e inestable ingreso familiar y la necesidad de contar con la participación del trabajo infantil para permitir la supervivencia del grupo familiar. Otro argumento es que la baja formación educativa de las familias pobres constituye el factor determinante de la imposibilidad de elevación del ingreso familiar.

La situación resultante de esos dos factores produce y reproduce el ciclo vicioso de la pobreza intergeneracionalmente, determinando la pobreza presente y reproduciendo la pobreza futura. En ese sentido, los PTR son establecidos para definir una compensación financiera, de modo que las familias pobres logren que sus hijos puedan asistir a la escuela y accedan a los cuidados que proporcionan los centros de salud, mientras que los adultos participan de cursos de alfabetización, formación profesional y otras acciones. El objetivo es crear las condiciones para que el grupo familiar consiga romper con el ciclo reproductor de la pobreza. De esta forma, los PTR intentan impulsar la articulación entre la medida compensatoria de transferencia monetaria y las acciones estructurales en el campo de la educación, salud y trabajo en la perspectiva de posibilitar la autonomía de las familias pobres.

Sin embargo, la problemática inicial en la concepción de los PTR, así como la importancia atribuida a la articulación de medidas compensatorias y medidas estructurales, no cuestiona el grado alarmante que alcanzó la concentración del ingreso en el país ni lo reconoce como principal causa determinante de la pobreza. Por consiguiente, al no registrarse cambios cualitativos en el patrón económico históricamente adoptado, que puedan reflejarse en la redistribución más equitativa del ingreso y la riqueza, la redistribución que se genera resulta sumamente limitada. Este alcance, posiblemente, permite regular la continuidad del proceso de empobrecimiento, manteniendo a las familias en un elevado nivel de pobreza o indigencia a partir del que son calificadas para poder acceder a los propios PTR[118].

En Brasil, la discusión sobre garantía de un ingreso o renta mínima data de 1975 en que Antonio Maria da Silveira (1975) planteó la primera propuesta sugiriendo que el combate a la pobreza debería producirse directamente por medio del impuesto de renta negativo. Se sostenía la necesidad de erradicar la pobreza a través de medidas de redistribución del ingreso que permitieran establecer una relación entre crecimiento económico y bienestar. Siguiendo esa línea de debate, Bacha y Unger (1978) defendieron una complementación monetaria para familias pobres como mecanismo de distribución de ingreso. El objetivo era la supervivencia de la democracia, considerada incompatible con niveles crecientes de desigualdad y de miseria.

La institucionalización de los PTR se integró efectivamente a la agenda pública brasileña a partir de 1991 y su desarrollo reconoce cinco momentos específicos (Silva, *et al.*, 2006). Durante el gobierno de Fernando Henrique Cardoso se introdujeron los programas de transferencia en efectivo a las familias pobres. El programa de Erradicación del Trabajo Infantil fue seguido en 1997 por el Programa Federal de Renta Mínima, más tarde transformado en el Programa Bolsa Escuela. Considerados como el vector de la "Red de Protección Social" nacional los programas mantienen su centralidad en el sistema brasileño de protección social.

---

[118] Aunque los PTR vienen siendo ejecutados en Europa desde los años 1930, el debate sobre la garantía de un ingreso sólo ha sido ampliado recientemente en el ámbito internacional, más precisamente a partir de los años 1980. Dicho debate y la ejecución de nuevas experiencias fueron motivados por las transformaciones económicas acaecidas desde los años 1970 y sus severas consecuencias en el mercado de trabajo. En contextos caracterizados por el aumento del desempleo, la pobreza y la precarización, se producen crecientes demandas de protección social, debido a la fragilidad en la organización de los trabajadores y su mayor vulnerabilidad para presionar por el empleo, los salarios y la protección social.

El proceso de unificación de los numerosos PTR impulsados por los niveles de gobierno municipal, estatal y federal localizados en diferentes ministerios, se inició en 2003, con la creación del "Programa Bolsa Familia", considerado un avance en este ámbito. Es significativa la elevación del número de familias atendidas por esos programas en todo el país así como el incremento de los recursos presupuestarios destinado a los mismos.

Aunque los programas sociales como política pública del gobierno de Lula buscan la erradicación del hambre y la exclusión social[119], plantean la necesidad de articulación de las políticas sociales y la política económica dado que la declinación de los índices de pobreza en 2004 y 2005 (PNDA, 2004 y 2005) no se ha reflejado en avances significativos en la disminución de los niveles de concentración del ingreso. Aunque los PTR son considerados una intervención social privilegiada por el gobierno, sus posibilidades de incidir positivamente en la redistribución de ingresos sólo puede producirse con la implementación de medidas de redistribución que de hecho alteren el cuadro social del país.

Al respecto debe mencionarse la sanción en enero de 2004 por el presidente de la república del Proyecto de Ley N° 266/01 de autoría del Senador Eduardo Suplicy, quien propone un Ingreso de Ciudadanía, con ejecución prevista para 2005 y con un alcance estimado a 181 millones de brasileños. Queda sin establecerse la propuesta de un ingreso básico incondicional, independiente de prestaciones de trabajo o cualquier otra condición, destinada a los brasileños y extranjeros que vivan regularmente en el país, desde al menos cinco años (Suplicy, 2002).

El proceso de desarrollo histórico de los PTR, de acuerdo con lo señalado, conduce en el año 2005 a un sistema complejo y diverso, no obstante la propuesta de unificación en ejecución. Se cuenta con programas municipales, estatales y federales en desarrollo en diversos municipios y estados incluyéndose al PBF como principal PTR del gobierno federal en todos los municipios brasileños e involucrando más de 11 millones de familias y un presupuesto de 8,3 billones de reales en 2006.

---

[119] La estrategia "Hambre Cero" está representada por un conjunto de políticas gubernamentales cuyo propósito es erradicar el hambre y la desnutrición en el país. Sus principales programas son: Bolsa Familia; Programa de adquisición de alimentos de la Agricultura Familiar (PAA); Programa Nacional de Alimentación Escolar (PNAE); Programa de Construcción de Cisternas; Programa Nacional de Fortalecimiento de la Agricultura Familiar (PRONAF); Restaurantes Populares y Centros de Referencia de Asistencia Social (CRAS).

En un estudio realizado en 2002[120] sobre los programas de Ingreso Mínimo/Bolsa Escuela e iniciativas de municipios y estados brasileños, fueron identificados 45 programas municipales en implementación. De ellos, 60,1% se encontraba en municipios del estado de São Paulo, mientras que los municipios de Estados de las Regiones Sudeste y Sur concentraban 79,6% del total de los programas considerados. Esto significa que las ciudades situadas en los estados de las regiones más desarrolladas presentan mejores condiciones de creación y mantenimiento de esos programas. Al mismo tiempo, la gran mayoría de esos municipios mantiene sus programas con metas de atención muy inferior a la cantidad de familias pobres que se sitúan en los criterios de elegibilidad para acceder a esos programas, verificándose también la no ampliación de esas metas a lo largo del tiempo de implementación de los programas y la no manutención del valor monetario de los beneficios en el tiempo[121].

Sin embargo, conforme a lo indicado anteriormente, en el ámbito del gobierno federal se viene constituyendo a partir de 2001 la denominada "Red de Protección Social" dirigida a la población pobre del país y cuyo eje articulador son los PTR creados a partir de 1996[122].

[120] El estudio fue realizado por un equipo de profesores de la Universidad Federal de Maranhão, de la Pontificia Universidad Católica de São Paulo y del Núcleo de Estudios de Políticas Públicas de la Universidad Estatal de Campinas, con apoyo de la Fundación Coordinación de Perfeccionamiento de Personal de Nivel Superior – CAPES / Brasil y del Consejo de Desarrollo Científico y Tecnológico – CNPq / Brasil.

[121] Quedan establecidos los límites de los PTR de iniciativa de los municipios brasileños, en términos cuantitativos y en su carácter restrictivo respecto de los criterios de elegibilidad adoptados. En relación con los PTR de iniciativa de los gobiernos estaduales, se han identificado 11 Programas en implementación, además del Programa Renta Mía, de Brasilia, Distrito Federal, que representan 42,3% de los 26 estados brasileños que mantienen programas de Renta Mínima / Bolsa Escuela. El total de municipios alcanzados en los 11 estados es del orden de 1.151, lo que representa cerca de 20% del total de los 5.561 municipios brasileños. Este dato permite señalar la insuficiencia de los programas estatales que, al igual que en los municipales se encuentran limitados por las dificultades presupuestarias más que por la cantidad de personas en condiciones de elegibilidad (Silva, 20004)

[122] La Red de Protección Social hasta el año 2003 estaba constituida por el Programa de Erradicación del Trabajo Infantil – PETI; Beneficio de Prestación Continuada – PBC, Programa Agente Joven de Desarrollo Social y Humano; Programa Nacional de Renta Mínima, vinculado con la Educación – "Bolsa Escuela"; Programa Bolsa Alimentación y Auxilio Gas. Además de esos programas, se destacan como PTR la Jubilación Rural Social y el Cartón Alimentación creado en 2003, al inicio del primer mandato del gobierno de Lula. En 2003, el PBF surgió como resultado de la fusión de cuatro programas federales: Bolsa-Escola, Bolsa-Alimentação, Auxílio-Gás (iniciados en el gobierno de Cardoso) y Cartão-Alimentação (iniciado en el gobierno de Lula, bajo el Programa Fome Zero) posteriormente se integró el PETI. Sobre esos programas, véase Silva, Yazbek y Giovanni, 2006 y Silva, 2005.

4. El Programa Bolsa Familia como estrategia principal de enfrentamiento a la pobreza

El PBF, fue creado por la medida provisoria N° 132 del 20 de octubre de 2003, transformada en Ley N° 10.836 el 9 de enero de 2004 y reglamentado por el Decreto 5.209 del 17 de septiembre de 2004. Es el principal PTR del gobierno federal y constituye un programa estratégico en apoyo de la iniciativa presidencial "Hambre Cero". Al igual que otras transferencias condicionales de dinero en efectivo tiene el objetivo de ayudar a reducir la pobreza y la desigualdad actual, mediante transferencias a familias que viven en la extrema pobreza, asociándose a la garantía de acceso a los derechos sociales básicos –salud, educación, asistencia social y seguridad alimentaria–, promoviendo la inclusión social, contribuyendo a la emancipación de las familias beneficiarias, y construyendo medios y condiciones para que ellas puedan salir de la vulnerabilidad en que se encuentran. (Brasil. MDS, 2006.)

El establecimiento del PBF fue resultante de la necesidad de unificar los PTR en Brasil, conforme al diagnóstico sobre los programas sociales en desarrollo elaborado durante la transición del gobierno de Fernando Henrique Cardoso al de Luiz Inácio Lula da Silva. En dicho diagnóstico se destacaba la competencia y superposición de programas, objetivos y beneficiarios así como la ineficiente utilización de recursos, debido a la ausencia de una coordinación general y la dispersión de los programas en diversos ministerios, la falta de planificación y movilidad del personal ejecutor, además de las insuficientes asignaciones de presupuestos y la deficiente atención del sector beneficiario conforme a los criterios de elegibilidad determinados (Brasil, 2002). Inicialmente, la unificación propuesta quedó restringida a cuatro programas federales (Presidencia da República, 2004).

Junto con la unificación, el PBF también se propone precisar su alcance de modo de posibilitar un mayor enfrentamiento a la pobreza en el país, simplificando el acceso a los beneficios y elevando el valor monetario transferido a las familias. De modo similar a otros PTR es ejecutado de modo descentralizado en los diversos municipios. El programa se destina a familias extremadamente pobres, con un ingreso per cápita mensual de hasta R$ 60,00, independientemente de su composición y a familias consideradas pobres, con renta per capita mensual de entre R$ 50,01 y R$ 120,00, integradas por embarazadas, madres lactantes y niños y adolescentes de entre 0 y 15 años. El primer grupo de familias percibe un beneficio fijo de

R$ 50,00 y puede recibir R$ 15,00 adicionales por cada hijo de hasta 15 años de edad, hasta tres hijos. El beneficio mensual que puede alcanzar es de hasta R$ 95,00 por familia y las familias consideradas pobres reciben una transferencia monetaria variable de hasta R$45,00, siendo R$15,00 mensuales por cada hijo de hasta 15 años de edad[123]. Las familias tienen libertad para aplicar el dinero recibido y pueden permanecer en el programa mientras se mantengan los criterios de elegibilidad, y cumplan las condiciones establecidas[124].

La transferencia monetaria concedida por el PBF está asociada con el desarrollo de otras acciones como alfabetización, capacitación profesional, apoyo a la agricultura familiar, generación de ocupación e ingresos y microcrédito. Supone también el acceso a la educación y a servicios de salud para los hijos, atribuyéndose relevancia a las prestaciones de contraparte o condicionalidades que deben cumplir las familias beneficiarias. Entre ellas, la permanencia de hijos en edad escolar en la escuela, la asistencia regular de niños de 0 a 6 años de edad a los centros de salud, manteniendo el boletín de vacunación actualizado; la realización de exámenes de rutina en el caso de mujeres embarazadas y el retorno de los adultos analfabetos a la escuela, además de la participación de todas las familias en acciones de educación alimentaria cuando estas son ofrecidas por programas gubernamentales.

El PBF alcanzaba en junio de 2006 a 11,1 millones de familias, con un presupuesto para ese año de R$ 8,3 billones. Según los datos oficiales, la estimación de familias pobres en Brasil es de 11.206.212, lo que significa que más de 99% ya se encuentran atendidas, y esto representa la universalización del programa en relación con las familias pobres del Brasil. El valor medio de la transferencia monetaria recibida por esas familias es de R$ 60,26.

Conclusión

Aunque los PTR representan en la actualidad el principal componente del Sistema Brasileño de Protección Social, es necesario considerar algunos de los aspectos que condicionan sus posibilidades futuras para reducir la

[123] Esa definición de objetivos del PBF se encuentra en el texto publicado en www.mds.gov.br del día 20/03/2006.

[124] El PBF viene ampliando su población objetivo, incluyendo también la atención de familias sin hijos, como el caso de las comunidades afrobrasileñas, familias indígenas y moradores de la calle.

pobreza en el Brasil. El análisis de las propuestas y experiencias de los PTR en ejecución evidencia la heterogeneidad de este campo, tanto en sus rasgos como en sus contenidos. Sin embargo, dicho análisis permite desarrollar la problemática en torno de sus potencialidades, restricciones y desafíos, considerando específicamente la lucha contra la pobreza y los aspectos relativos a quienes formulan gestionan y ejecutan los programas.

En cuanto a las potencialidades se debe señalar que los resultados e impactos de los programas, en términos de superación del hambre y la pobreza en el Brasil, son modestos, según lo han demostrado algunas evaluaciones[125]. Sin embargo debe ser valorizado el significado que presentan para los beneficiarios, en la medida que permiten la elevación o incluso el único acceso a un ingreso monetario en un número elevado de familias marginales. Los programas, en general, no logran superar el límite de reproducción de un cierto nivel de pobreza de allí que en tanto no logren incidir en la redistribución del ingreso, y el nivel de concentración de la riqueza permanezca inalterado, pueden apenas servir como instrumento de control y regulación de los niveles de indigencia y pobreza.

Se debe considerar además la potencialidad de los programas en cuanto a la creación de condiciones progresivas, de largo plazo, para la inclusión de futuras generaciones de niños y adolescentes de las familias beneficiarias que comienzan a frecuentar la escuela, los centros de salud, y abandonar la calle o el trabajo penoso y degradante. Este alcance requiere, sin embargo, de cambios en el sistema educacional, de salud y de trabajo, además de la continuidad y sustentabilidad de los programas, ya que se producen frecuentes desajustes entre el mantenimiento de la transferencia monetaria y la oferta de servicios sociales básicos, suficientes y de calidad, para atender las necesidades de las familias.

Los PTR, al ser ejecutados descentralizadamente, incluyendo en su diseño la necesidad de evaluación, control social y articulación de la transfe-

---

[125] Diversas evaluaciones desarrolladas sobre experiencias de Programas de Transferencia de Renta en el Brasil han evidenciado los siguientes resultados e impactos: frecuencia de asistencia de niños y adolescentes a la escuela y a centros de salud; disminución de la evasión escolar; mejoría en el nivel de aprendizaje; disminución de índices de desnutrición; retirada de niños y adolescentes de la calle y de trabajos precoces y penosos; elevación de la autoestima y confianza en el futuro, principalmente en las mujeres, que son las representantes privilegiadas de las familias en los programas; sin embargo esas evaluaciones han revelado también bajas ganancias en relación con la autonomización de esas familias para la vida económica y social.

rencia monetaria con otros programas sociales y con la política económica, pueden generar una nueva institucionalidad, capaz de maximizar resultados e impactos en la política social brasileña. Para que sus alcances puedan ser efectivos se torna necesario el funcionamiento de una red de servicios sociales, suficiente y adecuada para atender a las necesidades básicas de los beneficiarios de los programas. A ella debe agregarse la capacidad técnica y material de una administración municipal, en condiciones de asumir sus atribuciones, así como la de una sociedad civil organizada y activa para desempeñar sus atribuciones y el control social de las políticas públicas.

La transferencia monetaria directa al beneficiario mediante tarjeta electrónica, puede facilitar una mayor autonomía por parte de las familias en la adquisición de bienes y servicios que respondan más adecuadamente a sus necesidades, así como reducir las posibilidades de corrupción[126] y limitar las intermediaciones, contribuyendo a la simplificación del sistema y la reducción de costos de administración o costos medios, junto con la disminución de prácticas proteccionistas

Las condicionalidades impuestas por los PTR instituidos por los gobiernos municipales, estatales y federales y reafirmadas por el PBF como principal programa federal para garantizar el acceso a derechos sociales básicos y potenciar la autonomía familiar, dan lugar a problemáticas y desafíos de distinta naturaleza. En primer término, lesionan el principio de no condicionamiento al derecho de todo ciudadano de tener acceso al trabajo y a programas sociales que le garanticen una vida con dignidad y luego, los servicios sociales básicos ofrecidos por la gran mayoría de los municipios brasileños son insuficientes, cuantitativa y cualitativamente, para atender a las necesidades de las familias atendidas por los PTR. Además de la institución de una transferencia monetaria, implican y demandan la expansión y democratización de servicios sociales básicos de buena calidad, que una vez disponibles puedan ser utilizados por todos, sin necesidad de imposición y obligatoriedad. Esto puede ser desarrollado a partir de acciones educativas, de orientación y acompañamiento de las familias para la adecuada utilización de los servicios disponibles.

---

[126] Cabe señalar los casos de apropiación de la tarjeta electrónica de los usuarios de PTR por el comercio local, como garantía anticipada de un crédito atribuido a los beneficiarios de los programas, transformándolos en rehenes y generando grados de dependencia mediante la explotación, no de lo trabajado, sino de su ciudadanía.

En cuanto a los límites, se debe mencionar el restringido valor de la transferencia monetaria a las familias y su escasa incidencia para producir un impacto efectivo en la reducción de la pobreza, al mantener solamente el estadio de la reproducción biológica y niveles dados de pobreza e indigencia. A ello se agrega la adopción de criterios de acceso sumamente restrictivos: bajo ingreso per cápita familiar, existencia de niños en edad escolar en la familia, entre otros, lo que conduce a la selección de familias que padecen severas situaciones de pobreza, y encuentran limitadas condiciones reales para su autonomía. Esos límites resultan de los propios rasgos de la población atendida: pobreza extrema y estructural, bajo nivel de calificación profesional y de escolaridad de los adultos y limitado acceso a las informaciones.

El criterio único del ingreso para dimensionar la pobreza resulta insuficiente e impide concebir desde una óptica multidimensional este fenómeno. Por otra parte, se debe mencionar la insuficiencia de recursos financieros, humanos y organizacionales en la mayoría de los municipios brasileños lo que impide el desarrollo satisfactorio de los programas, además de la ya mencionada fragilidad o ausencia de una red de servicios sociales locales, capaz de atender adecuadamente al grupo familiar conforme a lo previsto en el diseño de los programas.

Conviene destacar que la desvinculación de las políticas sociales brasileñas de la política macroeconómica contribuye a profundizar la concentración del ingreso y la riqueza socialmente producida, lo que puede reducir el alcance de los programas sociales, entre ellos los PTR, a una funcionalidad compensatoria o una mera distribución de ingreso incapaz de revertir el cuadro social de pobreza y de indigencia que caracteriza a la sociedad brasileña contemporánea.

A modo de conclusión se debe señalar que los PTR representan en la actualidad la dimensión más significativa del Sistema Brasileño de Protección Social, en especial por su alcance geográfico, la población atendida y el volumen de recursos aplicados. No obstante los desvíos registrados y denunciados públicamente, han constituido la experiencia más exitosa de la política social brasileña en lo que se refiere a focalización de la población beneficiaria.

La creación y ejecución del PBF, cuya propuesta consiste en unificar los PTR, representa de hecho un avance cuantitativo y cualitativo en el campo de esos programas, no obstante las limitaciones ya señaladas. Hacia fines de 2006, los programas concluirán un ciclo importante, en la medida que su alcance a las familias pobres con ingresos per cápita familiares mensuales de hasta R$ 120,00 conduzca a la universalización relativa a la población definida de acuerdo a los criterios de elegibilidad adoptados. Es indudable que se trata del programa más inclusivo de la población en situación de pobreza en la historia de las políticas sociales brasileñas, lo que no significa dejar de advertir sus límites para que se pueda constituir en una efectiva política de erradicación de la pobreza en el país.

No obstante estas consideraciones, subsisten importantes desafíos en cuanto a los criterios de inclusión que permitan la atención de familias pobres y no sólo indigentes, la elevación del beneficio a nivel de al menos un salario mínimo; la articulación de la transferencia monetaria al acceso a los servicios sociales básicos y a políticas y programas sociales estructurales. Los PTR, al igual que otros programas sociales, requieren, sobre todo, articularse a una política económica capaz de producir la distribución del ingreso y la riqueza, generando empleo e ingresos para la población en condiciones de adquirir autonomía.

Para concluir se debe señalar que recientes estudios realizados por el IPEA y el IBGE evidencian una declinación de la pobreza y la desigualdad social en el Brasil principalmente en los años 2004 y 2005. En general los estudios adjudican esos cambios a la estabilidad de la moneda, la reciente disminución del desempleo y los PTR, debido a su expansión y mayor focalización en la población pobre. Sin embargo, uno de los estudios relativo al impacto de los PTR sobre la reducción de la desigualdad y de la pobreza en el Brasil (Soares, 2006) ha demostrado que el PBF está bien focalizado en las familias pobres brasileñas, aunque su alcance ha mejorado apenas la situación de vida de esas familias, sin lograr sacarlas del nivel de pobreza en que se encuentran.

En la medida que este tipo de programas no se articule con una política macroeconómica de crecimiento sustentable y de redistribución del ingreso, sus efectos pueden ser limitados dado que significan mejoras inmediatas para las familias que viven en la extrema pobreza, y para las familias pobres que no superan la denominada línea de la pobreza. En esa dirección y de acuerdo con los resultados del estudio, sólo los PTR que transfieren un salario mínimo para individuos, el Beneficio de Prestación Continuada y el Seguro Social Rural, presentan un impacto significativo en la reducción de la desigualdad y de la pobreza en el Brasil.

Referencias

Aduan, W.E. (2004) *Políticas integrales de reducción de la pobreza: el desafío de la efectividad*, Banco Interamericano de Desarrollo, Departamento de Desarrollo Sostenible, Unidad de Pobreza y Desigualdad.

Bacha E. L.; Unger R. M. (1978) *Participação, salário e voto: um projeto de democracia para o Brasil*, Rio de Janeiro, Paz e Terra.

Decreto 5.209, Presidência da República Brasil, Regulamenta o Programa Bolsa Família (17.09.04)

Instituto Brasileiro de Geografia e Estatística (IBGE) (2005), Pesquisa Nacional por Amostra de Domicílios 2004, Rio de Janeiro.

___ (IBGE) (2005), Miséria em queda, Rio de Janeiro.

___ (IBGE) (2006), Pesquisa Nacional por Amostra de Domicílios 2005, Rio de Janeiro.

IBRE - FGV (2001) [en línea] Instituto Brasileiro de Economia - Fundação Getulio Vargas (IBRE – FGV). Disponible en: http://www.ibre.fgv.br

Instituto de Pesquisa Econômica Aplicada (IPEA) (2005), Radar Social 2005, Brasília.

Lei 10.836, Presidência da República Brasil, Institui o Programa Bolsa Família (09.01.04)

MDS (2005) "Preguntas e respostas sobre o Bolsa Família" Brasília, [en línea] Ministério de Desenvolvimento Social e Combate à Fome (MDS) Disponible en: http://www.mds.gov.br

Medida provisória Nº 132, Brasil, Cria o Bolsa Família (20.10.03)

Relatório de Governo de Transição sobre os Programas Sociais (2002) Brasília, Mimeo

Pochmann M.; Amorim, R. (2003) *Atlas da exclusão social no Brasil*, São Paulo, Cortez.

Pochmann M.; Campos, A.; Barbosa, A. (2004) "Os Ricos no Brasil", *Atlas de exclusão social*, São Paulo, Cortez, Vol. 3.

Santos, W. G. dos (1987) *Cidadania e Justiça. A Política Social na Ordem Brasileira*, Rio de Janeiro, Campus, 2 ed.

Silva, M. O. da Silva e (coord.) (2001) *O Comunidade Solidária: o não-enfrentamento da pobreza no Brasil*, São Paulo, Cortez.

__ (2002) "O Debate sobre a pobreza: questões teórico-conceituais", *Revista de Políticas Públicas*, Vol. 6, Nº 2, pp. 65-102.

__ (2003) "A Política Pública de Transferência de Renda enquanto estratégia de enfrentamento à pobreza no Brasil", *Revista de Políticas Públicas*, Vol. 7, Nº 2, pp. 233-253.

_ (2004) "Os Programas de Transferência de Renda na Política Social Brasileira: seu desenvolvimento, possibilidades e limites", *Revista de Políticas Públicas*, Vol. 8, Nº 2, pp. 113-133.

_ (2005) "Os Programas de Transferência de Renda e a Pobreza no Brasil: superação ou regulação?", *Revista de Políticas Públicas*, Vol. 9, Nº 1, pp. 251-278.

Silva, M. O. da Silva; Yazbek, M. C.; Giovanni G. di. (2006) *A Política Social Brasileira no século XXI: a prevalência dos programas de transferência de renda*, São Paulo, Cortez, 2 ed.

Silveira, A. M. da (1975) "Redistribuição de renda", *Revista Brasileira de Economia*, Rio de Janeiro, Fundação Getúlio Vargas, Vol. 29, Nº 2, abr.-jun.

Soares, F. V. (2006) *Programas de Transferência de Renda no Brasil: impactos sobre a desigualdade e a pobreza*, Brasília, IPEA
Suplicy, E. M. (2002) *Renda de cidadania: a saída é pela porta*, São Paulo, Cortez.

México
Una experiencia de coproducción de políticas: el Programa "Participación Social Chiapas"

Gabriela Sánchez Gutiérrez
Instituto de Investigaciones Dr. José María Luis Mora - México

1.   Introducción

El objetivo de este texto es dar cuenta de una experiencia de participación social en Chiapas y su proceso de institucionalización. Se trata de una iniciativa en la que participan tres actores: Organizaciones de la Sociedad Civil, Gobierno del Estado de Chiapas y Agencias de Cooperación Internacional. La intención es analizar los componentes del dispositivo de intervención, así como los procesos interactivos en que participan los distintos actores a fin de valorar en qué medida el proceso de institucionalización del Programa "Participación Social Chiapas" contribuye a la coproducción de políticas públicas en el ámbito del desarrollo social y la lucha contra la pobreza y la exclusión social. Interesa también analizar hasta qué punto esta experiencia representa un modelo de nuevas formas de diálogo y negociación entre los actores implicados y cuáles son los factores que facilitaron o inhibieron el logro de sus objetivos.

2. El contexto

a) El contexto político global

México ha vivido un largo proceso de transición a la democracia que en el año 2000 concretó, por primera vez en 70 años, la alternancia en el poder. Seis años después, los nudos fundamentales de la situación política mexicana todavía no se han resuelto, en la medida que no se han desmontado, de manera definitiva, los rasgos más característicos del viejo régimen, ni se han logrado construir aún los pilares que sustentarían un nuevo sistema en el país.

Los resultados de las elecciones presidenciales de 2006 han dejado como saldo una falta de credibilidad en la población con respecto a quién ganó realmente las elecciones, situación que marca negativamente el inicio de un sexenio de continuidad del partido más conservador en México. Lo anterior ha agudizado la polarización política en todo el país que, aunada a la cada vez más grave desigualdad en México, está generando situaciones de ingobernabilidad y conflictividad social altamente preocupantes[127]. Es claro que, en la actualidad, México atraviesa por una crisis política.

Desde otra perspectiva, es cierto también que en este proceso de transición a la democracia, la alternancia en el poder continúa ocurriendo en varios estados del país bajo distintas modalidades, de manera tal que el México del partido único es ya cosa del pasado. Hoy muchos estados están gobernados por expresiones políticas diferentes.

Esta situación se refleja también en el Congreso de la Unión, en donde dada la polarización actual, la diversidad de posiciones, si bien es expresión de pluralidad, también obstaculiza la generación de acuerdos en torno de temas centrales para el desarrollo del país. En contraste, la fuerte competencia política que caracteriza el momento actual mexicano ha dado lugar a fenómenos nuevos, como por ejemplo, la generación de condiciones más favorables para la participación ciudadana en algunos estados del país, como expresión de la búsqueda de nuevas formas de hacer gobierno. Sin embargo, es claro que no basta la voluntad política de los gobiernos locales para que surjan y se consoliden procesos de efectiva participación ciudadana que realmente modifiquen las estructuras e instituciones que el modelo del partido único generó por tantos años. Ha sido necesaria la creación de nuevos mecanismos e instrumentos, legitimados por la sociedad y orientados a la construcción de una nueva cultura democrática. En

[127] Basta pensar en el conflicto social y político desencadenado en Oaxaca durante el 2006 a raíz de una demanda laboral del Sindicato de los Maestros; en la crisis abierta por el Sindicato de los Mineros a partir de la muerte de 65 obreros en una mina del norte del país, o en el hecho de que parte importante de la población mexicana simplemente no reconoce al presidente electo y apoya al autonombrado presidente legítimo.

este marco se ensayan actualmente múltiples experiencias a lo largo y ancho del país, que son expresión de la búsqueda de una gobernanza democrática[128] que atienda realmente las demandas y propuestas de los múltiples sectores de la ciudadanía.

En 1997 se llevó a cabo por primera vez en la Ciudad de México un proceso electoral para elegir al jefe de Gobierno. Anteriormente este cargo era designado por el presidente en turno. Una de las ciudades más pobladas del mundo iniciaba así una nueva etapa en el proceso de democratización del país. Hay que señalar que desde entonces la Ciudad de México está gobernada por el partido más importante de la izquierda mexicana.

En esta coyuntura y con el apoyo de la Agencia Holandesa de Cooperación Internacional para el Desarrollo, NOVIB (actualmente Oxfam Holanda), promovimos una iniciativa en el Distrito Federal que buscaba fortalecer la participación ciudadana y, en general, el proceso de democratización en la ciudad. Iniciamos así un diálogo entre el jefe de Gobierno y NOVIB a fin de concretar una propuesta de acción conjunta. Esta propuesta se convirtió en lo que posteriormente llamamos el "Programa de Coinversión Social", y que consistió en la inversión paritaria (un dólar del gobierno por un dólar de la cooperación internacional) en proyectos de desarrollo social impulsados por organizaciones de la sociedad civil. El Programa se institucionalizó como una política de gobierno y actualmente opera financiando cada año proyectos de cerca de 300 organizaciones civiles y sociales de la Ciudad de México. Las lecciones aprendidas en esta experiencia son el antecedente inmediato de lo que posteriormente desarrollaríamos en Chiapas.

---

[128] No existe en español una traducción literal del término inglés "governance" o del francés "gouvernance". Frecuentemente se les traduce como "gobernabilidad" para referirse a la capacidad de liderazgo político y de legitimidad para gobernar o para implementar medidas de gobierno. Sin embargo retomo aquí el concepto de "gobernanza" desde la perspectiva de Luis F. Aguilar, que se sustenta en el hecho de que la mayor parte de los problemas del desarrollo y bienestar de la sociedad pueden tener solución sólo a condición de que se pongan en juego más actores que el gobierno, más acciones que las que los gobiernos pueden llevar a cabo y más recursos de los que el gobierno posee. En este sentido, Aguilar define la gobernanza como el "proceso mediante el cual los actores de una sociedad deciden sus objetivos de convivencia –fundamentales y coyunturales– y las formas de coordinarse para realizarlos: su sentido de dirección y su capacidad de dirección". (Aguilar, Luis, "La eficacia directiva de los gobiernos", en *Revista Bimestral Accedemos*, México, enero 2006.) Este concepto pretende dar cuenta de nuevas modalidades de dirección y coordinación intersectoriales entre políticas e intereses diversos y múltiples niveles, que se observan tanto en el plano local como nacional e internacional.

b) Chiapas, el contexto social y económico local

Chiapas tiene una extensión territorial de 75.634 km que representa el 3,8% de la superficie total de México. Ahí se concentra el 30% del agua superficial del país, lo que da origen a diez cuencas hidrológicas. En Chiapas se produce el 54% del total de la energía eléctrica de la República Mexicana. Además, cuenta con 37 áreas naturales protegidas, entre las que destacan las reservas de la biosfera, por ser patrimonio de la humanidad.

Un poco más de cuatro millones de personas viven en Chiapas, de las cuales 50,9% son mujeres y 49,1% son hombres. Es la octava entidad más habitada del país. Aproximadamente la mitad de la población tiene menos de 20 años de edad. Más de un millón de chiapanecos son indígenas, agrupados en nueve etnias que se manifiestan en una diversidad de patrones religiosos, culturales y formas de gobierno. Cinco lenguas concentran al 97,4 % de la población hablante[129]. El 25% de la población indígena no habla español.

Chiapas se caracteriza por una atomizada dispersión rural y una importante concentración urbana. 54 de cada cien chiapanecos viven en 19.309 localidades menores de 2.500 habitantes, mientras que 28 de cada cien viven en las únicas 17 localidades mayores de 15.000 habitantes. En Chiapas se producen alrededor de 451.000 toneladas de café, generando divisas cercanas a 122 millones de dólares anuales, cifra que constituye el 35% de la producción nacional. Es el primer productor y exportador mundial de café orgánico.

En el ámbito económico: una política de libre comercio que privilegia al sector privado

La agricultura, que es la base económica para importantes sectores sociales en Chiapas, enfrenta una crisis que afecta de manera directa la economía campesina. Lo anterior responde, entre otras cosas, a la competencia desleal que ha representado para los agricultores mexicanos el Tratado de Libre Comercio con América del Norte. Paralelamente, la caída del precio internacional del café impacta, de manera directa desde hace diez años, en los pequeños productores y genera el abandono de importantes superficies dedicadas a este cultivo. Las políticas de desarrollo agrícola tienden a

---

[129] Tzeltal con 363.000 personas (37,9%), Tzotzil con 321.000 (33,5%), Chol con 162.000 (16,9%), Zoque con 44.000 (4,6%) y Tojolobal con 43.000 personas (4,5%).

favorecer a las grandes empresas privadas, nacionales y transnacionales. Los acaparadores continúan mermando la economía de los pequeños productores al extraer los escasos excedentes económicos a través de la intermediación.

Pobreza y marginación de amplios sectores de la población

Chiapas sigue ocupando el primer lugar en los índices de marginación y pobreza a nivel nacional. Sólo el 20% de la población tiene acceso a los servicios de salud, mientras que el nivel nacional es del 46,9%. El 68% de la población tiene acceso a agua en su vivienda y el 87% dispone de luz eléctrica. En educación, sólo el 20% de la población de 15 años y más cuenta con educación media y superior, mientras que el nivel nacional es del 32,1%[130].

Las mujeres indígenas son quienes sufren más las consecuencias de esta pobreza. Son quienes menos acceso tienen a la educación, quienes obtienen menores ingresos por sus actividades productivas y quienes ocupan los índices más altos de morbilidad y mortalidad. La situación de desigualdad y pobreza tiene causas estructurales que no están siendo abordadas por las políticas de gobierno. Existen programas asistenciales y focalizados de "combate a la pobreza" que, en el mejor de los casos, sirven como paliativos, pero no resuelven estructuralmente la situación.

Crecimiento de la migración

La situación de pobreza en Chiapas y la falta de empleo han traído como consecuencia un fenómeno creciente de migración. Miles de campesinos han salido en busca de trabajo a los estados del norte de la república y, cada vez en mayor cantidad, a los Estados Unidos, con la consiguiente separación de las familias y la feminización e infantilización del trabajo campesino. La ubicación de Chiapas como paso obligado de personas indocumentadas centroamericanas hacia Estados Unidos y el tráfico de drogas han propiciado la inseguridad y la violencia, cuyas víctimas más frecuentes son las mujeres y los migrantes. Chiapas está entre los cinco primeros lugares a nivel nacional en feminicidios.

---

[130] Información del Instituto Nacional de Estadística, Geografía e Informática, INEGI, Conteo de Población y Vivienda del 2005.

El contexto político

En el año 2000, por primera vez después de muchos años en Chiapas, se eligió de manera democrática un gobernador que fue resultado de la alianza de todos los partidos políticos del estado, menos del Partido Revolucionario Institucional, PRI. La nueva administración representó entonces la posibilidad de una nueva forma de hacer gobierno que, en contraste con las anteriores, planteó explícitamente su voluntad política para abrir espacios a la participación social y crear condiciones para la democracia y la paz.

En 1994 Chiapas fue escenario de uno de los levantamientos indígenas más importantes y creativos de los últimos años en México. El Ejército Zapatista de Liberación Nacional (EZLN) colocó el asunto indígena en la agenda política del país. Sin embargo, la lucha zapatista por el reconocimiento legal de la autonomía indígena fracasó en el 2001 con la instauración de una ley que no consideró ni la autonomía ni el reconocimiento de los Pueblos Indios como sujetos de derecho. Ante esta situación el EZLN decidió construir la autonomía por la vía de los hechos, como expresión de resistencia, a través de los llamados Municipios Autónomos y las Juntas de Buen Gobierno. Esta decisión trasladó el conflicto del ámbito federal al local, profundizando la división comunitaria.

El movimiento zapatista constituye una importante fuerza política en Chiapas y en México. En la Sexta Declaración de la Selva Lacandona, el EZLN ratifica su lucha contra las causas estructurales que dieron origen al conflicto, reitera su estrategia de construcción de experiencias de gobiernos locales autónomos, así como su opción de seguir apostando a la vía política, sin renunciar a las armas como medida defensiva.

Especialmente dura ha sido la crítica del EZLN al sistema político electoral, planteando como alternativa la movilización social en favor de una nueva constituyente. En ese documento los zapatistas plantean la necesidad de fortalecer los vínculos con la sociedad civil, haciendo un amplio llamado a movilizarse para organizar, en pleno proceso electoral, lo que ellos denominaron "la otra campaña" sobre la base de una relación más horizontal e incluyente que en los primeros años del levantamiento zapatista. La posición del gobierno de la alternancia ante el EZLN evitó la confrontación con los municipios autónomos, contribuyendo a disminuir el nivel de tensión y violencia en las zonas de conflicto.

En 2006, el gobierno de la alternancia concluye su período sin haber logrado cumplir con todas las expectativas generadas. La falta de credibilidad en los partidos políticos se incrementa, así como un claro distanciamiento entre la clase política y una ciudadanía desgastada y con demandas sociales cada vez más desesperadas.

Espacios para la participación social

Uno de los saldos más positivos que dejó la alternancia en el poder, tanto a nivel nacional como en Chiapas, fue que acabó con la imagen de un único partido de Estado. Hoy la sociedad en general es más crítica y ha sabido movilizarse para defender sus intereses. Se han abierto espacios para la participación social y ciudadana, que no se limitan sólo a la participación electoral. En varios municipios del estado se han dado experiencias de planeación participativa y la reciente Ley Federal de Transparencia y Acceso a la Información abre posibilidades al monitoreo ciudadano del quehacer gubernamental. Esto era impensable en México hace apenas unos años. Un reto principal para las organizaciones de la sociedad civil es que estas prácticas participativas, que constituyen pequeñas conquistas democráticas, se mantengan abiertas en el próximo sexenio y que no se reduzcan a espacios formales para la simple validación de las políticas gubernamentales.

c) Las problemáticas a las que responde el "Programa Participación Social Chiapas"

En este contexto, y tomando como antecedente la experiencia desarrollada en la Ciudad de México, surge la iniciativa de desarrollar un Programa, inicialmente llamado de "Coinversión para el Desarrollo Sustentable en Chiapas", con el propósito de lograr cambios en el ámbito de tres problemáticas específicas:

1. Una relación entre gobierno y sociedad civil marcada tradicionalmente por vínculos clientelares y corporativistas y por prácticas represivas y autoritarias. Ante ello el Programa se propuso: lograr un mayor reconocimiento y aprendizaje de parte del gobierno sobre qué son las organizaciones sociales y civiles y cómo éstas pueden contribuir al diseño de políticas y prácticas de interés público; fortalecer la capacidad de incidencia de las organizaciones de la sociedad civil en las políticas públicas, así como su capacidad de monitoreo social de las mismas (mayor rendición de cuentas y transparencia) y

sentar las bases para una relación entre gobierno y organizaciones de la sociedad civil, sustentada en el respeto y la autonomía, como base para la construcción de otros niveles de confianza.

2. Una situación de conflicto no resuelto y la necesidad de políticas públicas ante la desigualdad, la inequidad y exclusión social a fin de contribuir a la solución de las causas estructurales del conflicto. Ante ello el Programa se propuso pasar de una visión de desarrollo de corto plazo, electoral y asistencial a una visión más estratégica y dirigida a las causas y no a los síntomas de la pobreza y desigualdad social; pasar de una visión de proyectos a una visión de procesos a fin de tener incidencia en la política pública en distintos niveles (intersectorial y sectorial) propiciando espacios de interlocución y aprendizaje para el desarrollo; lograr el fortalecimiento de organizaciones de la sociedad civil, desde el nivel comunitario hasta las instancias de representación e intermediación a fin de potenciar sus capacidades para entablar una relación con el Estado (y otros actores) a partir de sus propios intereses, planes y proyectos de desarrollo, democracia y justicia social y visibilizar las desigualdades y la discriminación de género y etnia como parte de la problemática del desarrollo a fin de generar condiciones para la transformación de estas desigualdades.

3. La necesidad de las organizaciones de la sociedad civil de acceder y movilizar recursos públicos como una prerrogativa de aquellas que realizan actividades de interés público a través de proyectos de desarrollo social en el ámbito de la lucha contra la desigualdad y la pobreza. Dada la existencia de amplios recursos en el país, pero mal distribuidos, el Programa se propuso; contribuir a la innovación y exploración de mecanismos y métodos de movilización de recursos que, respetando la autonomía de los distintos actores, potenciaran las capacidades de las organizaciones de la sociedad civil como actoras de interés público y construir mecanismos, instrumentos y una normatividad que permitiera el acceso de las organizaciones de la sociedad civil a recursos públicos bajo criterios de transparencia y rendición de cuentas.

3. Los actores implicados

La idea de "coinversión" a que nos referimos aquí se refiere a un esquema de relación y corresponsabilidad entre tres actores: gobierno estatal, organizaciones de la sociedad civil y agencias de cooperación internacional.

Esta relación se sustentó en la identificación de cuatro propósitos comunes: avanzar en el fortalecimiento de la organización democrática y del tejido social; potenciar la incidencia y la participación social en el diseño, formulación, monitoreo y evaluación de políticas públicas; instituir un modelo de relación entre gobierno y sociedad basado en la confianza, transparencia y mutuo reconocimiento y ensayar modelos de intervención social con claros impactos de transformación en áreas específicas del desarrollo sustentable, del combate a la pobreza y la generación de empleo.

Desde esta perspectiva, la noción de coinversión no se reduce a un mero instrumento de financiamiento o canalización de recursos, sino que es, sobre todo, la configuración de un campo de relaciones entre actores diversos, capaz de potenciar tales recursos y construir un esquema que favorezca el establecimiento de nuevas prácticas de relación horizontal entre los participantes. Este conjunto de relaciones es lo que denominamos el *campo de coinversión*. Se trata básicamente de "poner en juego" la naturaleza misma de cada actor y sus dinámicas de funcionamiento, en el marco de la definición conjunta de una agenda de diálogo y negociación sobre temas de prioridad común, a fin de orientar sus acciones hacia la autoinstitución de formas de relación bajo nuevas reglas del juego.

Los supuestos básicos

La coinversión supone la participación de actores que comparten algunas convicciones básicas en cuanto a democracia y desarrollo. En primer lugar, que la democracia se nutre fundamentalmente de la participación y organización viva y directa (autoorganización) de los sectores sociales en condiciones de desventaja relativa; que la equidad de géneros es parte constitutiva (y no accesoria) de una verdadera democracia; que el desarrollo no puede entonces "dictarse" o regularse "desde arriba", sino que tiene que construirse con y desde los sujetos sociales implicados.

En este sentido, el esquema de coinversión apuesta esencialmente a la construcción de un Estado de derecho, en el cual las organizaciones de la sociedad civil, desde su autonomía, juegan un papel activo y propositivo pero de ninguna manera suplen la responsabilidad ni las acciones que le corresponden al gobierno en materia de desarrollo.

Otra premisa fundamental es concebir al desarrollo desde un enfoque de derechos económicos, sociales, culturales, ambientales e indígenas. Desde esta perspectiva, los "problemas de pobreza" no se resuelven única, ni fundamentalmente, por el monto de recursos invertidos, ni por la "pertinencia técnica" de las inversiones. De ahí que la propuesta de la coinversión conjuga dos estrategias: por un lado, el diseño de políticas públicas de largo aliento enfocadas a la redistribución de la riqueza y al ejercicio de los derechos y, por el otro, el fortalecimiento de las capacidades de núcleos sociales específicos para (auto) organizarse democrática y funcionalmente en la definición de sus prioridades y en el manejo y gestión de sus recursos.

Uno de los criterios básicos para la asignación de recursos de coinversión es entonces de orden cualitativo: se parte de la valoración del potencial y de las capacidades de autoorganización de los diversos grupos sociales de la comunidad, para constituirse como interlocutores válidos del Estado e incidir activamente en la propuesta de solución de sus problemáticas.

Organizaciones de la Sociedad Civil

Se trata de organizaciones sociales y civiles[131] que formulan y proponen proyectos de desarrollo social e incidencia en política pública para ser financiados desde el Programa. Estas organizaciones son las actoras clave y su participación ha sido central no sólo como responsables de los proyectos, sino especialmente en el diseño del propio Programa de Participación

[131] Por organización civil entenderé, en los términos en que la define Manuel Canto: "la organización libre, en este sentido voluntaria, de ciudadanos, que a partir de la identificación sobre campos específicos de la vida social realiza acciones tendientes al bienestar colectivo, para lo cual pretende influir en las decisiones públicas y en su normatividad. Son agrupamientos estables, organizados, con una estructura de relaciones, con reglas de funcionamiento, con objetivos relativamente estables, que tienden a profesionalizar las acciones que realizan y que, en la mayoría de los casos, cuentan con personalidad jurídica". (Canto Chac Manuel, "Las organizaciones civiles en la transición", en Álvarez, Lucía (coordinadora), Red Mexicana de Investigadores sobre Sociedad Civil, La Sociedad Civil ante la Transición Democrática, Plaza y Valdés Editores, México, 2002.) Por organización social me referiré a organizaciones provenientes de los movimientos campesino, urbano, sindical, que colocan como prioridad la reivindicación de sus derechos como sector, esgrimen demandas y servicios específicos en beneficio de sus agremiados, pero que a la vez entienden su lucha como parte de la defensa de derechos ciudadanos más amplios.

Social. A continuación se enuncian muy brevemente los proyectos de las nueve organizaciones fundadoras del Programa.

- Alianza Cívica Chiapas, A.C. Proyecto: *"Fomento de la corresponsabilidad en el ámbito municipal"*. Propiciar y fortalecer procesos de diálogo entre los vecinos y el gobierno municipal para el desarrollo de mejores condiciones de vida, con base en el ejercicio pleno de los derechos civiles, políticos, económicos, sociales, culturales y ambientales, a través de acciones de capacitación de servidores públicos y ciudadanía en aspectos de planificación participativa.
- Centro de Capacitación en Ecología y Salud/Capacitación, Asesoría, Medio Ambiente y defensoría del Derecho a la Salud, A.C., Camadds, con el Proyecto *"Sistema regional de capacitación, gestión y vigilancia ciudadana en salud en la región fronteriza del Municipio de Las Margaritas"*. El proyecto tiene como objetivo la formación de promotores (as) de salud y parteras comunitarias para la atención directa de la población, la defensa de su derecho a la salud y la realización de diagnósticos comunitarios y regionales. Promueve además los derechos sexuales y reproductivos con jóvenes a través de acciones de formación en escuelas y talleres comunitarios. Ha logrado el reconocimiento y certificación de los y las promotoras por parte de las autoridades de Salud en el Municipio y la inserción de sus redes de promotores y promotoras en los Comités Municipales y Regionales de Salud favoreciendo con ello el fortalecimiento de tejido social y la no discriminación.
- Centro de derechos Indígenas A.C., CEDIAC., con el proyecto *"Proceso organizativo regional de productores orgánicos y sus familias"*. Este proyecto se propone defender los derechos integrales de los pueblos indios en Chiapas, fortalecer el uso y manejo técnico de los agroecosistemas y propiciar el fortalecimiento organizativo de la Sociedad de Producción Rural Ts'umbal Xitalha'.
- Grupo de Mujeres de San Cristóbal, Colem, A.C., con el proyecto: *"Comunicación y Políticas Públicas"*. Contribuir a la transformación de la condición de género y social de las mujeres a través de espacios de comunicación e incidencia en la opinión pública, así como dar seguimiento a los casos paradigmáticos de violencia doméstica, violencia sexual y derechos sexuales y reproductivos y monitorear la aplicación de las leyes modificadas en estos casos, en las diversas instancias de procuración y administración de justicia.
- Coordinadora de Pequeños Productores de Café de Chiapas, Coopcafé, A.C., con el Proyecto " *"Desarrollo Sustentable en Regiones Cafe-*

taleras de Chiapas". La Coopcafé agrupa alrededor de 41 organizaciones de pequeños productores (el 10% de los productores de café en Chiapas). El proyecto promueve la producción orgánica, la capacitación técnica en el proceso de conversión productiva, la seguridad alimentaria por la vía de la diversificación productiva en huertos demostrativos, granjas y tiendas de abasto comunitario. De igual forma el proyecto se propone la formación de microbancos de crédito y ahorro campesino en el marco de la economía solidaria. La Coopcafé ha elaborado propuestas de política pública a nivel estatal y nacional relacionadas con el sector.

— Organización Estatal de Pequeños Productores Agropecuarios A.C, Oreppa, con el proyecto *"Fortalecimiento institucional de la propuesta organizativa y comercial de los pequeños y medianos productores de maíz en el estado de Chiapas"*. La Oreppa aglutina a una amplia red de organizaciones campesinas con presencia en todo el estado. El proyecto se propone fortalecer los procesos de acopio y comercialización de los productores de maíz, buscando incidir en el establecimiento del precio y en las políticas dirigidas al sector, así como dar valor agregado al producto por la vía de la implementación de plantas nixtamalizadoras y una red de tortillerías a cargo de los productores. Se propone así coadyuvar en la construcción de una nueva política maicera integral desde la perspectiva de las organizaciones campesinas autónomas, sobre la base de la revalorización de la agricultura campesina, la seguridad alimentaria y la construcción de un mercado justo, incluyente y socialmente responsable en el estado de Chiapas.

— Foro para el desarrollo Sustentable, A.C., con el proyecto *"El financiamiento para grupos de mujeres y el aprovechamiento de recursos naturales en Zinacantán"*. El proyecto apunta a promover el aprovechamiento de recursos agroforestales con tecnología apropiada, proveer servicios financieros para grupos de artesanas por la vía de un esquema de ahorro y crédito para el traslado y fortalecer la participación de las mujeres indígenas organizadas como actoras y promotoras del desarrollo justo y sustentable en Zinacantán, promoviendo prácticas económicas, políticas y ambientales que contribuyan al empoderamiento de las mujeres.

— Sna Jtz'Ibajom, Cultura de los Indios Mayas, A.C, con el proyecto *"Reivindicación, preservación y desarrollo de la Cultura Maya Tzeltal-Tzotzil de los Altos de Chiapas"*. El proyecto se centra en el rescate de la cultura tzotzil-tzeltal a través de una escuela de lectoescritura en ambas lenguas, la realización de actividades culturales como teatro, video, fotografía y la publicación de literatura indígena. Es dirigido por escritores indígenas.

— Red de Comunicadores Indígenas Boca de Polen, en la que participan organizaciones indígenas de las regiones de Altos, Selva, Sierra, Zona Fronteriza y Zona Norte. El proyecto comunicadores indígenas consiste en generar, potenciar y poner en coordinación los esfuerzos que en el área de la comunicación popular realizan diversas organizaciones sociales en Chiapas. El proyecto se propone desarrollar una red de comunicadores indígenas capaz de brindar materiales informativos pertinentes para la acción comunitaria y promueve el uso social de diferentes medios de comunicación para influir en la opinión pública.

Gobierno del estado de Chiapas

El gobierno del estado participa en el Programa a través de las siguientes dependencias:

— Secretaría de Desarrollo Social. A través de la Subdirección de Organización Social, esta Secretaría ha sido la interlocutora central del Programa y la responsable de canalizar los recursos del gobierno a las organizaciones.

— Secretaría de Pueblos Indios, quien jugó un papel importante como consejera, sobre todo al inicio del Programa.

— Secretaría de Planeación y Finanzas, responsable de la designación del presupuesto.

— Coordinación de Cooperación Internacional del Estado. Hay que señalar que Chiapas es el único estado en el país que cuenta con una Coordinación de Cooperación Internacional. Esta instancia apoyó con asesoría al programa sobre otras fuentes internacionales de financiamiento.

Finalmente, es importante señalar que el gobernador ha participado también de manera directa y muy activa en los espacios de diálogo tripartito. Esto ha facilitado enormemente muchos de los procesos generados por el Programa.

Agencias de Cooperación Internacional para el Desarrollo

Inicialmente fue Novib quien, después de la experiencia desarrollada en la Ciudad de México, decidió apoyar al Programa. Además, en un primer momento, logró la participación de Oxfam Australia, Oxfam América y Oxfam Gran Bretaña. En la actualidad las doce Oxfams existentes en el mundo se han articulado en una federación llamada Oxfam Internacional, que continúa financiando el Programa en Chiapas. Asimismo, la Fundación Ford financió la experiencia, sobre todo en los primeros tres años. Hay que señalar que hasta el momento el Programa ha sido financiado por Agencias de la Cooperación no gubernamental.

Instancia facilitadora del proceso

El esquema de coinversión implica la participación de una instancia civil autónoma y profesional (es decir, no es gobierno, no es cooperación internacional ni es una organización proponente de proyectos) que medie la intervención de los actores sustantivos y cuente con la confianza de los tres picos del triángulo de coinversión. Su función primordial es facilitar los espacios de intercambio y diálogo entre los actores, dar seguimiento y continuidad a la agenda conjunta y a los acuerdos que van tomando, garantizar los servicios orientados al fortalecimiento del esquema y de sus integrantes, realizar las gestiones necesarias para la consecución de fondos y sistematizar y documentar la experiencia. Es una instancia contratada por los tres actores y por tanto les rinde cuenta a todos. Esta instancia es una asociación denominada Puentes Sociales Sur, A.C.

El dispositivo de intervención de los actores

Por dispositivo de intervención nos referimos al conjunto de condiciones, tiempos y espacios necesarios que posibilitan la acción de los distintos actores implicados en una iniciativa común. A continuación se exponen los componentes fundamentales del dispositivo:

- Voluntad política de los tres actores sustantivos del Programa en función de los propósitos comunes arriba enunciados.
- Inversión tripartita para la puesta en marcha de proyectos de desarrollo social de combate a la pobreza y desigualdad. El gobierno estatal y la Cooperación Internacional aportan recursos económicos para la realización de los proyectos (inicialmente fue de manera paritaria) y las organizaciones de la sociedad civil aportan su infraestructura, equipos, tecnologías, arraigo y vínculos con las comunidades, experiencia de trabajo en la construcción de modelos de intervención social, entre otros recursos.
- Creación de espacios de encuentro y diálogo sistemático entre los actores. Estos espacios han sido de diversa naturaleza. Uno de los

espacios primordiales consiste en las llamadas "reuniones tripartitas" que se realizan en función de las necesidades del propio programa sobre la base de una agenda común y aprovechando la presencia
en México de los representantes de la Cooperación Internacional.
Por su parte, las organizaciones han creado sus propios espacios de
reunión y acuerdos dando lugar al surgimiento y fortalecimiento de
una red funcional de información e interlocución, a la generación
de espacios de capacitación y de mutuo aprendizaje. De igual forma, hay espacios de diálogo bilateral. Es claro que el diálogo constante entre los actores abre caminos para trasladar las problemáticas
específicas en que trabaja cada organización, a la construcción de
temas de amplio interés público, generando condiciones para contribuir en el diseño, formulación, monitoreo y evaluación de las políticas públicas.

— Participación de la instancia facilitadora del proceso. La importancia de esta instancia como parte del dispositivo de intervención radica en que, desde su relativa exterioridad, tiene la posibilidad de
facilitar la concertación por la vía de la constante "triangulación"
entre los actores sustantivos. Este proceso no es sencillo, ya que
cada actor tiene sus propios intereses, dinámicas y ritmos de trabajo. La posibilidad de garantizar que toda la información de los procesos generados llegue de manera simultánea a todos los actores es
una tarea central para la viabilidad de esta iniciativa y para la construcción de confianza. Dado el contexto en Chiapas, es fundamental
que la asignación de los recursos públicos a las organizaciones civiles y sociales no suponga cooptación o subordinación alguna a las
políticas de gobierno o a las definiciones unilaterales de la cooperación internacional a fin de no coartar la autonomía ni la libertad de
acción de los núcleos sociales. Velar por ello es parte importante de
las funciones de la instancia facilitadora.

4. Principales realizaciones y actividades

Podríamos decir que las principales realizaciones de esta experiencia
se dividen en dos categorías. Las que corresponden a los procesos desencadenados por cada uno de los proyectos financiados y las que corresponden al proceso de institucionalización del Programa Participación
Social Chiapas.

Los proyectos

No es posible describir en este ensayo el cúmulo de logros y realizaciones que cada una de las organizaciones participantes han alcanzado a lo largo de prácticamente seis años de operación. Sin embargo vale la pena destacar algunos resultados generales del tipo de actividad que realizan.

El primero de ellos se refiere al interés común de construir, con base en prácticas específicas sobre los diversos temas que abordan y desde una delimitación territorial, modelos de intervención social que son susceptibles de ser replicados y de traducirse en propuestas de políticas específicas. Es el caso del modelo de atención a mujeres en situación de violencia sexual y la consecuente iniciativa de Ley promovida por el Colectivo de Mujeres de San Cristóbal; el caso de los y las promotoras de salud formadas por Camadds, cuya certificación por autoridades sanitarias les ha permitido incidir en políticas de salud comunitaria a través de su inserción en los Comités Municipales y Regionales de Salud, así como formar a trabajadores de la salud en cuanto a la importancia de conocer la perspectiva indígena en la materia.

De igual forma los pequeños productores de maíz han logrado incidir en la fijación del precio, tanto a nivel local como nacional gracias a su pertenencia a una red nacional de pequeños productores de maíz. Los cafetaleros han logrado incrementar la producción de café orgánico para la exportación a través del mercado justo, han consolidado tres microbancos campesinos fortaleciendo las capacidades comerciales y financieras de las organizaciones cafetaleras, han incrementado la diversificación productiva y la seguridad alimentaria a través de un modelo de organización de la mujer campesina.

En 2004 la organización Sna Jtz'ibajom obtuvo el Premio Nacional en Artes y Tradiciones Populares y, a través de un largo proceso de concertación con el gobierno federal y estatal, trabajando en la creación del Instituto de Ciencias y Artes Mayas para permitir abrir oportunidades a los jóvenes indígenas que deseen profundizar sus estudios de primaria, secundaria y preparatoria, emprendiendo estudios avanzados, acciones de docencia, investigación y desarrollo en diversos campos del conocimiento y las artes tradicionales.

Los proyectos han avanzado en la incorporación del enfoque de equidad de géneros como un eje transversal de sus proyectos, aunque en la práctica es necesario trabajar mucho más en este sentido. La interacción y concertación entre organizaciones que antes de su participación en el Programa escasamente se conocían ha sido otro de los logros sustantivos del Programa. Se ha creado un referente común en cuanto a su papel y función social como organizaciones de la sociedad civil y con base en ello han organizado foros públicos sobre participación social en los que dan cuenta de sus proyectos y posicionan públicamente al Programa.

La institucionalización del Programa

Paralelamente al desarrollo de los proyectos, una de las intenciones iniciales del Programa consistió en crear una nueva forma de relación entre los actores. Esto implicó, en primer lugar, la construcción conjunta de acuerdos sobre las definiciones estratégicas del Programa, es decir, su filosofía, sus valores, objetivos, líneas de acción y los criterios de selección de los proyectos a ser financiados. De igual forma, fue necesario diseñar un marco jurídico que estableciera las "reglas del juego" que regularan la relación tripartita, así como los mecanismos, procedimientos e instrumentos necesarios para lograrlo. Una evaluación externa llevada a cabo en el 2004 ayudó sustancialmente a trazar la ruta para avanzar hacia la institucionalización del Programa.

Este proceso se llevó a cabo por la vía de múltiples espacios de encuentro y diálogo, así como talleres entre los tres actores en los cuales iban definiendo un plan de trabajo común, dirigido a lo que dio en llamarse la "construcción del modelo". Hay que señalar que las organizaciones civiles y sociales jugaron un papel determinante en la elaboración de las definiciones estratégicas del Programa mientras que, en paralelo, ponían en marcha sus respectivos proyectos. Se integraron muy diversas comisiones de trabajo con la participación de los tres actores, abocadas a elaborar propuestas sobre todos los aspectos requeridos para la construcción de una institucionalidad adecuada. Por ejemplo, en cuanto al sustento jurídico del Programa, fue necesario explorar la normatividad existente en el gobierno en cuanto al otorgamiento de financiamiento a proyectos de organizaciones sin fines de lucro, en cuanto a la posibilidad de establecer cierto tipo de convenios con la Cooperación Internacional, entre muchos otros aspectos de orden administrativo. La Cooperación Internacional, a su vez, debió validar la normatividad que se fue construyendo conjuntamente y hacer los ajustes necesarios en sus políticas de cooperación. Las organizaciones civiles y sociales exigían a su vez espacios de participación efectiva. No fue un proceso fácil, pues en la mayoría de los casos fue necesaria la negociación entre los actores para la construcción de consensos.

En efecto, el Programa no tenía precedente en Chiapas y requirió del diseño de una institucionalidad adecuada y congruente con su filosofía y de un marco jurídico que le permitiera continuidad y proyección a futuro sobre la base del desarrollo de capacidades locales. De ahí que el diseño del modelo se constituyó como uno de los objetivos estratégicos del propio Programa[132]. El proceso de institucionalización concentró la atención de la acción colectiva durante mucho tiempo, soslayando en ocasiones la intencionalidad política del Programa. En 2005 una consultoría externa contratada para asesorar la ruta de institucionalización coadyuvó a reorientar nuevamente el trabajo hacia el tema de la participación social, la incidencia en política pública y la construcción de espacios de diálogo político entre los actores. Una decisión clave en ese momento fue el cambio de nombre del Programa que inicialmente era "Coinversión para el Desarrollo Sustentable en Chiapas" y que, a partir de entonces, se llamó "Participación Social Chiapas" a fin de enfatizar la intencionalidad primordial de esta experiencia. De igual forma, uno de los resultados no esperados en este proceso fue la elaboración, por parte de las organizaciones de la sociedad civil participantes en el Programa, de una iniciativa de Ley de Desarrollo Social que no existía en Chiapas. La Ley da sustento jurídico al Programa y actualmente se encuentra en el Congreso del estado para su análisis y aprobación.

---

[132] Son cuatro los objetivos estratégicos del Programa: 1) contribuir al mejoramiento de las condiciones y calidad de vida de la población menos favorecida y en particular de los pueblos indígenas de Chiapas, desde la perspectiva del ejercicio de los Derechos Económicos, Sociales, Culturales y Ambientales, a través de acciones que fortalezcan la autonomía de los pueblos y comunidades y el tejido social comunitario; 2) contribuir al establecimiento de un nuevo tipo de relación entre organizaciones sociales y civiles con el Estado en sus diferentes niveles, fincada en la corresponsabilidad, el derecho al acceso a recursos públicos, el mutuo respeto y reconocimiento, para fomentar la participación social en el diseño, formulación, ejecución, monitoreo y evaluación de las políticas públicas; 3) contribuir a la transformación de las relaciones de poder con el objeto de que mujeres y hombres participen como iguales en la sociedad, de forma que tengan vidas plenas y satisfactorias, procurando la participación de las mujeres sobre la toma de decisiones, beneficios y recursos y 4) institucionalizar el modelo de Coinversión a través de un marco estratégico y jurídico, instrumentos financieros y reglas de operación propias que permitan el funcionamiento del Programa en el corto, mediano y largo plazos, respetando sus principios y objetivos.

En 2006 se concluyó el proceso de institucionalización del Programa por medio de un decreto del gobernador en el que se constituyó una estructura organizativa enfocada a garantizar la continuidad del Programa, la participación paritaria de las organizaciones de la sociedad civil en la toma de decisiones, la creación de un fideicomiso como instrumento para la canalización de recursos, y la formalización de los espacios de diálogo tripartito y de las organizaciones de la sociedad civil.

La estructura organizativa (figura 1) está integrada por la *Asamblea de Organizaciones Sociales y Civiles* que participan en el Programa como responsable de velar por el cumplimiento de los objetivos estratégicos del mismo y de promover procesos e iniciativas encaminadas a la defensa y ejercicio de los derechos económicos, sociales, culturales, ambientales e indígenas. Tiene asimismo la responsabilidad de convocar a la *"Mesa de Incidencia"*, que es un espacio de participación amplia de organizaciones sociales y civiles chiapanecas, orientado a la generación de propuestas de políticas públicas en diversos temas prioritarios para las organizaciones, así como al seguimiento y evaluación de su puesta en marcha. Asimismo la Mesa de Incidencia opera sobre la base de una Agenda Social en la que se establecen las prioridades de las organizaciones de la sociedad civil en sus diversos campos de intervención. La Mesa de Incidencia se propone constituir un "Observatorio Ciudadano" orientado a la vigilancia y evaluación de políticas públicas. La Asamblea de Organizaciones cuenta con una Coordinación Operativa para dar seguimiento a sus acuerdos y designa las comisiones temáticas que considere necesarias para cumplir con su plan de acción.

El *Consejo de la Cooperación Internacional* está constituido por las Agencias y Organismos Internacionales que actualmente cofinancian el Programa. La idea es sumar a más organismos y ampliar los montos de inversión en esta iniciativa. Dado el contexto en Chiapas, hay que señalar que el papel de la Cooperación Internacional en el Programa ha sido fundamental, no sólo como financiador, sino como generador de confianza y como contrapeso en los procesos de negociación entre las organizaciones y el gobierno.

Figura 1. Estructura Organizativa

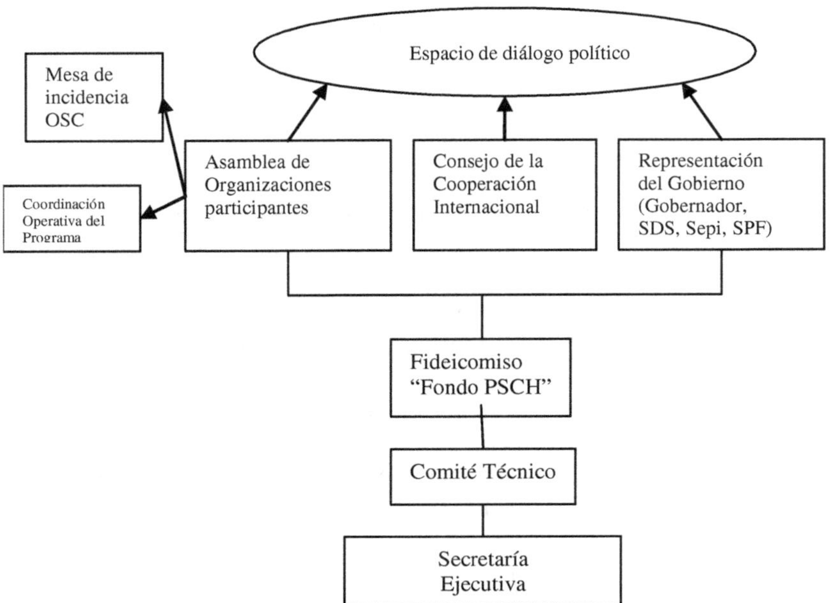

En la estructura organizativa se formaliza también la representación del gobierno a través de cuatro Secretarías, la de Desarrollo Social, la de Desarrollo Rural, la de Pueblos Indios y la de Planeación y Finanzas. La representación de la Asamblea de Organizaciones, el Consejo de Cooperación Internacional y la representación del Gobierno Estatal integran el *Espacio de Diálogo Político* que se reúne al menos dos veces al año, para abordar temas y problemáticas sociales, políticas, económicas y ambientales de interés común con la finalidad de buscar alternativas conjuntas de solución. El gobernador y los secretarios de estado participan en las sesiones. Este espacio funciona con base en una agenda construida de común acuerdo por los tres actores y propicia la creación de mecanismos conjuntos de seguimiento y solución a los problemas planteados en este espacio. Los temas y prioridades de la Mesa e Incidencia son materia central en este diálogo político.

Finalmente, el Fideicomiso *"Fondo Participación Social Chiapas"* es un instrumento financiero constituido por el gobierno del estado, OXFAM internacional y la representación de las organizaciones sociales y civiles participantes en el Programa. Su función es garantizar la administración y el manejo eficiente y transparente de los recursos. Cuenta con un Comité Técnico conformado por tres representantes del Gobierno del estado y tres de las Organizaciones Sociales y Civiles y es el principal órgano de decisión en cuanto a las prioridades y mecanismos de inversión social, así como en todo lo relativo a los proyectos financiados por el Programa. Cuenta con el apoyo de una Secretaría Ejecutiva.

Cada año se realizará una convocatoria pública a las organizaciones sociales y civiles de Chiapas para la presentación de proyectos. A efecto de dictaminarlos, el Comité Técnico nombrará una Comisión Dictaminadora de Proyectos, constituida por personas con autoridad moral y totalmente ajenas al Programa a fin de que realicen el análisis y dictaminación de los proyectos.

5. Evaluación y lecciones aprendidas

Todavía es temprano para evaluar en qué medida esta iniciativa ha resultado exitosa. Conviene retomar aquí las problemáticas que el Programa pretendía abordar desde el inicio a fin de hacer algunas consideraciones al cabo de seis años de trabajo.

Nuevas formas de relación

Con respecto a la primera problemática, podríamos constatar que, en efecto, esta experiencia muestra que las organizaciones de la sociedad civil tuvieron posibilidades reales de establecer una relación distinta con las autoridades gubernamentales de la administración 2000-2006. Se rompió con toda forma de relación autoritaria, clientelar o corporativa. Lograron ser reconocidas como actoras de interés público y con gran potencial para proponer políticas públicas desde sus prácticas locales. Ello no quiere decir, de ninguna manera, que su relación con el gobierno haya sido fácil y armónica. Por el contrario, privaron en general diferencias de intereses y prioridades entre ambos actores, particularmente en el ámbito administrativo y de normatividad, lo cual se ha valorado, desde todas las partes, como un componente natural del esquema y al que se hizo frente por la vía de respetar las formas de regulación de la relación acordadas en consenso y privilegiar permanentemente las coincidencias y puntos en común.

En síntesis, los factores que contribuyeron al logro de una nueva forma de relación entre gobierno y organizaciones de la sociedad civil fueron: voluntad política de los tres actores para construir conjuntamente el modelo; capacidad de construir acuerdos sobre cuestiones básicas en torno de "qué desarrollo para qué democracia"; mecanismos y procedimientos reconocidos por todos los actores para regular su relación (dispositivo de intervención) y participación activa de la instancia facilitadora para convocar a reuniones, elaborar las minutas de acuerdos y darles seguimiento permanente.

Políticas públicas ante la desigualdad y exclusión social

En cuanto a la segunda problemática, relativa a la necesidad de promover políticas públicas ante la desigualdad, inequidad y exclusión social a fin de contribuir a la solución del conflicto, hay que señalar que los logros del programa en este terreno tienen que ver primordialmente con los resultados alcanzados por cada una de las organizaciones en sus distintos campos de intervención. La experimentación de prácticas de intervención social en muy distintos temas durante seis años consecutivos, con un sistema de monitoreo y evaluación riguroso, ha permitido en muchos casos la consolidación de experiencias susceptibles de convertirse en modelos replicables. El combate a la pobreza pasa por el fortalecimiento de las expresiones de la sociedad civil, por la generación de capacidades de participación social efectiva.

Los logros de las organizaciones han contribuido claramente a mejorar las condiciones de vida de muchas familias en Chiapas, pero no necesariamente se traducen de manera automática en la solución a las causas estructurales del conflicto desencadenado por los zapatistas. Si bien ciertas prácticas han logrado trascender o incidir en algunas políticas, todavía se trata de experiencias modestas que se dan en el ámbito microsocial, y cuyo valor, por ahora, es de carácter demostrativo ya que ponen en evidencia la importancia de los procesos de autoorganización y expresión de los diversos grupos sociales para seguir avanzando en la transformación de la situación de pobreza en que vive la mayoría de la población chiapaneca.

En síntesis, los factores de éxito fueron:
- Proyectos con base territorial.
- Prácticas de intervención social susceptibles de convertirse en modelos replicables y en propuestas de política pública.

- Fortalecimiento de capacidades locales por la vía de procesos participativos.
- Criterios claros para documentar los procesos desencadenados por cada proyecto.
- Un sistema riguroso de planeación, monitoreo y evaluación de proyectos y del Programa en su conjunto.
- Logros concretos en acciones de incidencia en políticas públicas.
- Intercambio de experiencias entre organizaciones y puesta en marcha de iniciativas conjuntas en territorios comunes.
- Asesoría administrativa y contable.

Acceso a recursos e institucionalización del Programa

Finalmente, con respecto a la tercera problemática, relativa a la necesidad de acceso y movilización de recursos públicos como una prerrogativa de las organizaciones de la sociedad civil, el Programa demostró que los impactos logrados por las organizaciones en sus distintos ámbitos de trabajo fueron posibles gracias, entre otras cosas, al financiamiento recibido y a los mecanismos de acompañamiento, monitoreo y evaluación de los mismos. De 2001 a 2006 el Programa recibió financiamiento por cerca de 38 millones de pesos, equivalente aproximadamente a 3.500.000 dólares, sin contar lo aportado por las organizaciones. La combinación de recursos públicos con recursos de la cooperación internacional y de las propias organizaciones no sólo multiplicó la inversión de los tres actores, sino que estableció un sentido de responsabilidad compartida con respecto a los proyectos y al Programa en su conjunto.

Entre los factores que contribuyeron al acceso a recursos y la institucionalización del Programa están:
- Una idea compartida de coinversión por parte de los tres actores implicados. Dar valor explícito a los recursos que las organizaciones sociales y civiles invirtieron en sus proyectos fue un factor fundamental para generar un sentido de equidad en los procesos de toma de decisiones.
- Capacidad de ejecución por parte de las organizaciones.
- Creación del fideicomiso como una figura jurídica autónoma que garantizara la captación y canalización de recursos.
- Transparencia y rigurosidad en la rendición de cuentas de los proyectos, tanto en términos de sus resultados como en las cuestiones administrativas y financieras.

- La voluntad política de los tres actores para hacer del Programa una política de participación social susceptible de trascender el sexenio.
- Recursos invertidos en el propio proceso de institucionalización.

En enero de 2004 en acuerdo de los tres actores, se realizó una evaluación externa del Programa a fin de valorar, al cabo de tres años de experiencia piloto, la viabilidad del modelo de relación entre organizaciones sociales y civiles y el gobierno del estado; evaluar el cumplimiento de los objetivos estratégicos planteados; hacer un balance de riesgos y oportunidades de la participación de cada uno de los actores involucrados; valorar la coherencia entre los planteamientos estratégicos y la operación y funcionamiento y analizar la sostenibilidad del Programa en términos políticos, operativos y financieros[133]. Esta evaluación fue realizada por dos expertas y un experto en la materia[134], quienes entrevistaron no sólo a los tres actores involucrados, sino a los diversos grupos sociales de las comunidades en que las organizaciones trabajan, así como a otros actores no necesariamente implicados en el Programa.

Cito a continuación las principales conclusiones que se desprendieron de la evaluación:
- "El desarrollo del Programa ha estado determinado por el contexto político en Chiapas, que no ha sido el más favorable[135], sin embargo, existe la necesidad y voluntad de los actores, organizaciones, comunidades, poblaciones en general, de buscar alternativas concertadas para darle continuidad.
- El Programa de Coinversión fue concebido como un modelo participativo con la inclusión de tres actores fundamentales: Gobierno del Estado, Cooperación Internacional y Organizaciones Sociales y Civiles. Es sobre todo en 2003, que el Programa cobra su verdadera

[133] Términos de referencia de la evaluación externa, noviembre de 2003.

[134] Armando Bartra, director del Instituto Maya, Araceli Burguete, investigadora del Centro de Investigaciones y Estudios en Antropología Social, CIESAS Sureste y María Cecilia Oviedo, consultora de Xilótl, A.C.

[135] El contexto en el cual se desarrolló esta iniciativa ha sido complejo. El hecho de que previamente no existía una experiencia de esta índole en Chiapas, generó sospechas, particularmente de organizaciones estrechamente vinculadas con los zapatistas, quienes a la fecha, no aceptan nada que provenga del gobierno. Las organizaciones que decidieron participar en la construcción de esta iniciativa que, por lo general tenían una larga trayectoria de lucha social y arraigo comunitario, tomaron el riesgo de ser acusadas hasta de "contrainsurgentes", especialmente al inicio de la experiencia. Poco a poco esta situación se ha revertido, pero sin duda, más allá de los obstáculos propios de los proyectos o de las dificultades derivadas de los diálogos entre actores, esta tensión ha atravesado permanentemente al Programa.

dimensión impulsando la participación activa de las propias organizaciones en la toma de decisiones.

— La participación de las organizaciones sociales y civiles en el proceso de construcción del modelo fue valorada por los propios actores como un objetivo político importante, a través del cual es posible construir una relación distinta con el gobierno del estado, basada en la apertura a la sociedad civil del ejercicio de recursos e incidencia en las políticas públicas.

— De los objetivos estratégicos formulados por el Programa, la evaluación indicó que en lo que más se avanzó fue en la creación de nuevas prácticas de relación gobierno-sociedad civil y en lo relativo a contribuir a la reconciliación y a la paz, considerando, también que fue en el de incidencia en política pública, donde se dieron los menores avances en el período evaluado.

— La replicabilidad del modelo y la apuesta política del Programa es posible y necesaria, dado que no existen en Chiapas otros espacios y experiencias similares. Esta proyección de la replicabilidad se expresó a distintos niveles; replicabilidad de los valores y metodologías de un enfoque participativo; replicabilidad de una manera distinta de decidir sobre los recursos públicos (que no se reduce a un programa de gobierno que apoya iniciativas de la sociedad civil); y como modelo válido y necesario a otros niveles e instancias de gobierno que fuera más allá de la Secretaría de Desarrollo Social o de la Secretaría de Planeación y Finanzas.

— En términos financieros el Programa de Coinversión representó, hasta entonces, una parte muy pequeña del presupuesto estatal, sin embargo, el valor agregado fue que favoreció acciones innovadoras y proyectos que no eran apoyados desde otras fuentes de recursos y su principal aporte fue su potencial político y metodológico, en cuanto a que apuntaba a sentar las bases para una manera diferente de decidir sobre el destino de los recursos públicos, con participación de los actores involucrados y no de manera unilateral.

— Se recomendó redimensionar los objetivos que se trazó inicialmente el Programa en función de los resultados obtenidos y refundar institucionalmente el Programa, ya no como la decisión de un gobierno en turno, sino como la materialización de un derecho y la aplicación de una política de Estado"[136].

[136] Bartra, Armando, Burguete, Araceli y Oviedo Ma. Cecilia, Informe de la Evaluación y Prospectiva de la Construcción del Modelo de Coinversión en Chiapas. Fase experimental. 2001- 2003, pp. 37-41.

Las conclusiones y recomendaciones de la evaluación realizada en 2003 trazaron, sin duda, una nueva etapa para el Programa en la que el principal desafío fue la institucionalización.

6. Lecciones aprendidas

Transformar las relaciones que existen entre el gobierno y las organizaciones de la sociedad civil requiere de cambios estructurales en muchos niveles. Sin duda el ámbito normativo y legislativo es fundamental para lograr impactar los espacios y programas institucionales, desde los cuales sea posible emprender un diálogo con la ciudadanía bajo nuevas reglas del juego. Sin embargo, estos cambios a nivel jurídico e institucional no son, ni deben ser, el punto de partida para impulsar la participación ciudadana y la corresponsabilidad en el ámbito público. Estos cambios requieren de un anclaje en procesos reales de participación social donde se construyan espacios de diálogo, de intercambio, de tensión y confrontación, de construcción de agendas comunes entre los actores para abordar los asuntos de carácter público, de manera tal que, como resultado de estos procesos vivos de relación y de diálogo, se elaboren propuestas e iniciativas de cambios estructurales que cuenten, desde su diseño inicial, con participación social efectiva. En otras palabras, "estructura mata proceso...". Los cambios estructurales, para que sean legitimados, efectivos, pertinentes, deben ser consecuencia de la participación y no al revés.

Concertar los tiempos e intereses de tres actores tan diferentes y construir un lenguaje y agenda común es un proceso muy complejo que requiere de ciertas garantías explícitas de seguimiento y continuidad en el tiempo, a fin de conservar los espacios de participación de los actores y generar formas de vinculación que vayan más allá de la presión política o la demanda puntual. Por ello las formas de regulación de esta relación entre actores y el respeto al funcionamiento autónomo de cada uno de ellos debe ser convenido de común acuerdo.

Generar una nueva relación entre organizaciones de la sociedad civil y gobierno, enfocada en la participación ciudadana en política pública, trasciende con mucho la pequeña escala en que se mueve el Programa. Por tanto la coinversión no debe "encapsularse" en una instancia de gobierno, ni permanecer "ensimismada" o aislada. Por el contrario, debe construirse como un proceso y sistema abierto al exterior, capaz de establecer alianzas con otros actores de la sociedad y capaz de fomentar estrategias al interior del gobierno que permitan involucrar a otras dependencias en el fomento de participación ciudadana en política pública como forma de hacer gobierno. Para preservar las dinámicas del campo de coinversión fue importante la participación de una instancia civil, autónoma y profesional como parte del dispositivo de funcionamiento de este tipo de experiencias. Su función fue facilitar los espacios y enlaces entre actores y dar seguimiento a las agendas convenidas de común acuerdo. Es una condición necesaria para garantizar la validación de las acciones y los enunciados de cada una de las partes ante el conjunto, en una lógica de construcción de consensos. Parte fundamental de la función de esta instancia civil es la "restitución" de la información generada por parte de todos los actores a todos los actores y de manera simultánea. Ello fue la base de la confianza entre los actores. En cuanto al financiamiento de una iniciativa como éstas hay que decir que siempre se corre el riesgo de estar sujetos a los tiempos fiscales y a las dinámicas propias de la cooperación internacional, generando desfases importantes entre la gestión y liberación de recursos para las organizaciones sociales y civiles y las necesidades de los procesos sociales que impulsan las organizaciones. Por ello fue necesario pensar en mecanismos e instrumentos de financiamiento que escaparan a las limitaciones administrativas que imponen los tiempos fiscales. Por ello la constitución de un fondo autónomo, con identidad propia y no inserto en la estructura de gobierno (fideicomiso) favorece el cumplimiento de las apuestas políticas depositadas en estas iniciativas.

El papel de la cooperación internacional ha sido clave en la experiencia chiapaneca, no sólo por lo que ésta significa en términos de inversión económica, sino primordialmente porque en una situación en donde la desconfianza de las organizaciones de la sociedad civil en el gobierno es algo que no ha sido fácil de remontar, el papel que la cooperación internacional ha jugado en el campo de coinversión ha sido tanto de intermediación como de "contrapeso" en los procesos de toma de decisiones. Además, su intervención ha sido clave por sus aportes en cuanto a otras experiencias semejantes en otros países y por su participación corresponsable al asumir tanto los riesgos como las oportunidades que este esquema ofrece. La institucionalización de nuevas formas de relación gobierno-sociedad no es, de ninguna manera, una garantía para la participación social y la corresponsabilidad en el ámbito público.

La institucionalización es más bien un arma de doble filo. Por un lado, le da sustento jurídico, administrativo, operativo y normativo a experiencias como la del Programa pero, por el otro, se corre el riesgo de traicionar los principios fundadores de la misma. La institucionalización, en este sentido, debe entenderse como un proceso que implica necesariamente la relación constante entre fuerzas instituyentes (las organizaciones y movimientos sociales), fuerzas instituidas (las políticas y programas de gobierno) y propiamente la institucionalización de nuevas formas de relación, entendiendo esta última simplemente como un momento más del proceso que habrá de ser superado más adelante por la vía de la presión que ejerzan nuevas fuerzas instituyentes[137].

Uno de los retos mayores ha sido aprender sobre la marcha y diseñar de manera simultánea una nueva concepción y metodología de construcción de políticas públicas, y un modelo institucional congruente con la filosofía del Programa. Sin duda se han dado algunos pasos en la concreción de nuevas prácticas de relación con el gobierno, pero el gran desafío en la actualidad es la permanencia y continuidad del Programa al concluir esta administración. La voluntad política de que ello ocurra es todavía un factor importante en esta fase de desarrollo del mismo y eso depende, en gran medida, de la capacidad de las organizaciones de convencer a la nueva administración de la importancia de esta iniciativa. La Cooperación Internacional es en ello una aliada. Dicho de otra manera, el Programa busca la profundización de la democracia al mismo tiempo que requiere de la democratización para su viabilidad.

---

[137] Lourau, René, *El Estado y el inconsciente*, Kairos, Barcelona, 1980.

El proceso de construcción de una política de democratización familiar

Beatriz Schmukler
Instituto de Investigaciones Dr. José María Luis Mora - México

Introducción

El objetivo del capítulo es reflexionar sobre el proceso de construcción de una política de prevención de la violencia familiar en la política social mexicana tomando como eje la capacitación a promotores de programas sociales gubernamentales y de organizaciones ciudadanas. El fin de la capacitación es incidir en la reconstrucción de la cultura de género mexicana cuyos rasgos jerárquicos y autoritarios atraviesan la vida pública y privada y obstaculizan los procesos de democratización social de todas las instituciones, incluida la familia y la vida de las comunidades y las organizaciones sociales. La propuesta de prevención está centrada, por lo tanto, en lograr cambios actitudinales en los promotores encargados de los programas sociales gubernamentales y de las organizaciones a través de procesos de reflexión y dinámicas vivenciales.

1. Antecedentes del Proyecto de Democratización de las Relaciones Familiares, Instrumento de Prevención de Violencia[138]

Desde noviembre de 2001 hasta septiembre de 2004, el Instituto Nacional de las Mujeres (INMUJERES), organizó y financió una prueba piloto para construir el enfoque de democratización de las familias, como parte de las políticas sociales de prevención de violencia familiar. Este proyecto

---

[138] El proyecto se desarrolló bajo la coordinación de Beatriz Schmukler, investigadora del Instituto Mora y jefa del área de Cooperación Internacional para el Desarrollo.

se integró en el Programa "Por una vida sin violencia" de dicha institución. El Programa de Naciones Unidas para el Desarrollo, sede México, fue la institución que tuvo la iniciativa, auspició y administró el proyecto durante los tres años de ejecución de la prueba piloto. Cuando esta prueba finalizó, investigadores de seis de los estados participantes, junto con integrantes del equipo coordinador, Beatriz Schmukler y María Jiménez, quien había sido asesora metodológica de la experiencia, constituyeron Democracia familiar y social (DEMYFAS). La finalidad fue dar continuidad y sustentabilidad institucional al enfoque de democratización familiar que estaba desarrollando una aplicación transversal del enfoque en programas gubernamentales de varias instituciones: el Sistema Integral para el Desarrollo de la familia (DIF) de La Paz, en el estado de Baja California Sur, la Secretaría de Educación Pública (SEP), del mismo estado, el DIF de Irapuato, estado de Guanajuato, el programa de participación ciudadana de la Secretaría de Educación pública del estado de Sinaloa y el Instituto Sonorense de la Mujer. El enfoque se sigue desarrollando también en el estado de Puebla, desde el Instituto Poblano de la Mujer y en 2006 comenzó a desarrollarse en Oaxaca en tres programas de la organización SINERGIA, que integra a varias organizaciones civiles y una institución académica.

A partir del apoyo del Instituto de Desarrollo Social de la Secretaría de Desarrollo Social (INDESOL) en el segundo semestre del 2005, fue posible realizar la evaluación de impacto del enfoque de Democratización Familiar en los estados de Baja California Sur, Guanajuato, Sinaloa y Sonora[139] en los programas sociales gubernamentales que trabajan con comunidades marginales donde se detecta violencia intrafamiliar o casos de debilitamiento de la solidaridad familiar y de los vínculos familiares y comunitarios.

Los objetivos específicos fueron:
1. Evaluar los cambios actitudinales en los promotores de los programas sociales que demuestren nuevas posibilidades de negociación entre los géneros y entre padres e hijos, a partir de su participación en los programas que aplican el enfoque.

[139] Esta evaluación contó con el aporte significativo de los investigadores de DEMYFAS, organización cuyos integrantes tienen a su cargo, desde las diferentes instituciones gubernamentales mencionadas, la dirección del enfoque de democratización familiar. En el caso de Baja California Sur, la integrante de DEMYFAS es presidenta del DIF de la Paz y en el caso de Sonora sus integrantes son respectivamente directora de Programas y miembro del Consejo Directivo del Instituto Sonorense de la Mujer. Los demás miembros trabajan en institutos de la mujer, en el gobierno del DF como asesoras del programa de violencia familiar o como investigadoras de instituciones académicas.

2. Evaluar la posibilidad que brinda el enfoque de generar relaciones intergeneracionales de autoridad más democráticas, entre padres e hijos, abuelos, abuelas y el resto de los miembros del grupo familiar.
3. Evaluar los obstáculos personales de los promotores y de la población para identificar y modificar las relaciones de género que promueven formas violentas de relacionarse con sus parejas.
4. Evaluar obstáculos institucionales para desarrollar una metodología participativa dentro de instituciones con relaciones jerárquicas y normativas rígidas

La población beneficiada proyectada originalmente fue de 119 promotores; sin embargo, al término de la evaluación realizada, la población beneficiada en los 4 estados fue de 257 personas. En cuanto a la muestra de beneficiarios directos (promotores), según grupos etarios (cuadro 1), 93 fueron mujeres y 20 hombres.

Cuadro 1. Muestra de beneficiarios directos por programa y según grupos de edad

Programas	Edades	18-24	25-4	45-60	+ 60	Total
Asistencia alimentaria Irapuato DIF		-	3	-	-	3
Becas para escuelas secundarias - Los Cabos, La Paz SEP y DIF		-	24	11	1	36
Centro de desarrollo infantil – Irapuato DIF		-	1	-	-	1
Democratización de las relaciones familiares – Culiacán SEP		18	12	12	-	42
Desarrollo integral para menores (DIF) – Irapuato		-	5	-	-	5
Preescolar comunitario - Irapuato		4	8	1	-	13
Prevención de riesgos psicosociales (DIF)		-	2	1	-	3
Seguridad para las mujeres - Sonora Agua Prieta I		-	5	5	-	10
Total		22	60	30	1	113

Observamos que la participación en talleres de democratización familiar, dentro de los programas gubernamentales, permitió cambios actitudinales y de transformación en los vínculos en ciertos aspectos. Promovió romper el silencio acerca de los conflictos generados por las relaciones de autoridad y poder entre los géneros y entre generaciones y al mismo tiempo permitió pensar colectivamente respuestas prácticas de equidad y justicia en las relaciones familiares.

La evaluación mostró que los procesos de capacitación en el enfoque de democratización familiar han permitido a los promotores cambios actitudinales en tres niveles:

- Cambios cognitivos que permiten apreciar los beneficios de un conflicto familiar cuando éste puede ser negociado y pueden ser respetados los intereses diferenciales de los miembros del grupo. Estos cambios cognitivos permiten definir un concepto de democracia familiar que implica nociones de justicia, equidad y negociación.
- Cambios afectivos que evidencian una nueva posibilidad de autorreconocimiento de modos autoritarios de actuar, cuando se intentan imponer deseos a la pareja o a los hijos, el reconocimiento de la propia agresividad, la detección de malestares causados por un lenguaje peyorativo de la pareja y la posibilidad de reconocer cuándo algún tipo de comportamiento de la pareja hace mal.
- El tercer nivel, que implica los cambios de comportamiento, fue evaluado preguntándole a los propios actores qué cambios conductuales ellos detectaban. En ese aspecto, los promotores expresan un cambio importante: tener la posibilidad de poder expresar en palabras sus necesidades. Un impacto importante que encontramos es que se rompe la circularidad del maltrato en el comportamiento de las mujeres. "Me maltratan, yo maltrato", como acto mecánico, quizá como desquite o restablecimiento del equilibrio. "Yo también tengo poder y lo ejerzo con otros más vulnerables que yo". Ese circuito parece romperse a partir del reconocimiento del daño que les produce a ellas mismas recibir el maltrato. Pudieron hablar del rechazo a las conductas abusivas de sus parejas, y todos los promotores, hombres y mujeres, mencionaron el aumento del uso de la palabra, conversan más con su pareja, hijos e hijas, ya no tratan de imponer sus deseos y escuchan los intereses de los hijos aunque sean contradictorios con los propios.

En el plano del disciplinamiento de los hijos hubo un bajo reconocimiento de cambios. No desean más imponer sus deseos y aceptan posibles contradicciones entre sus intereses y los de sus hijos. Parecería que los cambios en este aspecto han ido creciendo aunque aún resulta un proceso contradictorio que se visualiza en especial en el disciplinamiento de los hijos, ya que todavía los padres y madres siguen usando el castigo físico como método de educación.

En el proceso de formación como facilitadores democráticos hemos encontrado contradicciones en el proceso de asimilación de un enfoque participativo y equidistante con la población. Un grupo importante, de alrededor de 50%, cree en el trabajo conjunto para que cada uno de los miembros de los grupos pueda encontrar soluciones a sus conflictos familiares, sin embargo un 30% de ellos se siente consejero, creyendose poseedor de la verdad e interesándose en proponer las soluciones al grupo. En un 77% de los casos es muy fuerte la idea de la importancia que tiene el aprendizaje conjunto. El enfoque es visto difícil de aplicar aunque no creen que presente conflicto con las instituciones y por el contrario piensan que es posible desarrollar alianzas institucionales para transversalizar el enfoque a diversos programas.

Consideramos que el reaprendizaje o transformación de las actitudes es un proceso lento y gradual. Esto es fundamental en la formación con facilitadores en democratización familiar, y por tanto en la evaluación de impacto, ya que un proyecto que propone la reflexión y cambio sobre estructuras culturales no puede ser evaluado de la misma forma que otros proyectos que no implican transformaciones en las relaciones interpersonales cotidianas. En esto influyen distintos factores como las experiencias personales previas, las actitudes de otras personas significativas, la información y experiencias novedosas o de moda y el contexto sociocultural que se transmite a través de los medios de comunicación, así como las representaciones colectivas. Encontramos que muchas actitudes y valores se gestan y desarrollan en el seno familiar.

En el intento por transformar actitudes, los facilitadores pueden ejercer una influencia importante, convertirse en agentes de cambio, en alguien significativo que ejerce influencia y poder y está legitimado institucionalmente para promover actitudes positivas en los promotores. Pueden, por ejemplo, desarrollar y fortalecer el respeto al punto de vista de otros, la solidaridad, la cooperación, la equidad de género, la tolerancia a las diferencias, y erradicar o relativizar el individualismo salvaje, la intolerancia al trabajo colectivo, el autoritarismo y la marginación, entre otros[140].

---

[140] Estos comentarios son parte de la evaluación final escrita por Beatriz Schmukler y María Jiménez. Informe INDESOL, septiembre 2005.

La evaluación se realizó a través de un cuestionario con opciones múltiples de respuesta que tomó en cuenta los objetivos específicos propuestos en la evaluación de impacto. Con la técnica de Grupos Focales, se aplicó una red semántica con conceptos tales como Democracia Familiar, Violencia Familiar y Conflicto Familiar. Se utilizó el psicodrama para obtener información cualitativa en la evaluación del impacto y fue organizada una base de datos que recoge esos resultados por estado.

2. Justificación del enfoque de democratización familiar

El objetivo de toda la experiencia piloto y el trabajo posterior de DEMYFAS consistió en generar mecanismos en las familias para que aun en casos de pobreza y marginación extrema los promotores de programas sociales comunitarios y gubernamentales trabajasen juntamente con la población, en la generación de nuevos vínculos de comunicación y relaciones de género en las familias capaces de producir en los miembros del grupo familiar el reconocimiento de las relaciones de abuso que se suscitan, y donde todos participan en su reproducción. Las mujeres, los niños y los jóvenes a través de su autoculpabilización y dificultad para el reconocimiento de los daños que sufren. Los hombres, asumiendo inconscientemente rasgos de una masculinidad que los oprime a ellos y a los demás miembros de los grupos familiares. Trabajamos con los varones en procesos reflexivos de reconocimiento de su pérdida de autoridad y de apego a modelos de poder destructivos y competitivos, que los distancian del conocimiento de sus emociones y dan lugar a mecanismos de distanciamiento de sus responsabilidades y compromisos afectivos en los vínculos familiares. También incorporamos a los y las promotoras en procesos participativos donde pudieran vivenciar los propios mecanismos autoritarios capaces de develar vínculos con los hijos e hijas que anularan su condición de sujetos.

En la medida que varios factores nuevos complejizan las relaciones familiares, sus miembros las resuelven con el uso de la fuerza y el poder, al no desarrollar conciencia de su apego a mecanismos abusivos de resolución de nuevas situaciones de crisis.

Esas causas son numerosas, algunas provenientes de una cultura de género históricamente autoritaria, que afianza la autoridad masculina legitimada y avalada cotidianamente por las mujeres, los hombres y los niños en las relaciones familiares, otras causas están vinculadas con el crecimiento de las crisis y conflictos familiares producidos por la mayor autonomía de las mujeres a partir del aumento de su participación económica y política y de su mayor participación en proyectos de desarrollo comunitario y de combate a la pobreza; finalmente otras, provienen de los obstáculos que generan los cambios demográficos vinculados con las crisis económicas y movimientos migratorios, asociados con la multiplicación de modalidades de estructuras familiares que requieren rápidas adaptaciones de los sistemas de género, autoridad y relaciones de poder familiares.

Estas diversas causas generan fuertes obstáculos en las familias para cooperar con los procesos de individuación y desarrollo personal de las mujeres y de los jóvenes y se resuelven en diversas formas de abusos emocionales y físicos vinculados con las relaciones de género e intergeneracionales autoritarias.

La prevención de la violencia se genera desarticulando las bases mismas de la cultura de género donde participan tres factores simultáneos: el autoritarismo como modo de toma de decisiones cotidianas y de resolución de conflictos, la jerarquía entre los géneros que legitima la autoridad masculina y concentra el poder y la administración de los recursos materiales más importantes en una sola mano, generalmente del varón. A ello se agrega un sistema de comunicación familiar, ligado con el autoritarismo, basado en la desvalorización y ausencia de la mujer, los hijos y otros miembros vulnerables como sujetos presentes con capacidad de identificar y expresar necesidades intereses y deseos, y, por lo tanto ser sujetos tenidos en cuenta en la toma de decisiones estratégicas. Esto significa que para prevenir la violencia nos planteamos trabajar en esos cuatro planos de relaciones: los sistemas de autoridad, de poder, de género y de comunicación. La violencia familiar contiene este tipo de vínculos en las relaciones entre adultos y de los adultos con los jóvenes y los niños. ¿Qué presentan en común estos diversos planos de vinculación? El desconocimiento de las necesidades de algunos seres humanos privilegiando las de otros, la vergüenza y la autoculpabilización de las mujeres por no prestar un servicio eficiente a quienes sustentan la autoridad y la habilidad de quienes sustentan la autoridad legítima de humillar, desconociendo a otros y anulándolos como seres vivos, vivaces, con capacidad de elección.

El problema de la humillación, generalmente dirigida hacia las mujeres y los niños de ambos sexos es que quienes humillan creen que los humillados merecen esa vergüenza, poseen culpa, y que deberían culparse por alguna deficiencia o supuesta inferioridad[141].

En los sectores de mayor pobreza y marginación social la violencia familiar se agrava no sólo por el ejercicio de una mayor violencia por parte de los hombres sino por la dificultad o imposibilidad de encontrar caminos alternativos por parte de las mujeres. Los programas de combate a la pobreza gubernamentales o de organizaciones civiles que no trabajan simultáneamente con la desarticulación de la cultura de género no pueden avanzar en el desarrollo de la autonomía de las mujeres. En el caso de Oaxaca observamos proyectos comunitarios que advierten la posibilidad de fracaso de los propios intentos de desarrollo personal y económico de las mujeres por las situaciones de abuso y violencia que viven dentro de sus familias. Como ejemplo, en los programas de crédito para mujeres, éstas realizan pasos sorprendentes hacia la construcción de un pequeño negocio propio, aprenden reglas de responsabilidad y compromiso económico con su grupo de trabajo y aprenden a dar cuentas semanalmente y mostrar transparencia en sus actividades comerciales o productivas. Sin embargo pueden abandonar este proceso de construcción personal de un día para otro por no poder negarle al marido el dinero conseguido con todo este esfuerzo.

3. Contenido temático de los talleres de formación de promotores

Algunas de las preguntas planteadas en los talleres (cuadro 2) y que intentamos responder colectivamente son las siguientes: ¿cómo es ser una autoridad democrática, no violenta?, Si pedimos a nuestros hijos e hijas que participen en la definición de las reglas, ¿hay un descenso de la violencia de todos?, ¿se sienten más implicados y dispuestos a aplicar las reglas? Y nosotros adultos, ¿tenemos dificultad para poner juntos las reglas? ¿Estamos dispuestos a hacerlas cumplir con firmeza, en aquellos acuerdos que tomamos en conjunto? ¿A los hombres y a las mujeres nos cuesta poner las reglas conjuntamente con los hijos e hijas?, ¿por qué?, ¿A todos nos cuesta hacer cumplir las reglas que pusimos juntos? ¿Qué actitud tenemos frente a los errores propios y los de los otros? ¿Por qué? ¿Tomamos en cuenta en nuestras familias las opiniones de las niñas, las jóvenes y los niños y los jóvenes en especial lo relativo a sus vidas? Si no es así, ¿por qué?

[141] Jordan *et. al.*, 2004.

Cuadro 2. Contenidos a discutir con la coordinación local

Talleres	Contenidos
1	Autodiagnóstico de nuestras familias, ¿son autoritarias, democráticas o expresan relaciones de ambos tipos?
2	¿Quiénes componen mi familia y las familias de las comunidades con las que trabajo? Establecer las necesidades de las familias en cada programa de trabajo según las diferentes estructuras familiares existentes.
3	Construyamos nuestras propias formas de ser mujeres y hombres en nuestras familias. Obstáculos que tenemos debido a los mandatos que recibimos desde niños.
4	Participar en la toma de decisiones familiares desde el lugar de los jóvenes y de las mujeres.
5	Evaluación intermedia.
6	Visibilizando a los seres que son devaluados o marginados en nuestras familias. Del abuso emocional a la violencia física.
7	Contratos nuevos en nuestras familias actuales y futuras. Escucharnos y respetarnos mutuamente. Reconocernos con empatía.
8	La resolución de conflictos en la pareja y entre padres e hijos.
9	¿Negociación en equidad? Encontrando soluciones que respeten nuestras mutuas preocupaciones, necesidades y deseos.
10	Nuevos aportes a la comunicación familiar, diálogos cooperativos en la pareja y entre padres, madres e hijos/hijas. ¿Podemos pasar del abuso emocional a la conversación y el respeto?
11	Plan de acción de familia de cada proyecto en sus comunidades.
12	Evaluación final.

Cuando mencionamos las raíces culturales de la violencia hablamos de la interrelación que se establece entre la cultura de género en el mundo público, planteando pautas de marginación y discriminación de las mujeres, y su sometimiento privado en el mundo de la familia y de las relaciones de parentesco. Éstas limitan sus posibilidades de desarrollo como personas, moldeando su subjetividad en el aprendizaje de la negación de sí mismas. En las comunidades marginales y, particularmente en las familias en condiciones de pobreza extrema, este fenómeno adquiere tintes más severos porque las mujeres tienen menos recursos educativos y materiales para desarrollar su autonomía en el sentido que lo plantea Tepichín (2005), como capacidad de otorgar un consentimiento legítimo para aceptar, cambiar, rechazar o renegociar los arreglos familiares en materia de participación en las decisiones vinculadas con la división del trabajo y la reproducción. Éste es un concepto clave porque, de lo contrario, cuando se supone una "naturalidad" del lugar que le corresponde a la mujer y al hombre, se filtra la obligatoriedad del lugar asignado, de las cargas y responsabilidades, la imposibilidad de elegir o incluso de imaginar la posibilidad de la elección[142].

[142] Kabeer, 1999, citado en Tepichín, 2005. Tepichín retoma el concepto de Kabeer de que la posibilidad de emergencia de una conciencia crítica requiere de posibilidades culturales

En la escena íntima de la pareja de sectores con carencias materiales y con dificultad de imaginar un horizonte diferente para la mujer y para el hombre se pueden reproducir las creencias en la "naturalidad" y en los destinos únicos hasta que se introducen alternativas externas, por pequeñas que sean, de nuevos recursos económicos, educativos o sociales. una red de vecinas que se apoyen en situaciones de crisis, una sala de salud, un centro comunitario o una tarea propuesta por alguna organización social o programa gubernamental. Estas alternativas permiten que aflore la capacidad de reconocimiento de sí mismas, con capacidad de elección.

4. Obstáculos para la generación de una política federal de prevención de la violencia familiar

Los compromisos internacionales de equidad de género y prevención y atención de la violencia hacia las mujeres y en la familia[143] fueron firmados por el gobierno mexicano federal y algunos gobiernos estatales para implementar programas de atención a las víctimas de violencia, particularmente mujeres y niños y niñas. Se organizaron registros de información de los casos atendidos y, en algunos estados, sistemas de seguimiento de los casos. Se creó una norma mexicana en la Secretaría de Salud para la detección de los casos de violencia en centros de salud, se desarrolló una mayor especialización en temas de violencia hacia la mujer y en la familia en las oficinas de atención a víctimas de la PGR, se promovieron leyes en una gran mayoría de los estados para la atención y prevención de este tipo de violencia. En algunos estados se crearon unidades especializadas de atención y albergues para el refugio de las víctimas.

Aunque hubo una amplia acción, no logró prosperar una acción preventiva capaz de tener un impacto cultural de largo alcance para formar agentes de gobierno en la promoción de prácticas alternativas de equidad de género en las familias. No se ha podido establecer una acción conjunta con los gobiernos, con el fin de de combatir las raíces mas profundas del machismo en la cultura. Una debilidad central de la política social mexicana es la ausencia de medidas preventivas que trabajen con las familias respecto de la transición profunda que están viviendo en sus relaciones de

y materiales para que las propuestas culturales de sentido común empiecen a perder su caracter naturalizado.

[143] Convenio de la CEDAW, Acuerdo de Belem Do Pará, Acuerdos de Beijing, Beijing más Cinco, entre otros.

género y en los vínculos de autoridad en la pareja y entre padres e hijos, frente a las políticas de ajuste estructural y el achicamiento del Estado en la resolución de la seguridad económica y social de la población.

Las relaciones de género y poder en las familias se confrontan con las nuevas necesidades de participación económica y social de las mujeres, con la multiplicación de los generadores de ingresos en los hogares y con la paulatina desaparición del patrón de proveedor único en las familias. Los esquemas culturales que perpetuaron la desigualdad de género y el autoritarismo en la dinámica psicosocial de las familias están siendo desafiados con estos cambios. Pero no aparece una oferta cultural legítima que proponga alternativas de relaciones basadas en vínculos más equitativos y democráticos, que apelen a la justicia y la corresponsabilidad. No obstante, hay nuevas relaciones de pareja y familia entre jóvenes y en las parejas de mediana edad también se visualiza una mayor participación de las mujeres en algunos tipos de decisiones, una creciente participación de los hombres en la esfera doméstica, así como nuevos conflictos vinculados con la interacción que se establece entre esas nuevas prácticas, y discursos de género y autoridad arcaicos, que no decodifican esas nuevas prácticas en significados de género más acordes con las nuevas realidades.

La falta de autonomía de las mujeres se combina con una pérdida de legitimidad de la autoridad de los hombres que está debilitando su calidad de proveedores principales. Al mismo tiempo las mujeres no asumen un lugar de autoridad frente a sus hijos. Esta crisis en el sistema de autoridad familiar se ve sobre todo en las familias con hijos varones adolescentes que pretenden asumir el lugar dejado vacío por el padre y los adultos mayores se lo permiten. La madre no pone límites y el padre se deprime[144]. Situaciones nuevas en las familias nos hablan de un debilitamiento de la fortaleza grupal para enfrentar las estrategias de sobrevivencia necesarias frente a las nuevas necesidades de salud, educación, vivienda, etcétera:

— Esposos varones que resisten la actividad productiva de sus mujeres y que desarrollan modalidades agresivas porque sus mujeres ganan más que ellos o porque simplemente salen a trabajar.

— Varones que desarrollan una resistencia velada al mayor éxito de sus esposas, se trata de formas veladas de violencia, como los celos que

---

[144] Ravazzola, M. C., 2005.

se manifiestan en conductas opresivas, el subestimar la capacidad de desarrollo personal de las mujeres con frases y gestos despreciativos o no colaborar con las tareas de la casa y el cuidado de los niños aunque tengan tiempo libre.

— Las mujeres no saben cómo responder a estas conductas de los varones y a menudo rechazan la actitud agresiva o se someten. Pero en ninguno de los dos casos se fortalece la pareja. La violencia se agudiza y las mujeres no ganan en autonomía.

— Las mujeres a menudo se apoyan en las abuelas o en las hijas mujeres porque no pueden negociar con los esposos, reforzando los estereotipos de género, imponiéndoles a otras mujeres responsabilidades que ellas ya no pueden asumir. Con eso se refuerza el estereotipo. No aparecen nuevas alternativas de comportamiento de género.

Está claro en los gobiernos la necesidad de intervenir cuando la violencia moral y física ya está asentada y arraigada en las familias. Pero uno de los temas clave es impedir que la resolución de los nuevos conflictos y la transición de las relaciones familiares sigan patrones de desigualdad e intolerancia.

En la primera encuesta a nivel nacional sobre violencia de género en las parejas mexicanas (Encuesta Nacional sobre la Dinámica de las Relaciones en los Hogares, 2003, Endireh), se encontró que 44% de las mujeres de 15 a 49 años sufre algún tipo de violencia en el hogar; 35,4% sufre violencia psicológica, 27,3% violencia económica, 9,3% violencia física y 7,8% violencia sexual (García y Oliveira, 2005, *op. cit.*). En el PROEQUIDAD se articulan diversos programas de atención a la violencia en el área de salud, en coordinación con la Procuraduría General de la República, con el Sistema Nacional para el Desarrollo Integral de la Familia y se impulsó la creación de albergues en todo el país.

Sin embargo no se logró articular de modo institucional un enfoque de prevención de la violencia capaz de afianzar una cultura de equidad de género que atravesara transversalmente los programas sociales gubernamentales. A partir de esta debilidad propusimos en 2001, en conjunto con el PNUD y la secretaría ejecutiva del INMUJERES, un enfoque de democratización familiar que plantea una serie de mecanismos para que la población pueda encontrar alternativas de autoridad familiar reconociendo los conflictos, buscando alternativas de relaciones de género no estereotipadas y formas de compartir autoridad, poder y decisiones sobre la base de la equidad y la negociación. Nuestra idea era que no podíamos seguir trabajando los temas de género sólo con mujeres, trabajar en las relaciones de género supone trabajar con los bloqueos y trabas de la masculinidad y la feminidad y presentar alternativas a las formas de autoridad y poder basados en la dominación

En 2002 el Programa nacional por una Vida Sin Violencia había incluido en sus acciones sectoriales en el Subsistema de Prevención la puesta en marcha de un programa sobre Convivencia Democrática en la familia que se refería a la prueba piloto que estábamos realizando para construir el enfoque antes mencionado.

No obstante, progresivamente fue cambiando el personal feminista y progresista del Instituto que impulsó las primeras acciones en consonancia con el movimiento de mujeres. El Instituto fue cediendo, desde 2004, a una visión de familia cada vez más unilateral. En el Sistema nacional para el DIF comenzó a manifestarse más abiertamente un concepto de familia "funcional o normal", que coincide con una representación simbólica de familia "completa", que supone la presencia de padre y madre e hijos corresidentes, opuesta a una realidad que evidencia la creciente multiplicación de estructuras familiares, obedeciendo a cambios económicos, demográficos y culturales. En el Congreso nacional de familia organizado por el DIF en 2004, se afianzó este concepto de "familia natural". Según el Posicionamiento del Observatorio de Familias, se plantea que en el congreso se buscó: "respaldar en la legislación una visión limitada de familia a la constituida por matrimonio entre hombre y mujer y cuyo propósito es la procreación. Tradicionalmente, la legislación mexicana promovió modelos asimétricos de relación al interior de las llamadas (en el Congreso del DIF) 'familias naturales' que bajo otra óptica se denominan familias nucleares."

"Se supone que la denominada 'familia natural' constituye, por naturaleza, el reducto de la solidaridad, la armonía y la felicidad, descalificando, a priori, otras posibilidades de convivencia. Por el contrario, está suficientemente documentado que muchas familias calificadas como 'naturales' de acuerdo con la definición del Congreso, representan un ámbito de agresión, abuso y violencia para la infancia"[145]. Por otro lado, los medios de comunicación comenzaron a difundir la Guía de Padres, elaborada en el marco de la Fundación "Vamos México", auspiciada por la señora Marta

[145] (Observatorio de políticas de familia en México, coordinado por Incide Social, 2004.)

Sahagún, esposa del presidente Fox. Esta guía se difunde en los medios televisivos y es de distribución masiva y gratuita en las escuelas. Propaga concepciones tradicionales de familia, coincidentes con la "familia natural", papeles de género estereotipados: mujer-madre-familia-hogar y hombre-padre proveedor. Los conceptos de amor, unión y comprensión, aparecen vinculados con el reforzamiento de valores tradicionales y religiosos basados en la necesidad de perdonar, el orden y el disciplinamiento, coincidentes con una concepción de unión familiar cuya razón de ser es la procreación. La violencia en la familia no aparece como un problema vinculado con las relaciones de poder entre los géneros y con las relaciones de subordinación de la mujer en la familia[146]. Estos lineamientos se contradicen con la información de las encuestas que se difunden desde el INMUJERES, las que revelan datos que confirman la relación entre violencia y subordinación de la mujer.

El gobierno mexicano, por un lado, firmó acuerdos internacionales de defensa de los derechos de las mujeres y en contra de la violencia hacia las mismas y, para ello, instituyó una organización nacional que tiene por ley la obligación de hacer cumplir los acuerdos internacionales firmados, además de acciones en diferentes secretarías de gobierno tendientes a afirmar los derechos de las mujeres. Sin embargo, la afirmación de los derechos de la mujer va mucho más allá de la asignación de instituciones específicas para el afianzamiento de la equidad de género. Es necesaria una acción concertada de las diferentes secretarías de gobierno. Hasta ahora no existió la capacidad del INMUJERES nacional para incidir transversalmente en los programas sociales estatales y nacionales y para organizar una política nacional de prevención de violencia que intente afianzar la equidad de género en las familias.

Este tipo de acciones de prevención supone resultados a largo plazo y articulaciones entre institutos de la mujer de los diversos estados, pertenecientes a partidos políticos diferentes, aunque articulados por el interés de defender una política de equidad de género, más allá de los intereses partidistas. Requieren una cooperación interinstitucional entre institutos de la mujer y programas sociales gubernamentales y de las organizaciones civiles. Exige además una voluntad política de no competir entre programas sociales gubernamentales que pertenecen a diversas secretarías de gobierno, con los institutos de la mujer, cuya función es la articulación de la

---

[146] Roca, L., 2005, Ponencia presentada al Observatorio de Políticas de Familia en México.

política de equidad de género, y particularmente, asegurar la transversalidad de la política de equidad de género en las acciones y programas sociales de las diferentes secretarías gubernamentales.

Hasta el presente, lo que sucedió durante los tres años de gestación de la prueba piloto y los tres años posteriores fue diferente. En algunos estados, los institutos de la mujer han querido monopolizar la política de equidad de género y, como en el caso de Guanajuato, no pudieron acordar una política conjunta de prevención de violencia en el caso de la aplicación del enfoque de democratización familiar con el DIF, aun cuando diferentes directores municipales y estatales mostraron el interés de profundizar y extender la aplicación del enfoque. Lo que marca el ejemplo de Guanajuato es que el deseo de apropiación institucional de la equidad de género por parte de los institutos estatales de la mujer es un factor poderoso para frenar la prevención de la violencia hacia la mujer. Los programas gubernamentales necesitan dar respuesta rápida a los conflictos y crisis que se originan en las familias a raíz del rezago de la cultura de género, el machismo y la baja autoestima de las mujeres, respecto de los avances que ellas logran en los planos del empleo, la educación y la participación como líderes en proyectos comunitarios de organizaciones civiles y gubernamentales. Sin embargo, en muchos casos la violencia se extiende y acentúa por la dificultad gubernamental de responsabilizarse ante hombres y mujeres de los procesos de transformación de las familias y de las consecuencias que genera trabajar unilateralmente con mujeres, o trabajar de modo tal que no se apoye a la mujer, para poder dar una respuesta en sus familias a los obstáculos que generan los maridos o las generaciones de los padres y los suegros para desarrollar un nuevo camino de autonomía sin violencia.

Los institutos de la mujer fueron una conquista del movimiento de mujeres aunque hay que preguntarse si en muchos casos no se convierten en obstáculos en la medida que logran establecer una buena supervisión y transparencia de modo tal que la ciudadanía pueda reapropiarse de sus instituciones.

En otros casos, en Sonora, por ejemplo, las tres directoras del Instituto Sonorense de la Mujer, que se fueron sucediendo desde 2001 hasta 2006, pudieron articular exitosamente la prevención con el Consejo Tutelar del Menor (COTUME) de programas que luego pasaron a denominarse "En tus manos" y coordinaron varios programas de atención al menor con otras secretarías, y con el sector académico. Es decir, la posibilidad de transversalizar la política de equidad de género pudo concretarse a veces mucho más adecuadamente en el nivel municipal o estatal que en el nivel federal. En este nivel entorpeció la dificultad de acordar entre líderes de los institutos de la mujer de diversos partidos políticos de los diversos estados. Institutos estatales del DF, Irapuato, Puebla y Yucatán y programas de participación ciudadana de la SEP en Sinaloa pudieron implementar estos programas de democratización familiar por la voluntad de desarrollo de una política democrática en la esfera privada que tendiera a la transformación de la cultura de género, en cercana vinculación con la sociedad civil.

Por otro lado, el INMUJERES nacional fue apartándose paulatinamente de las organizaciones feministas y de mujeres, hasta llegar a diversas formas de enfrentamiento con el movimiento feminista. Esto ha impedido generar un flujo de vinculación que permita al movimiento social de mujeres y al tercer sector en general, transferir experiencias de largos años de trabajo en la defensa de los derechos de las mujeres, de los homosexuales, de hombres que están luchando por una masculinidad comprometida con los afectos y la no violencia, un sector ciudadano con larga experiencia en metodologías participativas y democráticas en las escuelas y las familias, capaz de mover estructuras mentales y emocionales de los trabajadores gubernamentales. El INMUJERES nacional percibió a ese sector con una visión clientelista y no como acompañantes o actores que pudieran participar en el diseño de la política social. Las reuniones de articulación entre actores de la sociedad civil y gobierno fueron para conmemorar fechas o eventos. Quizás exista una imposibilidad estructural del INMUJERES nacional para articular sus propuestas con las instituciones encargadas de la política social. Esto puede deberse a la dificultad de articular sus acciones con los institutos de la mujer estatales, que a su vez, carecen de normatividad para vincularse con las instituciones encargadas de llevar a cabo los programas sociales estatales. La experiencia de trabajo demostró la dificultad de transversalizar este enfoque de prevención desde el INMUJERES nacional, al mismo tiempo que observamos la gran potencialidad de transversalización de la política de género de los institutos de la mujer y los programas sociales de las instituciones estatales, en conjunto con las organizaciones civiles, cuando hay voluntad política y no prevalecen los deseos de convertirse en protagonistas únicos de la política de equidad de género y cuando los coordinadores y trabajadores sociales de los programas estatales sienten que el proyecto puede cambiar sus propias vidas y las de las poblaciones atendidas.

Lo que permitió la continuidad y sostuvo el enfoque de democratización familiar, expandiéndolo a otros estados, fue la conformación de la organización civil integrada por los actores formados durante el periodo de la experiencia piloto, que las instituciones federales no pudieron capitalizar y que siguió actuando en red.

5. Metodología del enfoque de democratización familiar

El enfoque que construimos cuenta con una metodología de trabajo, con grupos y con herramientas de reflexión-acción (seis cuadernos y dos vídeos). Estas herramientas permiten desarrollar un proceso educativo participativo con las promotoras y promotores sociales y las familias: Su objetivo consiste en:

— Descubrir las concepciones de familia que reflejan intolerancia para aceptar las nuevas estructuras, por ejemplo, familias reconstituidas, nuevos tipos de jefatura femenina, padres convivientes solos con hijas e hijos, familias con nuevos tipos de convivencia homosexual y heterosexual, parejas que flexibilizaron sus roles y posiciones de autoridad, familias con mecanismos de decisión más participativos, padres que ya participan en el cuidado de sus hijas e hijos y en el trabajo doméstico, madres que son las únicas o principales proveedoras del hogar.

— Desarrollar una reflexión crítica sobre los obstáculos que nos impiden a hombres y mujeres desarrollar relaciones democráticas y de equidad y justicia.

— Reconocer las relaciones de desigualdad de género y generacionales.

— Reconocer los autoritarismos presentes en los sistemas de autoridad y poder de las familias, así como nuestros propios autoritarismos.

— Participar en la redefinición colectiva de conceptos y prácticas familiares basadas en vínculos más democráticos, la conversación y el diálogo, a fin de reconocer diferencias de sentido de la vida y respetar a todos los miembros de la familia como sujetos de deseos e intereses.

— Detectar diversas formas de violencia, emocionales, sexuales y físicas.

— Producir propuestas para reconstruir relaciones familiares o para poner límites a la violencia y establecer mecanismos de protección a quienes la sufren.

— Ofrecer criterios para la formación de facilitadores democráticos formando a funcionarios, trabajadores y operadores de programas en técnicas de facilitación democrática a través de talleres grupales de alrededor de 30 o 40 personas.

Propuestas metodológicas para una facilitación democrática

No podemos pretender trabajar el enfoque de democratización familiar con la presencia del autoritarismo en el ejercicio que conlleva el proceso de enseñanza-aprendizaje tradicional. Necesitamos que exista una coherencia entre lo que queremos transmitir y nuestras acciones como facilitadores de grupos. Se trata, por tanto, de mirar nuestros propios autoritarismos y formas de hacer y estar ante el grupo, cuestionar y revisar nuestras prácticas de trabajo. Se presentan aquí una serie de propuestas, fruto de nuestras experiencias de trabajo con los grupos. Las caracterizamos como propuestas porque no son recetarios para replicar, sino ideas que pueden ser enriquecidas por la experiencia de cada cual. Nos planteamos algunas preguntas: ¿cómo construir un modo de trabajo participativo en los talleres? ¿Qué hacer con el poder que tenemos como facilitadores? ¿Cómo distribuir el poder? ¿Cómo hacer coherente el contenido con la forma de facilitar?

El taller parte de las necesidades del grupo

Podemos construir un programa para el taller a partir de las demandas del grupo, escuchando sus necesidades y propuestas y construyendo conocimiento en función de sus experiencias. Consideramos que un taller puede resultar un disparador de posibles transformaciones individuales, el comienzo de un proceso de transición individual y colectiva aunque no son transformaciones que queden resueltas en el taller mismo, ya que se trata de cambios individuales y personales a mediano y largo plazo. Se trata de reflexionar colectivamente para comenzar un cambio cultural de aquellos corsés impuestos socialmente y vividos como "naturales" pero que, sin embargo, sentimos que nos oprimen. No se trata de una "terapia" emocional, pero sí de un aprendizaje que posibilite una transformación de cada persona involucrada con el proyecto de un modo u otro. Es por ello que el papel del facilitador es esencial para poder transmitir y vivir con el grupo estos procesos de cuestionamiento, transformación y cambios de actitudes y valores para transformar la cultura familiar.

Desde la selección de la palabra facilitar, nos ubicamos en el contexto de quien promueve procesos de reflexión y cambio —sin imponer ni sustituir a la otra u otro—. Nos planteamos contribuir a generar alternativas creativas de solución para las y los participantes, acompañando procesos de transformación individual y colectiva que ayuden a mejorar nuestras relaciones, entre las y los integrantes de las familias, basándose en la negociación y en la equidad y buscando alternativas a la resolución violenta de conflictos, a través de procesos reflexivos.

Cuando nos proponemos trabajar en grupo, muchas veces ya nos conocemos, pero otras veces no, de allí que se comienza un taller con la presentación de sus componentes, o se estimula un mayor ambiente de confianza y empatía entre los participantes, si es el caso de que ya se conocen; se sugiere que el grupo proponga sus propias reglas (acuerdos de funcionamiento grupal) para que entre todos se construya una corresponsabilidad de lo que sucede. Asimismo, el facilitador puede sugerir si es conveniente efectuar una dinámica de integración grupal, para que los miembros del grupo se conozcan más y puedan resolver las problemáticas internas que vayan surgiendo a través de la comunicación, el diálogo y la apertura en el intercambio.

Todas y todos aprendemos. Pero ¿qué significa ser un facilitador democrático? El papel del facilitador democrático es apoyar a otras y otros a identificar sus propias necesidades individuales y colectivas, fomentar un proceso de "aprendizaje en conexión" entre todos los miembros del grupo, y entre el facilitador y el grupo. En este proceso de aprendizaje la voz de cada participante se reconoce, de modo que la experiencia de cada uno amplía la claridad personal y la del grupo. Facilitar implica aprender y ayudar a los demás a aprender, estimulando la creatividad y la reflexión, lo cual favorece los cambios de actitud y conciencia individuales y grupales.

Por otro lado, también es cierto que la facilitadora o facilitador poseen un saber, un conocimiento sobre el tema que se trata o trabaja en el taller, pero ello no significa que necesariamente tienen que "saberlo todo", actuar como "gran especialista" que debe responder a todas las preguntas del grupo, u opinar dando el visto bueno de lo que dice cada participante. Es decir, también existe la posibilidad de decir "no sé", no tenemos que ser especialistas ni conocer de todo. Por el contrario, las preguntas obtienen respuestas más ricas y variadas si son reflexionadas por el conjunto del grupo, de modo que partiendo de las experiencias y saberes individuales se construye una respuesta colectiva. Esta forma de trabajo va en contra de la llamada "escuela tradicional", en la que el maestro es el único que detenta el saber y el que enseña. Nuestra propuesta tiene más relación con formas de aprender participativas, todos los participantes cuentan con experiencias y saberes, ambos –facilitador/a y participantes– son corresponsables del aprendizaje, lo que salga o no salga de un taller es responsabilidad de todos, y cada uno de los participantes es responsable de su propio aprendizaje.

Moverse en conjunto con el grupo implica el reconocimiento de la voz de cada participante; unir visiones y voces, crear algo nuevo. Esto equivale a una perspectiva más amplia en la cual el sentido de participar en algo es más grande que uno mismo. Así, el sentido de conexión y de participación es algo que profundiza el conocimiento de cada una/o y no disminuye nuestra propia experiencia sino que engrandece el sentido de poder y de comprensión personal. A esto lo podemos llamar un empoderamiento relacional, en tanto que supone un mayor autoconocimiento y un enriquecimiento a través y con los otros. El empoderamiento relacional se refiere a una visión más extensa, estimulada a través de la interacción en un marco de conexión emocional y no de separación con nuestras emociones[147]. Según Bradford (1975), una persona no se siente tan sola si sabe que otros están también involucrados en el aprendizaje. El hecho de observar a otros que trabajan en problemas similares a los propios estimula las ideas para el mejoramiento de la propia conducta.

La autoconfianza del facilitador y la confianza en el grupo

Que el conocimiento se construya colectivamente no significa que la o el facilitador no cuenten con conocimiento del tema que están trabajando; es decir, no se trata de poseer un conocimiento absoluto, en tanto que no hay conocimientos acabados aunque es preciso contar con un conocimiento amplio del tema, lo cual nos dará confianza y seguridad ante nosotros mismos y ante el grupo.

Este aspecto es importante, ya que para generar procesos de apertura y reflexión individual se requieren espacios de confianza y para generarlos influye también la actitud del facilitador/a respecto de todo el grupo, y de la forma cómo se logra establecer una actitud de empatía con los miembros del grupo. Ello implica haber reflexionado y vivenciado el tema que planteamos, sin exigirle al grupo algo para lo que nosotros no estamos preparados o que no podemos hacer. Ser sensibles a aquello que tratamos de cambiar, de ahí la importancia del trabajo vivencial para poder sentir la conexión con el otro, la identificación y conexión entre lo que ella/él siente y lo que yo sentí; así como respetar los diferentes procesos de cada cual.

---

[147] Un ejemplo de esto son las primeras experiencias de reuniones de grupos de mujeres.

Permanecer abiertos a las diferentes posibilidades que puedan surgir y a las diferentes alternativas que cada cual pueda elegir. ¿Por qué imponer nuestros criterios? ¿Por qué pensar por otra persona? ¿Para qué hacerla a nuestra imagen?

Aprendizajes significativos

El aprendizaje significativo conduce a la creación de estructuras de conocimiento mediante la relación sustantiva entre la nueva información y las ideas previas de las y los participantes. Las condiciones para que se pueda dar son la motivación, es decir, debe ser un tema de interés para las y los participantes, la comprensión en la medida que se entiende y se aclaran las dudas colectivamente, la participación cuando se presenta la información de una forma activa y dinámica, buscando la contribución de todos y la aplicación, cuando los contenidos y resultados del taller nos resultan útiles y tienen relación con nuestra vida cotidiana.

Consideramos que el conocimiento y la información son importantes cuando no se limitan solamente a planteamientos teóricos que impiden un aprendizaje significativo en la experiencia y la vida de cada cual. Por ello se plantea que una de las tareas de la facilitadora o facilitador es buscar que los temas a tratar en los talleres siempre estén relacionados y conectados con las experiencias de los participantes. Partir de las experiencias individuales y sociales para reflexionar sobre ellas, cuestionarlas y replantear situaciones si así se considera. Este proceso puede resultar más costoso porque implica cambios, sin embargo, cuando así se hace, el conocimiento es más provechoso y tiene resultados que visualizamos en nuestras propias vidas, ya que implican tener en cuenta las emociones y los sentimientos.

6. Comentarios vinculados con el proceso de construcción de la política

Un primer interrogante tiene que ver con las dificultades que plantea el trabajo conjunto de actores del mundo académico, organizaciones de la sociedad civil y actores gubernamentales encargados de construir una política social. ¿Cómo podemos los académicos y miembros de organizaciones civiles participar de la construcción de una política social de prevención de violencia familiar cuando ésta implica acuerdos profundos respecto de transformaciones de la cultura de género, de una metodología paritaria de co-construcción de cambios valorativos en los actores sociales de la población y en los diseñadores de las políticas sociales gubernamentales?

El segundo interrogante refiere a la metodología de trabajo, propia de un paradigma de co-producción de los problemas significativos a resolver en las familias y de co-producción de salidas posibles y maneras de acompañamiento de los promotores y las familias involucradas. Una visión paritaria de las familias y del trabajo con promotores nos exige un trabajo horizontal de búsqueda conjunta de alternativas de cambio.

Por último un interrogante más general remite a cómo construir este tipo de encuentros entre actores con agendas propias, diferenciadas políticamente y con vínculos jerárquicos entre ellos. Otras preguntas podrán surgir de la discusión, que espero se constituya en un real diálogo entre pares.

Referencias

Aguilar Villanueva, L. F. (1993) *La implementación de las políticas*, México, Miguel Ángel Porrúa.

Alberdi, I. (1999) *La nueva familia española*, Madrid, Taurus.

Alberdi, I.; Matas, N. (2002) *La violencia doméstica. Informe sobre los malos tratos a mujeres en España*, Barcelona, Colección Estudios Sociales, La Caixa.

Alonso Sierra, X. (2002) *Voces de mujeres: Cooperación internacional y ONG en Tijuana, México*, Tesis de Maestría en Cooperación Internacional Unión Europea-América Latina, México, Instituto Mora.

Asociación Pro-Derechos Humanos - colectivo abierto de sociología (1999) *La violencia familiar: actitudes y representaciones sociales*, Madrid, Fundamentos.

Bonino Méndez, L. (2003) "Micromachismos, La violencia invisible en la pareja" [en línea], Disponible en: http://www.europrofem.org

Bradford, L. (1975) "La pertenencia a un grupo y el proceso de aprendizaje", en Giba, J. R. (1975) *Teoría y práctica del Grupo T*, Buenos Aires, Paidós.

Bronfenbrenner, U. (1987) *La ecología del desarrollo humano*, Barcelona, Paidós.

Carrillo, M. (2004) "Génesis del proceso de construcción del enfoque de democratización familliar", Experiencias del proyecto de Democratización familiar, INMUJERES Programa de Naciones Unidas para el desarrollo (PNUD).

Corsi, J. (1995) *Violencia masculina en la pareja*, Paidós.

Giraud Robles, L. (1998) *La vida no nombrada de las mujeres*, Tesis de Maestría en Sociología Política, México, Instituto Mora.

Jiménez, M. (2004) "La aventura de caminar juntos, construyendo relaciones democráticas entre padres, madres e hijos/as", en Schmukler, B. (2004) *Serie Cuadernos de Reflexión Acción*, INMUJERES Programa de Naciones Unidas para el desarrollo (PNUD).

__ (2005) *Caras de la violencia familiar*, UNAM, Dirección de Equidad de Género del Gobierno de México D F. Jordan, J.; Walter, M.; Hartling, L. (2004) *The Complexity of Connection*, The Guilford Press.

Kabeer, N. (1998) *Realidades trastocadas. Las jerarquías de género en el pensamiento del desarrollo*, México, Ed. Paidós.

Lamoureux, J. (2004) "La trayectoria de la democratización de la familia en Québec", en Schmukler, B.; Campos Beltrán, R. (coord.) (2004), *Políticas sociales para la democratización de las familias, experiencias internacionales*, México, INMUJERES

Leseman, F. (2004) "Familias y modelos de políticas sociales. Perspectivas internacionales", en Schmukler, B.; Campos Beltrán, R. (Coord) (2004), *Políticas Sociales para la democratización de las familias, experiencias internacionales*, México, INMUJERES.

Morin, E. (1975) *Le vif du sujet*, Editions du Seuil.

Nadal, M-J (2004) "Las transformaciones de las relaciones familiares en el campo yucateco", en Schmukler, B.; Campos Beltrán, R. (Coord) (2004), *Políticas sociales para la democratización de las familias, experiencias internacionales*, México, INMUJERES.

Pérez, J. (2003) *Asistente para la resolución de conflictos familiares*, México, Gem-Vereda-Themis-Indesol.

Prety, J. (1995) *Guía del capacitador para el aprendizaje y acción participativa*, Londres, Instituto Internacional para el Medio Ambiente.

Ravazzola, M. C. (1997) *Historias infames: los maltratos en las relaciones*, Argentina, Paidós.

____. (2004) "Las familias construyendo relaciones democráticas", en Schmukler, B. (2004) *Serie Cuadernos de Reflexión Acción*, INMUJERES Programa de Naciones Unidas para el desarrollo (PNUD).

Reyes, E. (1999) "Nuevos horizontes. Nuestra salud y los derechos sexuales y reproductivos", *Manual de metodología desde la perspectiva de género*, EMAS, A. C., Salud y Género A. C., Instituto de la Mujer en España, Solidaridad Internacional.

Schmukler, B. (2004) "Propuestas para una convivencia democrática de la familia en México", en Schmukler, B.; Campos Beltrán, R. (Coord) (2004), *Políticas sociales para la democratización de las familias, experiencias internacionales*, México, INMUJERES.

Schmukler, B.; Di Marco, G. (1997) *Las madres y la democratización de la Argentina contemporánea*, Buenos Aires, Biblos.

Stacey, J. (1996) *In the name of the family*, Boston, Beacon Press.

Tepichín Valle, A. M. (2005) *Equidad de género y pobreza*, México, Luna Quintana editores, INDESOL.

Townsend, Gabriel J. (2002) "Contenidos del empoderamiento: cómo entender el poder", en Zapata, E. (2002) *Las mujeres y el poder*, México, Plaza y Valdés - Colegio de posgraduados.

Zapata, E. (2002) *Las mujeres y el poder*, México, Plaza y Valdés - Colegio de posgraduados.